Inteligencia Emocional y Terapias Conductuales

Una Guía de 10 Pasos para Superar el Estrés, la Ansiedad y la Depresión

J.R. Hernández

El libro titulado "Inteligencia Emocional y Terapias Conductuales: Una Guía de 10 Pasos para Superar el Estrés, la Ansiedad y la Depresión" constituye una obra original del autor Jesús Ramón Hernández Barrera (J.R. Hernández), cuyo ámbito de experiencia abarca el periodismo y la consejería psicológica, apoyado por una maestría en Inteligencia Emocional y Desarrollo Personal. Se reserva al autor todos los derechos relacionados con la publicación, reproducción, distribución y adaptación de esta obra en cualquier formato, tanto impreso como digital. La infracción de estos derechos estará sujeta a las sanciones estipuladas en las leyes de propiedad intelectual.

Este volumen ofrece un programa de 10 pasos diseñado para abordar y mitigar los trastornos del estado de ánimo. Se basa en una combinación de técnicas y principio extraídos de la Terapia Cognitivo-Conductual (TCC), la Terapia Racional-Emotiva Conductual (TREC) y la Inteligencia Emocional (IE). Utilizando un enfoque sistemático y respaldado por evidencia científica, el lector se embarcará en un viaje de autoconocimiento y desarrollo personal.

Es crucial subrayar que, aunque el contenido del libro se fundamenta en principios terapéuticos y descubrimientos científicos, no reemplaza el diagnóstico y tratamiento profesional para los trastornos del estado de ánimo descritos en el Manual Diagnóstico y Estadístico de los Trastornos Mentales, quinta edición (DSM-5; American Psychiatric Association, 2013). Si el lector manifiesta síntomas de estrés, ansiedad, depresión o cualquier otro trastorno mental que interfiera con su funcionamiento, se le insta enfáticamente a buscar la evaluación y tratamiento por parte de un profesional calificado en salud mental.

En relación con la fundamentación científica que apoya los métodos y técnicas expuestos en este libro, estudios extensivos han corroborado la eficacia de las psicoterapias conductuales y de las prácticas basadas en Inteligencia Emocional en el tratamiento de los trastornos del estado de ánimo (Hofmann, Asnaani, Vonk, Sawyer, & Fang, 2012). Al leer este libro, el lector obtiene no solo las herramientas y técnicas empíricamente validadas para elevar su bienestar emocional, sino también una comprensión más profunda de los mecanismos cognitivos y emocionales que influencian su calidad de vida.

Se debe tener presente que los resultados pueden fluctuar entre individuos y que este libro no garantiza la remisión completa de trastornos del estado de ánimo o de cualquier otra afección de salud mental. Al leer este libro, el lector reconoce que el autor no es responsable de las consecuencias que se incurran como resultado del uso de información contenida en esta obra, incluyendo, pero sin limitarse a ello, errores de omisiones o inexactitud.

Finalmente, es imperativo recalcar que este libro está protegido por leyes de derechos de autor y, como tal, cualquier uso no autorizado de su contenido queda estrictamente prohibido.

J.R. Hernández

5

"No se puede curar lo que no se puede entender"
Carl Jung.

Tabla de Contenido

J.R. Hernández

Dedicatoria

Quisiera comenzar expresando mi más profundo agradecimiento a mi mentora, Luz Sofía Vilte. Su dedicación, orientación, paciencia y consejo experto durante todo este proceso fueron fundamentales para llevar a cabo "Inteligencia Emocional y Terapias Conductuales: Una Guía de 10 Pasos para Superar el Estrés, la Ansiedad y la Depresión". Su entusiasmo y dedicación a la investigación no sólo han marcado la calidad de este estudio, sino que también han servido como una fuente constante de inspiración y motivación en mi viaje académico.

Asimismo, quiero expresar mi agradecimiento a todo el personal docente y a mis colegas del Instituto Superior de Estudios Psicológicos (ISEP), ubicado en Barcelona, España; en especial a mis compañeras de clase, Vanessa Young y Lourdes Cortijo. Cada uno de ustedes ha enriquecido mi aprendizaje y crecimiento personal y académico de manera significativa, al compartir generosamente sus valiosos conocimientos, experiencias y perspectivas únicas.

No podría dejar de mencionar a mi familia y amigos, quienes han sido un pilar de apoyo, comprensión y amor incondicional durante toda esta travesía. Quiero destacar a mi madre, Zori Barrera, por sembrar en mí la Inteligencia Emocional desde temprana edad; a mi esposa, Thuy-Tien Hoang, quien me impulsó a emprender esta travesía en el campo de la salud mental, y a mi hijo Théodore, quien es la fuente inagotable de mi inspiración.

También quisiera reconocer a todas aquellas personas que, aunque indirectamente, han contribuido a la realización de este libro. A todos los autores de las obras que he tenido la oportunidad de revisar y aprender de ellos, a los profesionales de la salud mental que se esfuerzan incansablemente para mejorar la vida de las personas afectadas por los trastornos del estado de ánimo, y finalmente a los pacientes que, con su fortaleza y resiliencia, nos inspiran a seguir buscando nuevas estrategias para su tratamiento y apoyo.

También deseo expresar mi gratitud a todas aquellas personas que se han tomado el tiempo para leer este trabajo. Espero que pueda ser de algún valor para la comprensión y abordaje de las terapias conductuales y la inteligencia emocional en el tratamiento del estrés, la ansiedad y la depresión.

Por último, y de una manera especialmente significativa, me gustaría dedicar este libro a todas las personas que luchan valientemente con la depresión. Este esfuerzo académico es más que un simple trabajo de investigación; es un homenaje a su lucha constante, a su fortaleza inquebrantable y a su valor incuestionable.

Cada página de este estudio es una muestra de respeto y admiración por su resistencia; y cada conclusión, es un paso en nuestra búsqueda colectiva de caminos más eficaces hacia el bienestar y la recuperación. Es mi esperanza que este libro sirva no solo como un recurso académico, sino también como un recordatorio de que no están solos en su batalla.

A ustedes que, en medio de la oscuridad, continúan buscando la luz; a ustedes que, a pesar del dolor, nunca dejan de luchar; a ustedes que, en la adversidad, enseñan al mundo lo que significa la verdadera fortaleza. Este trabajo es por y para ustedes.

Resumen

"Inteligencia Emocional y Terapias Conductuales: Una Guía de 10 Pasos para Superar el Estrés, la Ansiedad y la Depresión" se dedica a la conceptualización y desarrollo de un recurso didáctico innovador para el tratamiento de estrés, ansiedad y la depresión. Este trabajo se centra en la aplicación de principios extraídos de la Terapia Cognitivo Conductual y la Terapia Racional Emotiva Conductual, con técnicas y estrategias basadas en Inteligencia Emocional. A través de un exhaustivo repaso de la literatura científica relevante, este estudio investiga rigurosamente la relación existente entre las terapias conductuales y la Inteligencia Emocional en el contexto de trastornos del estado de ánimo.

La evidencia empírica sugiere que la adopción de técnicas y estrategias basadas en la Inteligencia Emocional y las terapias conductuales puede desempeñar un papel crucial y efectivo en el tratamiento y manejo de trastornos del estado de ánimo. En respuesta a estos hallazgos, se ha desarrollado una guía altamente práctica y accesible que incorpora estos principios.

"Inteligencia Emocional y Terapias Conductuales: Una Guía de 10 Pasos para Superar el Estrés, la Ansiedad y la Depresión" representa una contribución sustancial al campo del tratamiento de estrés, ansiedad y depresión, con el potencial de servir como un recurso invaluable para los lectores. Este manual ofrece una visión completa y comprensible de cómo las terapias conductuales y la Inteligencia Emocional pueden ser empleadas de manera efectiva para abordar y mitigar los trastornos del estado de ánimo.

Asimismo, se espera que este trabajo pueda servir a los profesionales de la salud mental como un repositorio valioso de información y una herramienta recomendada para la práctica clínica. Los resultados del estudio no solo enriquecen el cuerpo existente de literatura en la intersección de las terapias conductuales y la Inteligencia Emocional con el trastorno del ánimo depresivo, sino que también subrayan la relevancia y aplicabilidad de estas técnicas en la intervención y tratamiento de trastornos del ánimo en general.

Introducción

Planteamiento del Problema

La depresión se ha consolidado como un asunto crítico en el ámbito de la salud pública a nivel global. De acuerdo con estimaciones, aproximadamente una de cada 14 personas en todo el mundo sufre de este trastorno mental. A pesar de su prevalencia y de las serias consecuencias que puede acarrear en la salud tanto física como psicológica, en la calidad de vida y en el desempeño diario, se observa una notable carencia en la accesibilidad y eficacia del tratamiento para esta condición. Según datos de la Organización Mundial de la Salud (OMS, 2022), menos de la mitad de las personas afectadas logran acceder al apoyo médico y psicológico que requieren.

En este panorama, la Inteligencia Emocional ha surgido como un campo de interés cada vez más relevante. Aunque las investigaciones iniciales en IE se centraron en su impacto en la salud y bienestar general (Salovey, Stroud, Woolery, & Epel, 2002; Zeidner, Matthews, & Roberts, 2012), investigaciones más recientes han señalado las profundas implicaciones que este constructo podría tener para entender y tratar los trastornos del estado de ánimo (Extremera & Fernández-Berrocal, 2006; Martins, Ramalho, & Morin, 2010). Así, individuos con altas puntuaciones en pruebas de Inteligencia Emocional muestran una mayor capacidad para identificar, entender y gestionar sus emociones, lo que podría actuar como un mecanismo mitigador de los síntomas depresivos y promover un bienestar emocional más sostenible (Fernández-Berrocal et al., 2012).

Sin embargo, pese a este potencial, se observa una notable escasez de recursos didácticos y programas de intervención que integren la Inteligencia Emocional como elemento central en el tratamiento de la depresión, específicamente. Muchos de los programas existentes con base en la IE se dirigen a poblaciones generales y no se enfocan en el estado de ánimo depresivo de forma explícita (Zeidner, Roberts, & Matthews, 2002). Además, estos programas suelen adoptar un enfoque eminentemente cognitivo-conductual, sin abordar de manera directa y enfática el componente emocional, lo que podría limitar su eficacia en el tratamiento de trastornos emocionales como la depresión (Beck, Rush, Shaw, & Emery, 1979).

En el mismo sentido, es crucial considerar la relevancia de otras condiciones de salud mental prevalentes, como el estrés y la ansiedad, que también son temas apremiantes de salud pública. Estas condiciones afectan la calidad de vida y bienestar emocional de una gran parte de la población global. Según la OMS (2019), el trastorno de ansiedad generalizada afecta aproximadamente al 3.6% de la población mundial, y trastornos relacionados con el estrés, como el trastorno de estrés postraumático, tienen una incidencia del 0.9%. Aunque estas cifras podrían interpretarse como modestas, se estima que irán en aumento, lo que resalta la necesidad imperante de desarrollar y aplicar estrategias de tratamiento psicológico más efectivas.

Al igual que en el caso de la depresión, la Inteligencia Emocional podría desempeñar un rol vital en el manejo del estrés y la ansiedad. La capacidad para entender, gestionar y regular las emociones puede ser crucial para enfrentar situaciones estresantes y minimizar síntomas de ansiedad. Varios estudios han demostrado que individuos con altos niveles de Inteligencia Emocional tienden a manejar estas condiciones de manera más efectiva (Mikolajczak, Roy, Luminet, Fillée, & de Timary, 2007; Salovey, Bedell, Detweiler, & Mayer, 1999).

Es por ello por lo que se aprecia una necesidad apremiante de diseñar e implementar programas terapéuticos que incorporen la Inteligencia Emocional como un pilar fundamental en el tratamiento de estas condiciones. Las terapias conductuales, como la Terapia Cognitivo Conductual y la Terapia Racional Emotiva Conductual, han mostrado ser eficaces en este contexto (David, Lynn, & Ellis, 2010). No obstante, la integración de entrenamientos específicos en habilidades de Inteligencia Emocional podría enriquecer la eficacia de estas terapias, proporcionando herramientas adicionales para mejorar la autorregulación emocional. Esto, a su vez, facilitaría un manejo más efectivo de emociones negativas o abrumadoras, que son características intrínsecas a estos trastornos.

En conclusión, el desarrollo e implementación de programas terapéuticos que fusionen los principios de las terapias conductuales con técnicas de entrenamiento en Inteligencia Emocional representan una oportunidad significativa no solo para ofrecer a los pacientes herramientas más efectivas para lidiar con el estrés, la ansiedad y la depresión, sino también para ampliar la base de conocimientos en la intersección entre la Inteligencia Emocional y la salud mental. El enfoque multidisciplinario que se presenta en este libro podría no solo optimizar los resultados terapéuticos, sino también contribuir de manera significativa a la literatura científica en este ámbito (Brackett, Rivers, & Salovey, 2011; Fernández-Berrocal & Extremera, 2006).

Antecedentes

La Inteligencia Emocional, conceptualizada inicialmente por Peter Salovey y John Mayer (1990) como la habilidad de reconocer, comprender y gestionar de manera eficaz las emociones propias y de los demás, ha cobrado importancia creciente en diversas disciplinas dentro del ámbito psicológico y social. Un cuerpo robusto de literatura ha emergido, evidenciando su impacto positivo en variables como el bienestar emocional (Salovey et al., 2000), el rendimiento académico (Petrides et al., 2004), el éxito en el lugar de trabajo (Lopes et al., 2003), y la calidad de las relaciones interpersonales (Brackett et al., 2011).

En una línea similar, la depresión, que se caracteriza predominantemente por un estado de ánimo disminuido, constituye una preocupación global al afectar aproximadamente a 262 millones de individuos a nivel mundial (OMS, 2022). Esta patología psiquiátrica se caracteriza principalmente por un estado de ánimo depresivo crónico y una serie de síntomas como tristeza, pérdida de interés en actividades diarias, sentimientos de culpa, trastornos del sueño y del apetito, fatiga y concentración disminuida (Fernández-Berrocal et al., 2019). Estudios como los de Salovey et al. (2002) y Martins et al. (2010) han explorado la correlación entre bajos niveles de Inteligencia Emocional y la presencia y severidad de síntomas depresivos.

Estudios exploratorios enfocados en los trastornos afectivos, en particular la depresión y su vínculo con el estado de ánimo disminuido, han revelado resultados preliminares prometedores. El estudio de Fernández-Berrocal et al. (2019) encontró una correlación negativa significativa entre la Inteligencia Emocional y los síntomas depresivos en una muestra de adultos jóvenes. Estos hallazgos son consistentes con investigaciones similares, incluyendo un metaanálisis de 44 estudios que concluyó que existe una relación inversa entre la IE y la depresión (Martins et al., 2010), y un estudio transversal en una muestra de adolescentes (Salguero et al., 2010).

Más allá de la depresión, la literatura científica ha comenzado a investigar cómo la Inteligencia Emocional puede influir en otros aspectos emocionales negativos como el estrés y la ansiedad. Un estudio realizado por Saklofske et al. (2007) encontró que las personas con mayores niveles de IE experimentan menos estrés en situaciones desafiantes y tienen mejores estrategias de afrontamiento. En el contexto del entorno profesional, el estrés laboral se ha asociado inversamente con niveles de Inteligencia Emocional en diversas profesiones, incluyendo la medicina (Weng et al., 2008).

Con respecto a la ansiedad, Extremera et al. (2007) informaron que los individuos con mayores niveles de Inteligencia Emocional mostraban niveles más bajos de ansiedad, y los autores sugirieron que el desarrollo de técnicas de entrenamiento basadas en IE podría ser una intervención potencialmente efectiva para reducir síntomas ansiosos. A su vez, este hallazgo se ve respaldado por un metaanálisis realizado por Martins et al. (2010), que incluyó tanto la depresión como la ansiedad y concluyó que existe una correlación negativa significativa entre la Inteligencia Emocional y estos estados anímicos negativos.

Sin embargo, a pesar de que existe esta evidencia empírica sobre como las intervenciones basadas en Inteligencia Emocional podrían ser útiles para mitigar el estrés, la ansiedad y la depresión, es crucial señalar que la mayoría de estos estudios se centran en poblaciones específicas y utilizan predominantemente medidas de autoinforme para su evaluación. A pesar de que este método tiene su valor científico, también está sujeto a varias limitaciones, como sesgos personales, distorsiones de memoria y fluctuaciones en la autopercepción, lo que podría cuestionar la fiabilidad de los resultados (Podsakoff et al., 2003).

Dado este contexto, surgen preguntas válidas sobre la aplicabilidad de la Inteligencia Emocional como una herramienta en el tratamiento de los trastornos del estado de ánimo a una población más diversa, así como sobre las estrategias para mejorar la precisión en la medición y desarrollo de la Inteligencia Emocional. A pesar de la evidencia acumulada, la aplicación práctica de la IE en el tratamiento de estados depresivos sigue siendo un campo emergente que requiere investigación adicional y asignación de recursos para colmar esta brecha significativa, dejando el camino abierto para futuros estudios más rigurosos y especializados (Fernández-Berrocal et al., 2020).

Para concluir, es vital destacar que mientras los avances en las intervenciones farmacológicas y psicoterapéuticas para estados emocionales como la depresión son indudablemente significativos, hay limitaciones claras en su eficacia y accesibilidad. No todos los individuos responden igual a estos métodos y, en consecuencia, es crucial seguir investigando enfoques alternativos o complementarios para el tratamiento de condiciones emocionales. El desarrollo de la Inteligencia Emocional podría, por lo tanto, ofrecer un nuevo camino en la búsqueda de tratamientos más efectivos y accesibles.

Justificación

A pesar de la creciente relevancia de la Inteligencia Emocional en el ámbito de la salud mental, se percibe una brecha palpable en la literatura científica y en la praxis clínica respecto a la escasez de recursos didácticos que aborden de manera focalizada la integración de la IE en el tratamiento de trastornos del estado de ánimo, como el estrés, la ansiedad y la depresión. Este libro aspira a llenar ese vacío, proporcionando un marco teórico y práctico en el que se entrelazan estos elementos cruciales.

Frente a la alta prevalencia de trastornos del estado de ánimo y su considerable impacto en la calidad de vida individual y colectiva, la aplicabilidad de la Inteligencia Emocional en el tratamiento y prevención de trastornos ansiosos y depresivos representa un campo inexplorado de inmenso potencial (Caruso, Salovey & Mayer, 2019). Este proyecto ambiciona no solo contribuir al corpus académico sino también tener un impacto tangible en las personas que padecen dichos trastornos. Este imperativo se hace más urgente ante las tendencias actuales en psicología clínica, que cada vez más resaltan la importancia de la IE en la salud mental (Goleman, 1995; Mayer, Roberts & Barsade, 2008).

En la sociedad moderna, el estrés, la ansiedad y la depresión se han convertido en epidemias silenciosas, afectando no solo la calidad de vida de los individuos sino también representando un costo elevado para los sistemas de salud pública (OMS, 2020). Múltiples estudios han documentado la correlación entre el estrés crónico y una amplia gama de problemas de salud, desde enfermedades cardíacas y trastornos del sistema inmunológico hasta problemas psicosomáticos (Cohen, Janicki-Deverts & Miller, 2007).

Por su parte, la ansiedad no es solo una aflicción en sí misma, sino que también puede actuar como un factor exacerbante en una variedad de comorbilidades, tales como trastornos del sueño, problemas gastrointestinales y un aumento en el riesgo de enfermedades cardiovasculares (Remes, Brayne, Linde & Lafortune, 2016). En este escenario, la Inteligencia Emocional se configura como un recurso que no solo es valioso sino también imprescindible para la salud mental.

Varios cuerpos de investigación han demostrado que la Inteligencia Emocional es un pilar en la gestión eficaz del estrés y la ansiedad (Kotsou, Nelis, Grégoire & Mikolajczak, 2011). Las distintas habilidades que conforman la IE, como son la percepción y regulación emocional, se han vinculado con una mejor adaptación al estrés y una menor incidencia de ansiedad (Mikolajczak, Luminet, Leroy & Roy, 2007). Además, investigaciones empíricas han establecido que intervenciones centradas en el desarrollo de la Inteligencia Emocional han resultado eficaces en la reducción de niveles de estrés y ansiedad en diversos contextos y poblaciones (Brackett, Rivers, Shiffman, Lerner & Salovey, 2006).

En resumen, dada la alta prevalencia y el impacto de trastornos emocionales como la depresión, y teniendo en cuenta el creciente cuerpo de evidencia que respalda el papel de la Inteligencia Emocional en su manejo, el desarrollo de un programa especializado que combine terapias conductuales con formación en IE no solo es justificado sino crucial. Se espera que, a través de su desarrollo y difusión, se enriquezca la comprensión de la utilidad de la Inteligencia Emocional en el tratamiento de la salud mental y se brinden herramientas prácticas que puedan mejorar la vida de pacientes y las intervenciones profesionales por igual.

El programa que aquí se propone se estructura en 10 etapas, cada una con ejercicios diarios que han sido diseñados para el desarrollo de habilidades emocionales claves. Fundamentados en los principios de terapias conductuales como la Terapia Cognitivo Conductual y la Terapia Racional-Emotiva Conductual, estos ejercicios están meticulosamente concebidos para cultivar de manera progresiva competencias como autoconocimiento, auto-rregulación emocional y automotivación (Brackett, Rivers & Salovey, 2011).

Incluidos en este programa están ejercicios para la identificación y etiquetado de emociones, así como herramientas que facilitan este trabajo, prácticas de autoobservación emocional, análisis de la relación entre pensamientos, emociones y comportamientos, y estrategias para el manejo y regulación emocional. Estas técnicas, consolidadas en habilidades emocionales, han evidenciado ser eficaces en estudios previos, mostrando resultados alentadores en la reducción de síntomas ansiosos y depresivos, y en la mejora de la calidad de vida general (Greenberg & Watson, 2006).

Objetivos del Estudio

El eje central de este proyecto de investigación fue diseñar un recurso didáctico sustentado en un exhaustivo análisis bibliográfico. Este recurso tiene un enfoque particular en la utilidad práctica de las terapias conductuales y la Inteligencia Emocional en el manejo de los trastornos del estado de ánimo depresivo. Si bien también se considera el abordaje y mitigación del estrés y la ansiedad, estos elementos son tratados como aspectos secundarios, pero igualmente significativos.

Lo que eleva la importancia de este recurso es su doble aplicabilidad. No solo está concebido para dotar a los pacientes con un entendimiento más profundo de cómo la combinación de terapias conductuales e Inteligencia Emocional puede ser crucial en el tratamiento de estas condiciones emocionales complejas, sino que también sirve como un manual invaluable para los profesionales en el campo de la salud mental y todo aquel que busque estrategias para afrontar los trastornos del ánimo. Este recurso puede informar y potenciar sus intervenciones terapéuticas, haciendo que su impacto sea tanto más efectivo como duradero.

Para concretar este objetivo, el proyecto inició con el propósito de realizar una revisión bibliográfica rigurosa. Se consultó una amplia gama de literatura científica que aborda la relación entre las terapias conductuales, la Inteligencia Emocional, y su impacto en el estrés, la ansiedad y la depresión, con el fin de establecer criterios de inclusión y exclusión claros y predefinidos, para asegurar que solo las investigaciones más rigurosas y relevantes fueran incorporadas.

Una vez identificadas las publicaciones más pertinentes, se procedió a analizar en profundidad las diversas teorías, modelos y enfoques que han informado la aplicación combinada de terapias conductuales e Inteligencia Emocional en el tratamiento de estas condiciones emocionales. Este análisis meticuloso permitió establecer un marco teórico sólido sobre el cual edificar el recurso didáctico.

Paralelamente, se procedió a realizar una evaluación crítica de las intervenciones terapéuticas que han demostrado ser prometedoras en la literatura científica, con el objetivo de analizar su eficacia en la mitigación de los síntomas del estrés, la ansiedad y la depresión, así como su impacto en la mejora de la calidad de vida de los individuos afectados.

Uno de los mayores retos fue sintetizar estos hallazgos académicos en un recurso didáctico que fuera accesible y claro, dedicando un esfuerzo considerable en destilar y transmitir de manera comprensible los conceptos, técnicas y estrategias que se habían identificado como eficaces. Para culminar este proyecto, se propuso presentar una serie de recomendaciones prácticas enfocadas en implementar estas estrategias combinadas en la práctica clínica, y delinear futuras direcciones de investigación que podrían expandir y enriquecer aún más el campo.

Este fundamento sólido sirve como precursor para la siguiente sección de esta obra, la cual presentará un marco teórico detallado que incluirá una profunda conceptualización de la Inteligencia Emocional, su sinergia con las terapias conductuales y su aplicabilidad en el tratamiento del estrés, la ansiedad y la depresión. Este marco académico y conceptual sentará las bases para la guía de 30 pasos que se expondrá detalladamente en los capítulos finales de esta obra.

Marco Teórico

Inteligencia Emocional

La Inteligencia Emocional se ha consolidado como un constructo psicológico de gran relevancia desde que fue conceptualizado por Peter Salovey y John Mayer (Salovey & Mayer, 1990). Esta relevancia fue impulsada aún más por el trabajo seminal de Daniel Goleman, quien popularizó la idea más allá de los círculos académicos (Goleman, 1995). Desde su introducción, la IE ha demostrado su aplicabilidad y efectividad en una diversidad de ámbitos, que van desde lo personal hasta lo profesional (Brackett, Rivers & Salovey, 2011).

La Inteligencia Emocional es entendida como la habilidad para identificar, comprender, utilizar y regular de forma efectiva nuestras emociones y las de los demás (Brackett, Rivers & Salovey, 2011). Su impacto es notable en diversos campos, como la educación, el liderazgo empresarial y las relaciones interpersonales. Varios estudios han asociado niveles altos de IE con beneficios como una mejor comunicación, relaciones más saludables y una capacidad más efectiva para enfrentar el estrés, ansiedad, depresión y resolver conflictos (Lopes, Salovey & Straus, 2003).

En el contexto educativo, investigaciones indican que los estudiantes con niveles más altos de Inteligencia Emocional tienden a mostrar un rendimiento académico superior y son menos propensos a conductas disruptivas (Brackett & Mayer, 2003). En el entorno laboral, los líderes con habilidades emocionales desarrolladas generalmente dirigen equipos que muestran mayor compromiso y satisfacción, lo cual, a su vez, mejora la productividad y el rendimiento general del equipo (Lopes et al., 2006).

Sin embargo, donde la Inteligencia Emocional adquiere una dimensión terapéutica particularmente prometedora es en su aplicación para el tratamiento de los trastornos del estado de ánimo. El modelo de habilidades de IE propuesto por Mayer y Salovey (1997) sugiere un enfoque integral basado en cuatro competencias fundamentales: percepción emocional, facilitación emocional, comprensión emocional y regulación emocional. Estas competencias proporcionan un marco completo que permite a los individuos interpretar y manejar sus emociones de una manera más efectiva, así como la de los demás (Mayer & Salovey, 1997).

En el tratamiento de estados de ánimo depresivos, por ejemplo, se pueden implementar intervenciones para fortalecer la capacidad de reconocer y percibir las emociones propias, una habilidad que a menudo se encuentra comprometida en individuos que afrontan estos estados psicológicos (Fernández-Berrocal & Extremera, 2006). Además, se han diseñado técnicas específicas que facilitan una mayor comprensión emocional, permitiendo a las personas entender cómo sus emociones influyen en sus patrones de pensamiento y comportamiento (Brackett & Mayer, 2003). Finalmente, se ha demostrado que el manejo eficaz de emociones mediante técnicas y estrategias de regulación puede contribuir significativamente a la reducción de síntomas depresivos (Aldao, Nolen-Hoeksema & Schweizer, 2010). Esto dota a este conjunto de habilidades emocionales de un robusto respaldo empírico, lo que lo convierte en un enfoque terapéutico muy prometedor.

Depresión, Ansiedad y Estrés

Depresión

Dentro del campo de la salud mental, la Inteligencia Emocional ha surgido como un recurso particularmente alentador, especialmente en lo que respecta al abordaje y mitigación de afecciones de la salud mental como el estrés, la ansiedad y la depresión. De manera específica, diversas investigaciones han revelado una correlación negativa significativa entre los niveles bajos de IE y la presencia de síntomas depresivos (Martins, Ramalho, & Morin, 2010). Este dato sugiere que las personas con un mayor grado de Inteligencia Emocional son menos propensas a manifestar síntomas de depresión.

En otro orden de ideas, la Inteligencia Emocional no solo ofrece una correlación negativa con estados depresivos, sino que también actúa como un factor predictivo en la resiliencia emocional. Por ejemplo, un estudio que involucró a 415 adultos mostró que los individuos con altos niveles de IE eran menos susceptibles a los efectos adversos de situaciones estresantes y más inclinados a recuperar estados de ánimo positivos después de experimentar episodios de estrés (Fernández-Berrocal & Extremera, 2006). Este hallazgo señala el potencial de la Inteligencia Emocional como un recurso crucial para moderar las respuestas emocionales ante eventos estresantes y facilitar el tránsito hacia una recuperación emocional efectiva.

En el marco de investigaciones longitudinales, la Inteligencia Emocional ha sido objeto de estudios que subrayan su relación con una disminución notable en los niveles de estrés percibido y una mejora substancial en el bienestar mental de los individuos (Extremera, Durán, & Rey, 2007). Es relevante señalar que los estudios longitudinales permiten un seguimiento de los sujetos a lo largo de un período extendido, lo cual proporciona datos más fiables respecto a la evolución del impacto de la IE sobre el bienestar mental. Estos hallazgos se centran no solo en la relación entre la Inteligencia Emocional y el bienestar general, sino también en cómo este constructo influye en la percepción del estrés. Esto es crucial, dado que el estrés percibido no siempre es un reflejo exacto del estrés real al que se enfrenta el individuo, pero sí es un factor determinante en cómo dicha condición afecta la salud mental de la persona.

Adicionalmente, otra línea de investigación afirma que la Inteligencia Emocional juega un papel significativo como mecanismo amortiguador en la relación entre el estrés crónico y el bienestar mental (Martins, Ramalho, & Morin, 2010). En otras palabras, la IE no solo minimiza el impacto negativo que el estrés puede tener en el estado emocional de una persona, sino que también actúa como una barrera protectora que reduce la vulnerabilidad de los individuos a los efectos deletéreos del estrés crónico. Este papel de "amortiguador" es especialmente relevante en contextos donde el estrés crónico es una variable constante, como en trabajos de alta exigencia o en situaciones de crisis prolongadas, que pueden encontrarse en el ámbito cotidiano, académico y profesional.

En el ámbito académico, por ejemplo, la formación en habilidades de Inteligencia Emocional ha probado ser especialmente beneficiosa. Un estudio centrado en estudiantes universitarios puso de manifiesto que un programa de entrenamiento en IE resultó efectivo en la disminución de los niveles de ansiedad (Kotsou, Nelis, Grégoire, & Mikolajczak, 2011), apuntando a la eficacia de la formación en habilidades de Inteligencia Emocional como estrategia de intervención en contextos académicos para mitigar la ansiedad.

Sin embargo, a pesar de la creciente cantidad de evidencia que resalta el papel fundamental que la Inteligencia Emocional puede jugar en distintos aspectos de la vida, incluyendo la salud mental (Brackett, Rivers, & Salovey, 2011; Lopes, Salovey, & Straus, 2003), se sigue subrayando la necesidad de investigaciones más profundas y una implementación más efectiva de estrategias basadas en habilidades de

IE, especialmente en el tratamiento del estado de ánimo depresivo (Fernández-Berrocal & Extremera, 2006).

Cuando se habla de estado depresivo, nos referimos a un estado emocional sostenido que se distingue por manifestaciones como la tristeza, apatía, desesperanza y una disminución notable en el interés o placer por actividades que, en circunstancias normales, resultarían gratificantes (APA, 2013). Este estado, que puede ser un indicador de un trastorno del estado de ánimo más grave, como la depresión mayor, distingue a los individuos con tendencias depresivas de aquellos que experimentan episodios pasajeros de tristeza o desánimo. Es crucial entender que este estado emocional depresivo puede variar en grados de intensidad, abarcando desde una tristeza temporal hasta formas más graves como la depresión clínica. En esta última, se observa una tristeza profunda y persistente, a menudo acompañada de una serie de síntomas cognitivos, conductuales y fisiológicos que alteran de manera significativa el funcionamiento cotidiano del individuo (APA, 2013). Entre estos síntomas adicionales, cabe mencionar alteraciones en el apetito, patrones de sueño irregulares como insomnio o hipersomnia, disminución en los niveles de energía, sentimientos intensos de inutilidad o culpa, y dificultades para concentrarse. En casos extremos, puede haber incluso pensamientos suicidas o ideaciones de autolesiones.

Según datos epidemiológicos, se estima que aproximadamente el 5% de la población mundial sufre de depresión, teniendo el humor depresivo como característica principal. Esta cifra que ha mantenido una estabilidad preocupante a lo largo de las últimas décadas (Ritchie & Roser, 2018). Además, vale la pena destacar que estas cifras podrían estar subestimadas debido a barreras en el diagnóstico y a la escasa disponibilidad de tratamientos efectivos en ciertas regiones (OMS, 2017). Esta carencia de recursos y atención médica especializada no solo contribuye a la urgencia de abordar la depresión como un problema de salud pública de magnitud global, sino a buscar otras alternativas.

La depresión trasciende el ámbito del sufrimiento individual, impactando también en el entorno social, familiar y comunitario de la persona afectada. Además, suele presentarse en comorbilidad con otras condiciones médicas, tanto mentales como físicas, exacerbando tanto la gravedad del trastorno como la resistencia a tratamientos convencionales (Kessler et al., 2003). En este contexto, la Inteligencia Emocional emerge como un factor de vital importancia, respaldado por investigaciones que enfatizan su papel en el abordaje y comprensión de los estados depresivos. Esta relevancia se agudiza si se toma en cuenta que, según datos recientes de la Organización Mundial de la Salud, más de 300 millones de personas en el mundo sufren de depresión, lo que significa un incremento del 13% en relación con la última década (OMS, 2022).

Los estudios epidemiológicos también revelan una fluctuación considerable en la prevalencia de la depresión a nivel global, con porcentajes que oscilan entre el 3% y el 17% de la población experimentando síntomas depresivos en algún periodo de su vida (Vos et al., 2017). Adicionalmente, se destaca una prevalencia notoriamente mayor en mujeres respecto a los hombres. Por ejemplo, un estudio longitudinal de Seedat et al. (2009) encontró que las tasas de depresión mayor en mujeres eran casi el doble que en los hombres, sugiriendo factores biológicos, psicológicos y socioculturales como posibles explicaciones. Mientras tanto, los jóvenes adultos, específicamente aquellos comprendidos entre los 18 y 29 años, muestran una propensión hasta tres veces mayor a experimentar episodios depresivos en comparación con los adultos de 60 años en adelante (Kessler et al., 2020). Esto se corrobora en investigaciones como la de Auerbach et al. (2018), quienes encontraron que la prevalencia y la severidad de los síntomas depresivos en estudiantes universitarios están aumentando significativamente.

Estas variaciones demográficas resaltan la complejidad y diversidad de la depresión y enfatizan la necesidad de abordar múltiples variables – como género, edad y localización geográfica – al diseñar e implementar estrategias de intervención y prevención para esta afección de salud mental. La incorporación de la dimensión cultural en el abordaje de la depresión es fundamental, especialmente dada la diversidad global. Investigaciones como la de Haroz et al. (2017) subrayan la necesidad de modificar y adaptar las intervenciones a las particularidades culturales de cada población. Los síntomas de trastornos como la depresión pueden manifestarse de manera diferente según el contexto cultural. En algunas culturas, los síntomas somáticos (como dolores y molestias físicas) pueden ser más prominentes, mientras que, en otras, los aspectos emocionales o cognitivos pueden ser más evidentes. De igual manera, las creencias culturales, las prácticas religiosas y los valores pueden jugar un papel significativo en la forma en que las personas entienden y se acercan a su salud mental. Una intervención que no tenga en cuenta estos factores podría ser menos efectiva o incluso contraproducente.

En un contexto más contemporáneo, cabe destacar que la pandemia de COVID-19 ha intensificado dramáticamente la carga mundial de la depresión. Elementos como la incertidumbre y el estrés, exacerbados por la crisis sanitaria, sumados a factores como el aislamiento social y la inestabilidad económica, han potenciado la emergencia y agravamiento de estados depresivos (Xiong et al., 2020). Este escenario ha amplificado tanto la extensión como la severidad de este acuciante problema de salud pública.

Un estudio global llevado a cabo por Pfefferbaum y North (2020) reportó que la prevalencia de síntomas de depresión aumentó considerablemente durante la pandemia. Por ejemplo, en los Estados Unidos, la prevalencia de síntomas depresivos fue aproximadamente tres veces mayor durante la pandemia en comparación con el período pre-pandémico. Por otra parte, de acuerdo un estudio publicado en *The Lancet* en 2021, la pandemia contribuyó a un adicional de 53 millones de casos de trastornos depresivos mayores en todo el mundo en 2020, lo que representa un aumento del 28% en comparación con lo que se habría esperado sin la pandemia (Smith, 2021). También hubo un aumento del 25% en la prevalencia de ansiedad y depresión en todo el mundo durante el primer año de la pandemia, el cual fue más pronunciado entre las mujeres y los jóvenes (OMS 2021).

Es igualmente imperante destacar que las repercusiones de los trastornos depresivos y los estados de ánimo melancólicos trascienden el bienestar individual. La depresión se erige como una de las principales causas de discapacidad en el mundo, imponiendo una carga económica significativa que se manifiesta tanto en los gastos sanitarios directos como en los costos indirectos relacionados con la disminución de la productividad laboral y el incremento de las muertes prematuras (Chisholm et al., 2016).

Ansiedad y Estrés

Al igual que la depresión, el estrés y la ansiedad constituyen problemas de salud mental con impacto global. De hecho, se estima que aproximadamente el 31% de los adultos experimentarán algún tipo de trastorno de ansiedad durante su vida (Kessler et al., 2005). La prevalencia del estrés, aunque más difícil de cuantificar debido a su naturaleza polifacética, es igualmente alarmante; varios informes sugieren que hasta el 80% de los trabajadores sienten estrés en su entorno laboral (Leka et al., 2003).

Es pertinente señalar que, al igual que con la depresión, existen disparidades en la prevalencia del estrés y la ansiedad en función del género, la edad y el entorno sociocultural. Las mujeres, por ejemplo, son más propensas a sufrir de trastornos de ansiedad que los hombres, con una prevalencia que puede ser hasta dos veces mayor (McLean et al., 2011). Además, los entornos urbanos parecen propiciar niveles más elevados de estrés y ansiedad que las áreas rurales. Un estudio encontró que la prevalencia de trastornos de ansiedad en entornos urbanos puede ser hasta un 21% más alta en comparación con las áreas rurales, probablemente debido a factores como el ritmo de vida acelerado y la contaminación (Peen et al., 2010). La carga económica y social del estrés y la ansiedad es otro punto que considerar. Estas condiciones contribuyen a una disminución significativa en la productividad laboral y aumentan los costos de atención médica. Se ha estimado que los trastornos de ansiedad cuestan a la economía global más de 42 mil millones de dólares anualmente, solo en los Estados Unidos (Greenberg et al., 1999).

En este escenario, se resalta la Inteligencia Emocional como un recurso invaluable para el tratamiento del estrés y la ansiedad. Como se ha mencionado anteriormente, estudios han demostrado que desarrollar las habilidades de IE, como la autoconciencia, la autogestión emocional y la empatía, pueden mitigar los efectos del estrés y la ansiedad en diferentes contextos (Brackett et al., 2011). Por lo tanto, se torna indispensable redoblar esfuerzos en la prevención y tratamiento efectivo del estrés, ansiedad y depresión mediante el potencial de la Inteligencia Emocional como una estrategia terapéutica viable y prometedora. Y, aunque la investigación sobre este enfoque está aún en una fase inicial, los datos existentes sugieren que este constructo podría tener un papel crucial en la mitigación de los síntomas y en la mejora de la calidad de vida de las personas afectadas.

La fusión de técnicas provenientes de las terapias conductuales con herramientas de Inteligencia Emocional se perfila como un enfoque especialmente efectivo ante esta problemática. Este modelo integrador permite no sólo modificar comportamientos disfuncionales, sino también potenciar las habilidades emocionales, como la autoconciencia y la autorregulación, que son esenciales para enfrentar de manera más efectiva los trastornos del estado de ánimo. Sin embargo, es imprescindible que se realicen investigaciones más rigurosas y exhaustivas para validar la eficacia de este enfoque integrador y maximizar su potencial terapéutico.

Intervenciones Basadas en IE

La exploración sistemática y la aplicación efectiva de la Inteligencia Emocional constituyen un enfoque innovador y necesario en la prevención y tratamiento del estrés, la ansiedad y la depresión. Distintas líneas de investigación han evaluado la eficacia de programas de intervención basados en la IE con el objetivo de mejorar las habilidades emocionales y, por ende, atenuar los síntomas asociados con los trastornos del estado de ánimo (Nelis et al., 2011; Ruiz-Aranda et al., 2012).

Las intervenciones centradas en la Inteligencia Emocional se han diseñado con el fin de incrementar el reconocimiento emocional, perfeccionar la habilidad para la regulación emocional, y promover respuestas adaptativas ante emociones negativas. Aunque esta área de estudio se encuentra en una fase de crecimiento constante, los resultados preliminares son alentadores respecto a la posible eficacia de estas intervenciones en la disminución del ánimo depresivo y ansioso, así como una mejor respuesta ante factores estresantes (Hodzic et al., 2018).

Es imperativo subrayar que los avances en la formulación, implementación y evaluación de estas intervenciones representan un proceso evolutivo y continuo. La investigación futura permitirá refinar estos programas y evaluar su efectividad en una variedad de poblaciones y contextos (Rivers et al., 2013). Con la acumulación de evidencia científica, existe una posibilidad real de que las intervenciones basadas en la IE se conviertan en un recurso fundamental en el arsenal terapéutico para el tratamiento de los trastornos del ánimo.

En el panorama actual de la salud mental, intervenciones como la Terapia de Inteligencia Emocional (TIE; Nelis et al., 2011) y el programa de Inteligencia Emocional Aplicada (IEA; Ruiz-Aranda et al., 2012) han demostrado ser prometedoras. Sin embargo, también han planteado retos críticos en el campo de la IE. Estos desafíos se centran en la necesidad de evaluaciones más rigurosas a través de Ensayos Controlados Aleatorios (ECA), la atención a consideraciones demográficas específicas y la incorporación adecuada de estrategias de Inteligencia Emocional en enfoques terapéuticos ya existentes.

Respecto a la evaluación de la eficacia, aunque se han realizado numerosos estudios iniciales, se ha destacado la necesidad de investigaciones más rigurosas. Un metaanálisis que examinó 24 intervenciones basadas en Inteligencia Emocional reveló que solo el 45% de los programas de IE se evaluaron mediante un diseño de ECA, limitando así la capacidad de inferir su eficacia genuina (Hodzic et al., 2018).

Adicionalmente, existe un sesgo demográfico en la aplicación de programas de Inteligencia Emocional. Aunque los trastornos depresivos afectan a individuos de todas las edades, la mayoría de las intervenciones se han enfocado predominantemente en poblaciones juveniles y adultas, dejando de lado las necesidades de los grupos de edad más avanzada (Rivers et al., 2013). Una revisión sistemática apunta que solo un escaso 10% de las intervenciones en Inteligencia Emocional están dirigidas a la población de edad avanzada (Johnstone et al., 2020). Dado que los adultos mayores son más susceptibles a una serie de factores estresantes únicos, como la soledad y la pérdida de seres queridos, la falta de programas de IE orientados específicamente a este grupo demográfico resulta especialmente problemática. Esta estadística destaca una preocupante brecha en el acceso a estos servicios, más aún cuando las tasas de depresión en la población de edad avanzada están en alza, con cifras que indican que alrededor del 7% de los adultos mayores sufren de depresión mayor (OMS, 2022).

En lo que respecta a la implementación de estrategias de Inteligencia Emocional en tratamientos ya existentes para la depresión, su incorporación ha sido notoriamente limitada. Por ejemplo, a pesar de que la Terapia Cognitivo-Conductual ha probado ser eficaz en el tratamiento de esta afección de la salud mental (Butler et al., 2006), solo una minoría de programas han tenido en cuenta la IE en su enfoque terapéutico. Esta omisión no solo limita el potencial terapéutico en sí, sino que posterga la evolución integral de las estrategias de tratamiento para la depresión (Kotsou & Leys, 2017).

Estas lagunas refuerzan la necesidad de investigaciones adicionales y desarrollo práctico en el ámbito de la Inteligencia Emocional y su aplicabilidad en el tratamiento de la depresión. Es crucial llevar a cabo evaluaciones más rigurosas de los programas de intervención basados en este constructo, diversificar demográficamente las poblaciones a las que se dirigen estas intervenciones y fomentar una integración más completa de la IE en enfoques terapéuticos ya establecidos.

Además, otros tratamientos existentes también han mostrado deficiencias. El programa de "Habilidades de Regulación Emocional" (Emotion Regulation Skills, ERS; Berking et al., 2013), aunque ha demostrado resultados beneficiosos en cierta medida, no ofrece un enfoque integral al centrarse únicamente en el manejo de las emociones negativas, sin fomentar el desarrollo de un repertorio emocional más amplio. Según una revisión sistemática que abarca 75 estudios, solo el 15% de las intervenciones en Inteligencia Emocional abordaron explícitamente el desarrollo de habilidades para manejar un amplio espectro de emociones, ya sean negativas o positivas (Sánchez-Álvarez, Extremera y Fernández-Berrocal, 2016). Aunque esta investigación ofrece una serie de hallazgos prometedores, se reconoce que tal enfoque es limitado y podría no ser suficiente para abordar los trastornos depresivos, cuya complejidad exige una investigación y un abordaje terapéutico más riguroso y holístico.

Asimismo, el programa "Entrenamiento en Inteligencia Emocional" (Emotional Intelligence Training, EIT; Slaski y Cartwright, 2003) también ha enfrentado críticas respecto a su duración y seguimiento. Se ha documentado que, aunque confiere beneficios a corto plazo, la falta de seguimiento longitudinal hace difícil evaluar la durabilidad de estos efectos (Chapman y Hayslip, 2005). Además, aproximadamente solo el 35% de las intervenciones basadas en la IE han realizado seguimientos de los participantes más allá del periodo de seis meses post intervención (Kotsou et al., 2019).

Otro problema radica en la escasa personalización de los programas de Inteligencia Emocional. La gran mayoría de las intervenciones adoptan un formato estandarizado, omitiendo considerar las diferencias individuales en los niveles de IE y las necesidades particulares de los participantes. De hecho, menos del 20% de los programas han adoptado un enfoque personalizado, lo cual disminuye su eficacia e ignora la complejidad intrínseca de los trastornos del estado de ánimo (Hodzic et al., 2018). Por lo tanto, estas deficiencias subrayan la urgencia de que investigadores clínicos y formuladores de políticas colaboren en el desarrollo y evaluación de intervenciones más precisas y personalizadas, que utilicen la Inteligencia Emocional como un recurso terapéutico más efectivo para combatir la depresión.

Metodología

Fuentes documentales

Para el desarrollo integral de "Inteligencia Emocional y Terapias Conductuales: una Guía de 10 Pasos para Superar el Estrés, la Ansiedad y la Depresión", la revisión bibliográfica se constituyó como un pilar fundamental. Este proceso tuvo como objetivo establecer un marco teórico sólido que sustentara los conceptos de Inteligencia Emocional, Terapia Racional Emotiva Conductual, Terapia Cognitivo Conductual y el tratamiento de la depresión, ansiedad y estrés, así como las interconexiones entre estos elementos.

En lo que respecta a la literatura, se consultaron diversas obras esenciales en los campos de la Inteligencia Emocional y la psicoterapia. "Inteligencia Emocional" de Daniel Goleman (1995) ofreció perspectivas cruciales acerca de cómo las habilidades emocionales impactan la calidad de vida. "Psicoterapia Cognitiva de la Depresión" de Aaron Beck (1979) proporcionó entendimiento sobre el papel de los patrones cognitivos en los estados emocionales. Por su parte, "La Ciencia de la Compasión: Una Yuxtaposición Entre la Psicología Budista y la Psicología Occidental" de Paul Gilbert (2017) brindó una visión intercultural del bienestar emocional.

De manera especial, "Terapia Racional Emotiva Conductual" de Albert Ellis (1973) se erigió como un pilar en el tratamiento de la depresión, proporcionando un análisis detallado sobre la TREC. Entre otras obras, se añadieron también a la revisión "Agilidad Emocional" de Susan David (2016), que trata sobre la navegación emocional efectiva; "Comunicación No Violenta: Un Lenguaje de Vida" de Marshall B. Rosenberg (2003), centrado en las habilidades comunicativas para la resolución de conflictos; y "Terapia Cognitivo Conductual Hecha Simple" de James Williams (2019), que ofrece un enfoque más accesible de la TCC.

La revisión se extendió para incluir textos que abordaran de manera específica la relación entre la Inteligencia Emocional y fenómenos como el estrés y la ansiedad de manera específica. Entre estos compendios, destaca "La Conexión Mente-Cuerpo: ¿Cómo la Inteligencia Emocional Puede Reducir el Estrés y la Ansiedad?" de Richard Davidson (2001), el cual explora la interacción neurocientífica entre las emociones y estos fenómenos, subrayando el rol regulador de la IE. Otra aportación relevante fue "El Manejo del Estrés a través de la Inteligencia Emocional" de Peter Salovey y Daisy Grewal (2005). Esta obra resalta la importancia de las competencias emocionales en la efectiva gestión del estrés, ofreciendo una visión aplicada y pragmática.

Todas estas fuentes enriquecieron significativamente el marco teórico inicial de "Inteligencia Emocional y Terapias Conductuales: una Guía de 10 Pasos para Superar el Estrés, la Ansiedad y la Depresión", ampliando la comprensión de cómo la IE no solo es crucial en el tratamiento del humor depresivo, sino también en el abordaje integral del estrés y la ansiedad. La selección de estos textos fortalece el carácter multidimensional de este estudio, subrayando su relevancia y aplicabilidad en distintos aspectos del bienestar emocional y mental.

También se recurrió a diversas revistas académicas, destacando fuentes como el "Journal of Rational-Emotive & Cognitive-Behavior Therapy", centrado en investigaciones actuales sobre la TREC; "Emotion", que se enfoca en el estudio científico de las emociones; "Journal of Consulting and Clinical Psychology", que abarca un amplio rango de estudios en psicología clínica; y el "Journal of Positive Psychology", dedicado al bienestar y la psicología positiva.

Finalmente, para el desarrollo de este manual también se utilizaron bases de datos académicas como PsycINFO, PubMed y Google Scholar para realizar una búsqueda exhaustiva de información que pudiera enriquecer este estudio. Los términos de búsqueda incluyeron palabras clave como "Terapia Cognitivo Conductual", "Terapia Racional Emotiva Conductual", "Inteligencia Emocional", "Humor Depresivo", "Ansiedad", "Depresión", "Estrés", "Tratamiento de la Depresión" y "Resiliencia Emocional", tanto en inglés como en español.

Análisis Cualitativo

En el transcurso de la investigación para el desarrollo de "Inteligencia Emocional y Terapias Conductuales: una Guía de 10 Pasos para Superar el Estrés, la Ansiedad y la Depresión", se implementó una metodología de análisis cualitativo aplicada a la selección de fuentes documentales. Este procedimiento abarcó los fundamentos cruciales de la Inteligencia Emocional y se centró particularmente en literatura de relevancia en los campos de la psicología y la psicoterapia. Entre las obras examinadas se incluyó de manera destacada la obra seminal "Terapia Racional Emotiva Conductual" de Albert Ellis (1973), "Psicoterapia Cognitiva de la Depresión" de Aaron Beck (1979) e "Inteligencia Emocional" de Daniel Goleman (1995).

Posterior a la identificación y selección de los documentos más apropiados, se emprendió una lectura minuciosa de cada material seleccionado. En esta etapa, se destacaron ideas clave y se compilaron fichas resumen para cada documento, lo que contribuyó a una efectiva consolidación y síntesis de la información más pertinente. Paralelamente, se diseñó un mapa conceptual para ofrecer una representación visual y estructurada de las relaciones entre los diferentes conceptos e ideas que emergieron de las fuentes consultadas.

En el proceso de clasificación temática de las fuentes, se pusieron en relieve las áreas temáticas centrales abordadas en los documentos, como son los pilares de la Terapia Cognitivo Conductual, las estrategias de la Terapia Racional Emotiva Conductual y las técnicas de la Inteligencia Emocional, así como intervenciones específicas para la regulación de los trastornos del ánimo. Este sistema de clasificación temática no solo permitió una organización más efectiva del acervo de información, sino que también facilitó la detección de patrones y temas que recurren con frecuencia en la literatura especializada.

Se realizó también un análisis comparativo en profundidad de las fuentes seleccionadas en relación con otras guías, manuales o recursos académicos existentes que abordan temáticas similares. En este sentido, se cotejaron diversos materiales relevantes utilizando una serie de criterios que incluyeron, entre otros, el autor, el año de publicación, el público objetivo, los propósitos, los temas tratados, las estrategias metodológicas empleadas y los resultados reportados.

Dicha comparativa resultó esencial para identificar tanto las fortalezas como las debilidades de los recursos existentes en el ámbito de estudio. En este contexto, la obra de Albert Ellis sirvió como un marco de referencia invaluable que, a su vez, proporcionó un fundamento sólido para la concepción y elaboración de un recurso nuevo y más eficaz en el tratamiento del humor depresivo.

FORTALEZAS:

- *Rigor Científico:* El enfoque de Ellis es respaldado por décadas de investigación y práctica clínica. Proporciona un marco teórico y práctico sólido para ayudar a las personas a comprender y cambiar sus patrones de pensamiento destructivos.

- *Enfoque Activo y Directivo:* La TREC promueve la autocomprensión y la autogestión. Los pacientes son vistos como colaboradores activos en el proceso de terapia, algo que se alinea bien con la naturaleza autodirigida de "Inteligencia Emocional y Terapias Conductuales: Una Guía de 10 Pasos para Superar el Estrés, la Ansiedad y la Depresión".

- *Versatilidad:* La TREC puede ser aplicada a una variedad de problemas emocionales, lo que la hace relevante para un público objetivo, que puede estar lidiando con problemas como la depresión, la ansiedad y el estrés.

DEBILIDADES:

• *Demanda de Auto-reflexión:* La TREC requiere que los individuos tengan la capacidad de reflexionar sobre sus propios pensamientos y emociones, lo que puede ser desafiante para algunos. "Inteligencia Emocional y Terapias Conductuales: Una Guía de 10 Pasos para Superar el Estrés, la Ansiedad y la Depresión" busca abordar dicha debilidad al proporcionar ejercicios detallados y guías paso a paso que facilite este proceso.

• *Tiempo y Esfuerzo:* Como cualquier terapia cognitiva, la TREC requiere tiempo y esfuerzo por parte del individuo. Aunque "Inteligencia Emocional y Terapias Conductuales: Una Guía de 10 Pasos para Superar el Estrés, la Ansiedad y la Depresión" está diseñado para ser completado en al menos 30 días. Algunas personas pueden necesitar más tiempo para procesar y aplicar los conceptos y técnicas presentados.

• *Necesidad de Orientación Profesional:* Aunque la TREC puede ser auto-aplicada hasta cierto punto, la guía de un terapeuta profesional puede ser muy beneficiosa. "Inteligencia Emocional y Terapias Conductuales: Una Guía de 10 Pasos para Superar el Estrés, la Ansiedad y la Depresión" aborda esto al sugerir que, aunque los ejercicios pueden ser realizados individualmente, la orientación de un profesional puede ser de gran utilidad para superar obstáculos y profundizar en la comprensión de los conceptos.

Tras un exhaustivo análisis de la obra "Terapia Racional Emotivo Conductual" de Albert Ellis, la siguiente fase de la investigación se centró en otra obra seminal: "Psicoterapia Cognitiva de la Depresión" de Aaron Beck (1979). De igual forma que se hizo con el trabajo de Ellis, también se llevó a cabo un análisis comparativo de la obra de Beck con otros recursos, guías y manuales existentes en la literatura científica.

Este ejercicio comparativo ofreció una visión integral de las fortalezas y debilidades de la obra de Beck, las cuales se describen a continuación:

FORTALEZAS:

- *Base Empírica Sólida:* La obra de Beck se erige sobre una robusta base de investigaciones empíricas. Este sustento científico añade credibilidad y eficacia a las técnicas terapéuticas propuestas, alineándose con la rigurosidad requerida para "Inteligencia Emocional y Terapias Conductuales: Una Guía de 10 Pasos para Superar el Estrés, la Ansiedad y la Depresión".

- *Enfoque Individualizado:* La terapia cognitiva de Beck pone un fuerte énfasis en el tratamiento individualizado, permitiendo un abordaje más personalizado del humor depresivo, algo que también se ha integrado a "Inteligencia Emocional y Terapias Conductuales: Una Guía de 10 Pasos para Superar el Estrés, la Ansiedad y la Depresión".

- *Aplicabilidad Amplia:* Al igual que la TREC, la terapia cognitiva tiene una amplia gama de aplicaciones, lo que la hace relevante para un público diverso que pueda estar enfrentando múltiples retos emocionales.

DEBILIDADES:

- *Accesibilidad:* Aunque eficaz, la terapia cognitiva de Beck puede ser compleja y un tanto inaccesible para personas sin una formación en psicología. "Inteligencia Emocional y Terapias Conductuales: Una Guía de 10 pasos para Superar el Estrés, la Ansiedad y la Depresión" busca mitigar esta barrera ofreciendo explicaciones sencillas y ejercicios prácticos.

- *Ritmo del Progreso:* La terapia cognitiva puede ser un proceso largo que requiere del compromiso del individuo. "Inteligencia Emocional y Terapias Conductuales: Una Guía de 10 Pasos para Superar el Estrés, la Ansiedad y la Depresión", estructurado en un programa de 10 pasos, intenta abordar este desafío al ofrecer una guía condensada pero completa.

- *Enfoque Clínico Limitado:* Aunque valiosa, la obra de Beck se centra en un enfoque clínico que podría requerir la intervención de un profesional para casos severos de depresión. "Inteligencia Emocional y Terapias Conductuales: Una Guía de 10 pasos para Superar el Estrés, la Ansiedad y la Depresión" sugiere que, aunque diseñado para uso individual, la guía de un profesional es invaluable para abordar casos más complejos.

La incorporación de estos hallazgos en "Inteligencia Emocional y Terapias Conductuales: Una Guía de 10 pasos para Superar el Estrés, la Ansiedad y la Depresión" no solo refuerza su base científica, sino que también mejora su aplicabilidad y eficacia, contribuyendo así a la creación de un recurso mejorado y más completo.

Se efectuó también un análisis comparativo de la obra "Inteligencia Emocional" de Goleman con otros recursos que abordan la inteligencia emocional y la psicología del humor depresivo, empleando criterios como el enfoque, las técnicas sugeridas y la aplicabilidad de los conceptos en la vida cotidiana. A continuación, se detallan las fortalezas y debilidades.

FORTALEZAS:

- *Enfoque Holístico:* Goleman no solo se centra en la inteligencia cognitiva, sino que también resalta la importancia de las habilidades emocionales, lo que se alinea directamente con los objetivos de

"Inteligencia Emocional y Terapias Conductuales: Una Guía de 10 Pasos para Superar el Estrés, la Ansiedad y la Depresión".

- *Aplicabilidad General:* Los conceptos y técnicas que Goleman introduce son aplicables en múltiples aspectos de la vida, lo que enriquece "Inteligencia Emocional y Terapias Conductuales: Una Guía de 10 Pasos para Superar el Estrés, la Ansiedad y la Depresión" al proporcionar un conjunto de herramientas más versátil.

- *Base Científica y Popularidad:* La obra se apoya tanto en investigaciones psicológicas como en ejemplos de la vida real, lo que le confiere un equilibrio entre rigor científico y accesibilidad. Estrategia similar se empleó en la redacción de "Inteligencia Emocional y Terapias Conductuales: Una Guía de 10 Pasos para Superar el Estrés, la Ansiedad y la Depresión".

DEBILIDADES:

- *Falta de Profundidad en Técnicas Terapéuticas:* Aunque aborda la importancia de la inteligencia emocional, el libro carece de una guía detallada sobre cómo desarrollar estas habilidades, algo que "Inteligencia Emocional y Terapias Conductuales: Una Guía de 10 Pasos para Superar el Estrés, la Ansiedad y la Depresión" busca complementar.

- *Enfoque Amplio:* Su enfoque generalista puede hacer que ciertos temas no se traten con la profundidad que podrían requerir. En este sentido, "Inteligencia Emocional y Terapias Conductuales: Una Guía de 10 Pasos para Superar el Estrés, la Ansiedad y la Depresión" se concentra en aplicar la inteligencia emocional específicamente al tratamiento de los tratarnos del estado de ánimo, tomando como pilar al humor depresivo.

• *Interpretación Subjetiva:* Aunque Goleman fundamenta sus argumentos en investigaciones, su obra ha sido criticada por cierta subjetividad en la interpretación de datos. "Inteligencia Emocional y Terapias Conductuales: Una Guía de 10 Pasos para Superar el Estrés, la Ansiedad y la Depresión" intenta mitigar esto recurriendo a múltiples fuentes y enfoques.

La inclusión de los hallazgos y conceptos de la obra de Goleman en "Inteligencia Emocional y Terapias Conductuales: una Guía de 10 Pasos para Superar el Estrés, la Ansiedad y la Depresión" contribuye a crear un recurso más completo y robusto. Su enfoque en la inteligencia emocional añade una capa de complejidad y profundidad que resulta invaluable para abordar el humor depresivo de una forma más integral.

Análisis de Resultados

Objetivo de la Guía

El libro "Inteligencia Emocional y Terapias Conductuales: Una Guía de 10 Pasos para Superar el Estrés, la Ansiedad y la Depresión" se centra en proporcionar un repertorio de estrategias y técnicas fundamentadas en los principios de la Terapia Cognitivo Conductual, la Terapia Racional Emotiva Conductual y la Inteligencia Emocional. Este enfoque tiene como objetivo primordial ayudar a los individuos a abordar y mitigar de manera eficaz los trastornos del estado de ánimo, tales estrés, ansiedad y depresión, con especial énfasis en el humor depresivo. Este abordaje interdisciplinario integra conocimientos y destrezas provenientes de la psicología cognitiva, conductual y emocional, diseñados específicamente para apoyar a los pacientes en su búsqueda de una salud emocional y mental más sólida.

Este material resulta particularmente relevante para una población que enfrenta desafíos emocionales y estados de ánimo ansioso y depresivos. Ofreciendo herramientas prácticas y aplicables para la gestión emocional, aspira a mejorar la calidad de vida del individuo, fortaleciendo su resiliencia y aumentando su capacidad para hacer frente a las adversidades vitales. Además, las habilidades impartidas son versátiles y aplicables en una amplia gama de contextos, desde situaciones cotidianas hasta retos laborales, académicos y sociables.

La fundamentación pedagógica de este recurso reside en su estructura secuencial y formativa. Se emplean diversas técnicas, que van desde la introspección y autoevaluación, pasando por la reestructuración cognitiva, hasta llegar a técnicas más dinámicas como el role-playing. Cada paso del programa introduce un concepto nuevo, lo desglosa apoyándose en evidencias científicas y, finalmente, sugiere un ejercicio práctico para que los usuarios puedan aplicar lo aprendido, concluyendo cada sección con una reflexión final. Esta metodología, conocida como "aprendizaje activo", ha demostrado ser eficaz en la retención y la aplicación efectiva del conocimiento, según lo evidencian investigaciones en el campo de la pedagogía (Prince, M. 2004).

La redacción y estructuración de cada actividad están diseñadas para ser claras, didácticas y accesibles. De esta manera, el lector o paciente puede llevar a cabo las actividades y reflexionar sobre sus experiencias personales de manera autónoma. No obstante, se recomienda encarecidamente que las actividades se realicen en un entorno seguro y teniendo en cuenta el estado emocional del usuario. También se insta al usuario a buscar asesoramiento de un profesional de la salud mental. Esta flexibilidad confiere al recurso un valor añadido, habilitando su utilización tanto en contextos clínicos como de desarrollo personal.

En resumen, "Inteligencia Emocional y Terapias Conductuales: Una Guía de 10 Pasos para Superar el Estrés, la Ansiedad y la Depresión" ofrece una agenda detallada y fundamentada en evidencia científica para el tratamiento de estados emocionales negativos, a través del desarrollo de habilidades de Inteligencia Emocional, así como las técnicas y estrategias de la TREC y TCC. Mediante su implementación, se espera que los usuarios alcancen un mayor entendimiento de sus emociones, adquieran destrezas significativas para su manejo y, en consecuencia, mejoren su bienestar emocional y mental.

Instrucciones de la Guía

"Inteligencia Emocional y Terapias Conductuales: Una Guía de 10 Pasos para Superar el Estrés, la Ansiedad y la Depresión" es un manual orientado específicamente a adultos, con una edad mínima sugerida de 18 años. Tal como se ha señalado previamente, la importancia de este enfoque radica en su habilidad para ofrecer estrategias y técnicas arraigadas en los fundamentos de las terapias conductuales y la Inteligencia Emocional. Este recurso es particularmente valioso para personas que presentan sintomatología asociada con estados de ánimo depresivos y trastornos del espectro de la ansiedad, clasificados de acuerdo con el Manual Diagnóstico y Estadístico de los Trastornos Mentales, quinta edición (DMS-5).

Para la eficaz implementación de este programa, es altamente recomendable contar con la supervisión de un profesional formado en el campo de la salud mental, idealmente con una sólida base en Terapia Racional Emotiva Cognitiva, Terapia Cognitivo Conductual e Inteligencia Emocional. El rol de dicho especialista es crucial para la adecuada introducción y explicación del material, y aportará una orientación valiosa durante el desarrollo de los ejercicios, ofreciendo retroalimentación constructiva y facilitando un espacio para la reflexión sobre el progreso individual.

Adicionalmente, la intervención de este profesional permitirá ajustar el programa a las necesidades específicas del usuario, asegurando que cada sesión sea tanto pertinente como enriquecedora. Cabe subrayar que, aunque la orientación de un experto se recomienda para maximizar los beneficios del programa, cada ejercicio ha sido diseñado para permitir una ejecución autónoma por parte del usuario. Esta dualidad – la combinación de la guía profesional y la opción de uso independiente – añade una capa de versatilidad al recurso, convirtiéndolo en una herramienta altamente adaptable para un amplio rango de usuarios.

En último término, este recurso didáctico está estructurado para ser aplicado a lo largo de un periodo de aproximadamente 30 días, con sesiones diarias que varían entre 30 y 60 minutos, sumando un total aproximado de 15 a 30 horas de trabajo (15 a 30 sesiones de psicoterapia). La detallada planificación temporal de cada sesión facilita que el usuario avance a su propio ritmo, permitiendo una mejor comprensión e internalización de los conceptos. Se hace hincapié en que el usuario tiene la libertad de tomarse todo el tiempo necesario para completar cada ejercicio, incluso si esto significa repetir una misma actividad durante varios días consecutivos, extendiendo así su duración.

Descripción de la Guía

A continuación, se ofrece un resumen del manual "Inteligencia Emocional y Terapias Conductuales: Una Guía de 10 Pasos para Superar el Estrés, la Ansiedad y la Depresión". Los ejercicios detallados que lo componen serán expuestos en la sección "Anexo" (véase Anexo 1). Este recurso está meticulosamente diseñado para enfrentar las complejidades del bienestar emocional y mental, centrándose específicamente en la gestión de los trastornos del estado de ánimo como el estrés, ansiedad y depresión. El manual está estructurado en una progresión de 10 pasos, cada uno de ellos ofreciendo otros 10 sub-pasos, ofreciendo al lector una secuencia de ejercicios prácticos, consideraciones teóricas y datos sustentados en investigaciones científicas.

El contenido se organiza en segmentos definidos: "introducción a cada tema, evidencia de investigación para cada tópico, instrucciones para cada ejercicio, ejemplos basados en situaciones cotidianas, reflexión y resumen para cada paso". Cada uno de estos elementos ha sido cuidadosamente creado para ser tanto informativo como aplicable, garantizando que los lectores adquieran y apliquen conocimiento teórico-práctico. Específicamente, las instrucciones para los ejercicios están orientadas a involucrar activamente al lector, fomentando el autoanálisis y la autorreflexión como medios para identificar y confrontar pensamientos y emociones irracionales. Estos ejercicios están interconectados, facilitando un proceso de aprendizaje continuo y acumulativo.

Cada capítulo (o "paso") aborda un aspecto específico de la salud emocional, desde la identificación de emociones y creencias irracionales hasta estrategias más avanzadas como el reemplazo de dichas creencias y la discriminación entre emociones negativas apropiadas e inapropiadas. En el centro de este enfoque radica la aspiración de permitir que los lectores fomenten resiliencia emocional y habilidades de afrontamiento efectivas aplicables a situaciones cotidianas. También incluye un capítulo donde se presenta una nueva propuesta: La Terapia Cognitivo Emotivo Conductual, que es básicamente el enfoque terapéutico empleado en las prácticas profesionales del autor del libro (J.R. Hernández) y engloba elementos de la IE, TREC y TCC.

Cumpliendo con las directrices de la Asociación Americana de Psicología, el manual se presenta en un lenguaje técnico y profesional para asegurar la precisión científica y la solidez ética del contenido. A lo largo del recurso, se utilizan ejemplos basados en casos reales de salud mental que han sido atendidos previamente por el autor del libro, para facilitar una comprensión más clara y significativa, permitiendo una conexión profunda del lector con el material. En esencia, este manual se configura como un recurso pedagógico y clínico que aspira a ser una herramienta efectiva para quienes buscan mejorar su salud mental, especialmente aquellos que enfrentan síntomas de estrés, ansiedad y depresión.

También, en la sección "Anexo", se provee a los usuarios con herramientas adicionales para complementar la práctica de los temas abordados en el manual, como la Escala de Distorsiones Cognitivas Hernández-Barrera (EDCH-B) (véase Anexo 2). Es crucial entender que la EDCH-B es un instrumento de auto-reporte orientativo cuya eficacia aún no ha sido corroborada. Los resultados derivados de su uso reflejan la autopercepción y autoevaluación del individuo con relación a sus patrones de pensamiento.

Aunque esta herramienta ofrece una valiosa primera aproximación, se aconseja utilizarla en conjunción con asesoramiento profesional para una interpretación más precisa y un tratamiento adecuado. Finalmente, es fundamental subrayar que esta escala es un instrumento complementario que no tiene como objetivo diagnosticar trastornos o condición, sino ofrecer un panorama aproximado sobre los patrones de pensamiento que podrían estar afectando el bienestar emocional del usuario. Si experimenta dificultades psicológicas o busca un entendimiento más aproximado de dichos patrones, se recomienda buscar el apoyo de un profesional en salud mental.

Conclusiones

El libro "Inteligencia Emocional y Terapias Conductuales: Una Guía de 10 Pasos para Superar el Estrés, la Ansiedad y la Depresión" fue desarrollado con el objetivo primordial de crear un manual fundamentado en una revisión bibliográfica exhaustiva. Su enfoque principal se centra en la aplicabilidad de la Inteligencia Emocional en el tratamiento de los trastornos del estado de ánimo, teniendo especial consideración con el ánimo depresivo. Este propósito se cumplió efectivamente al diseñar un programa estructurado de 10 pasos que integra elementos de las terapias conductuales y emocionales, todo ello respaldado por evidencia científica sólida.

En el proceso de desarrollo de este manual, se cumplieron múltiples objetivos secundarios. Inicialmente, se logró realizar una profunda revisión bibliográfica en la que se aplicaron criterios de inclusión y exclusión específicos. Esto permitió evaluar de forma rigurosa la literatura científica relacionada con la confluencia entre las terapias conductuales, la Inteligencia Emocional y los trastornos del estado de ánimo. Esta revisión facilitó identifica los vínculos críticos entre estos elementos, destacando su relevancia para la mejora de la salud mental. De esta manera, se logró establecer una base empírica robusta que informa el contenido del manual.

Adicionalmente, se consiguió analizar en profundidad las principales teorías y modelos vinculados a la Inteligencia Emocional, incluyendo como eje central el modelo de habilidades de Salovey y Mayer (1997). Estos marcos teóricos fueron incorporados en el manual, para brindar un sustento conceptual sólido y respaldar la aplicabilidad práctica de las técnicas sugeridas para abordar los trastornos del estado de ánimo.

Es de suma importancia destacar que también se llegó a realizar un análisis meticuloso de intervenciones fundamentadas en Inteligencia

Emocional, examinando tanto terapias individuales como programas grupales. Esta evaluación comparativa suministró información crítica para confeccionar manual y validar la utilidad de la IE en contextos clínicos. Todo ello contribuye a que el programa de 10 pasos sea una herramienta efectiva para pacientes y profesionales de la salud mental.

Finalmente, este trabajo alcanzó su totalidad al revisar y validar, mediante resultados de investigaciones previas, el impacto positivo de las intervenciones basadas en Inteligencia Emocional en la calidad de vida y los síntomas depresivos, relacionados al estrés, ansiedad y depresión. Asimismo, se pudo confirmar la eficacia y aplicabilidad de dichas intervenciones en el tratamiento de estas afecciones. A pesar de los logros, se identificaron algunas limitaciones en el estudio, y se formuló un conjunto de recomendaciones dirigidas a superar estos desafíos en futuras investigaciones.

Limitaciones

Si bien "Inteligencia Emocional y Terapias Conductuales: Una Guía de 10 Pasos para Superar el Estrés, la Ansiedad y la Depresión" representa una aportación significativa al creciente cuerpo de literatura que asocia la Inteligencia Emocional con la salud mental, es crucial abordar ciertas limitaciones metodológicas y conceptuales que podrían afectar tanto la validez interna como externa de los resultados presentados.

En primer lugar, cabe destacar que la eficacia del estudio todavía necesita una validación empírica más sólida. A pesar de fundamentarse en una revisión bibliográfica rigurosa, la ausencia de Ensayos Clínicos Controlados disminuye la fortaleza de las evidencias que avalan su aplicabilidad y eficacia en entornos clínicos. Este aspecto, a su vez, plantea interrogantes acerca de su validez en contextos especializados.

Adicionalmente, aunque la revisión bibliográfica es extensa, es esencial tener en cuenta que su alcance podría estar sesgado por diferentes factores. Estos incluyen sesgos de selección al incluir o excluir estudios específicos y sesgos de publicación que podrían influir en la evaluación de la eficacia de intervenciones basadas en la Inteligencia Emocional. La falta de diversidad demográfica en las muestras de estudios previos, junto con la omisión de un enfoque en comorbilidades, puede limitar la generalización de los resultados.

Asimismo, aunque el libro examina una variedad de teorías, modelos y enfoques en el ámbito de la Inteligencia Emocional, no se aborda de forma exhaustiva cómo estos elementos podrían verse influenciados por factores contextuales y culturales, la diversidad de estados afectivos o la escasez de profesionales especializados para implementar el programa de forma efectiva. Esta heterogeneidad y falta de formación específica representan limitaciones en la generalizabilidad de las intervenciones, lo cual insta a la necesidad de adaptaciones contextualizadas para distintas poblaciones y entornos.

Finalmente, es posible que el estudio haya omitido de manera involuntaria trabajos fundamentales o investigaciones emergentes que aporten nuevas visiones o cuestionamientos a las teorías existentes, introduciendo aún más sesgos. Es imperativo señalar que el manual se sustenta principalmente en una revisión bibliográfica y, por ende, no proporciona datos empíricos primarios que pudieran ofrecer evidencias más concluyentes en apoyo o refutación de las teorías y modelos examinados. Esta carencia podría limitar su impacto en la práctica clínica basada en la evidencia.

Futuras investigaciones

Con el objetivo de conseguir la optimización continua de "Inteligencia Emocional y Terapias Conductuales: Una Guía de 10 Pasos para Superar el Estrés, la Ansiedad y la Depresión" se exige explorar diversos caminos de investigación altamente especializados que podrían mitigar efectivamente las limitaciones detectadas durante su creación. En primer lugar, resulta crucial que futuros estudios implementen Ensayos Clínicos Aleatorizados para corroborar la eficacia del recurso didáctico en distintas poblaciones. Dichos ECAs deberían contar con grupos de control adecuados y estar sujetos a revisiones siguiendo el método PRISMA (Preferred Reporting Items for Systematic Reviews and Meta-Analyses), lo cual contribuirá a minimizar los posibles sesgos intrínsecos a la revisión bibliográfica previa.

Es igualmente vital la instauración de Estudios Longitudinales que evalúen la sostenibilidad de los impactos del recurso en indicadores de salud mental. Estos estudios podrían incorporar múltiples puntos de medición a lo largo del tiempo y utilizar escalas validadas, como el PHQ-9 o el GAD-7, para el seguimiento de síntomas depresivos o ansiosos.

Una expansión metodológica adicional podría comprender la aplicación de Análisis Multivariante de Covariables para examinar cómo distintos factores (tales como apoyo social, estado socioeconómico o comorbilidades) interactúan y afectan los desenlaces de "Inteligencia Emocional y Terapias Conductuales: Una Guía de 10 Pasos para Superar el Estrés, la Ansiedad y la Depresión". En este contexto, podrían emplearse modelos estadísticos como el Modelo Lineal Generalizado Mixto o el Análisis de Varianza Multivariante (MANOVA) para una evaluación más completa de la eficacia del recurso.

La incorporación de técnicas como el Análisis de Regresión Multivariante añadiría una dimensión adicional al tratamiento de los datos y facilitaría la identificación de variables clave que inciden en los resultados terapéuticos. Asimismo, la confluencia de datos demográficos, clínicos y psicométricos en modelos predictivos podría arrojar luz sobre la respuesta individual a las intervenciones, favoreciendo un enfoque terapéutico más personalizado.

Finalmente, se sugiere la inclusión de Modelos Predictivos basados en Aprendizaje Automático o Análisis de Componentes Principales para discernir perfiles específicos de pacientes que se beneficiarían de manera más notable de las intervenciones presentadas en "Inteligencia Emocional y Terapias Conductuales: Una Guía de 10 Pasos para Superar el Estrés, la Ansiedad y la Depresión". Estas metodologías avanzadas posibilitarían una personalización más afinada de las intervenciones, atendiendo a variables demográficas, psicométricas y clínicas.

En resumen, estos enfoques de investigación altamente especializados no solo atenderán las carencias del "Inteligencia Emocional y Terapias Conductuales: Una Guía de 10 Pasos para Superar el Estrés, la Ansiedad y la Depresión", sino que aportarán significativamente a su perfeccionamiento y evolución, potenciando su eficacia y aplicabilidad en el ámbito de la salud mental y la Inteligencia Emocional.

Anexos

Anexo 1: Guía

Inteligencia Emocional y Terapias Conductuales

Una Guía de 10 Pasos para Superar
el Estrés, la Ansiedad y la Depresión

J.R. Hernández

Paso Uno

Emociones Básicas y Complejas

Introducción al Tema

Este programa inicia con un viaje hacia la comprensión de las emociones, diferenciando entre las básicas, esenciales para nuestra supervivencia, y las complejas, que reflejan nuestra complejidad social y personal. Las emociones se definen como respuestas psicofisiológicas ante estímulos internos o externos, cruciales tanto para la supervivencia como para la interacción social. Las emociones básicas, universales e innatas, incluyen la alegría, tristeza, ira, miedo, sorpresa y asco, todas con funciones adaptativas específicas. Las complejas, como la vergüenza, culpa, orgullo y envidia, surgen de la interacción de emociones básicas y están influenciadas por el contexto cultural y experiencias personales, reflejando la complejidad de nuestras interacciones y normas sociales.

Mientras las emociones básicas son respuestas automáticas y rápidas esenciales para la adaptación ambiental, las complejas implican un proceso cognitivo detallado, vinculándose con nuestra identidad y valores culturales. La Inteligencia Emocional, que implica el reconocimiento, comprensión y manejo de nuestras emociones y las de los demás, es vital para la adaptación social, el bienestar y la gestión de desafíos emocionales. El estudio de las emociones básicas y complejas es fundamental para el desarrollo personal y emocional, y para promover relaciones interpersonales saludables, siendo especialmente relevante en el tratamiento de trastornos del estado de ánimo.

Evidencia de Investigación

La identificación y comprensión de las emociones básicas y complejas son cruciales para la salud mental y el bienestar emocional.

Investigaciones indican que un mayor conocimiento emocional se relaciona significativamente con la reducción de síntomas de trastornos del estado de ánimo (Gross, 1998; Salovey, Bedell, Detweiler, & Mayer, 1999). Además, comprender las emociones complejas mejora la gestión de situaciones interpersonales y sociales, favoreciendo una adaptación social óptima y reduciendo el riesgo de trastornos del estado de ánimo.

Por otra parte, la psicología positiva resalta el papel del entendimiento emocional en el incremento del bienestar, la resiliencia y el desarrollo de estrategias para afrontar retos emocionales (Fredrickson, 2001). En resumen, la capacidad de reconocer y comprender las emociones, tanto básicas como complejas, es esencial para fomentar una regulación emocional adaptativa y eficaz, clave en la prevención y manejo de trastornos del estado de ánimo.

Este programa de 10 pasos para el manejo de trastornos del estado de ánimo incluye, como recomendación esencial, el uso de un diario personal. Esta herramienta te permitirá documentar experiencias emocionales y reflexiones diarias, facilitando el desarrollo de una mayor conciencia y regulación emocional. Esta herramienta será necesaria para futuros ejercicios.

Instrucciones

Desarrollo de la Conciencia
y Comprensión Emocional

Objetivo del Ejercicio

Este ejercicio representa el primer paso hacia una comprensión profunda del espectro emocional, crucial para nuestra existencia y que influye en cada aspecto de la vida. Va más allá del reconocimiento de las emociones básicas y complejas, animándonos a indagar en su origen, función e impacto en la toma de decisiones y en nuestras interacciones sociales. Desarrollar una conciencia emocional aguda mejora nuestras habilidades sociales y nuestra comunicación asertiva, sentando las bases para una regulación emocional efectiva.

Las emociones básicas, como el miedo y la alegría, son respuestas instintivas esenciales para nuestra supervivencia y adaptación, influyendo significativamente en nuestras interacciones. Comprender estas emociones es fundamental para navegar por los desafíos de la vida. Por otro lado, las emociones complejas, que se forman a partir de la interacción de nuestras experiencias y emociones básicas, reflejan nuestras motivaciones y patrones de comportamiento, enriqueciendo nuestra comprensión de nosotros mismos y de nuestras relaciones.

El propósito de este ejercicio es establecer una base sólida para el desarrollo de la Inteligencia Emocional, promoviendo una mayor comprensión y valoración de nuestras emociones y las de los demás. La capacidad de identificar, entender y manejar nuestras emociones y las ajenas es vital para decisiones informadas, la resolución de conflictos y el fortalecimiento de relaciones.

Al profundizar en el conocimiento de las emociones básicas y complejas, nos preparamos mejor para enfrentar los desafíos emocionales cotidianos, desde manejar el estrés hasta mejorar las relaciones. Aumentar nuestra conciencia emocional es clave para alcanzar un bienestar integral y duradero, viviendo una vida más plena, resiliente y feliz.

Paso 1: Identificación de Emociones Básicas

El primer paso para desarrollar una conciencia y comprensión emocional profunda es identificar las emociones básicas: alegría, tristeza, miedo, sorpresa, asco e ira. Estas emociones, fundamentales en nuestra experiencia humana, son respuestas instintivas a estímulos ambientales y son cruciales para nuestra supervivencia y bienestar emocional. Reconocerlas permite comprender su impacto en nuestro comportamiento y estado emocional.

Para un análisis más profundo de estas emociones básicas, se sugiere consultar el Anexo 3. Este conocimiento es vital para identificar cómo se manifiestan en diferentes contextos y su posible influencia en trastornos del estado de ánimo. Por ejemplo, entender la tristeza es esencial para relacionarla con la depresión si se presenta de forma intensa y continua.

Conocer las emociones básicas es fundamental para el reconocimiento de su interacción en situaciones de estrés o conflicto, siendo la identificación precisa el primer paso hacia una gestión efectiva de las mismas. Esto prepara el terreno para el análisis de emociones más complejas, mejorando nuestro autoconocimiento y calidad de vida.

Ejemplo:

Imagine que ha estado atravesando por episodios de humor depresivo que afectan su percepción y estado de ánimo. Es en este momento cuando debe escribir en su diario personal y tomarse un tiempo para reflexionar sobre una situación que le haya dejado abrumado y desanimado. Puede que, al revisar sus notas, usted se dé cuenta de que la tristeza es la emoción básica predominante.

Consultando el Anexo 3, comprende mejor que la tristeza suele surgir ante pérdidas o fracasos. Esto te ayuda a reconocer que su tristeza puede originarse en la percepción de oportunidades perdidas o en sentirte estancado. Aquí, aceptar la tristeza como una reacción natural a tus circunstancias es un paso crucial.

Al profundizar en su función, la tristeza se revela no solo como indicador de su estado depresivo, sino también como una señal de necesidades y deseos insatisfechos que requieren atención. Esta emoción es esencial y sugiere que algo valioso falta o está en riesgo en su vida, lo que le impulsa a reflexionar y a reevaluar las circunstancias para alinearlas con sus necesidades, promoviendo introspección y autoconocimiento.

Reconocer cómo el humor depresivo puede intensificar la tristeza es vital para su manejo adecuado. Aunque este estado de ánimo puede agravar la sensación de tristeza, entender su origen y función facilita un abordaje más objetivo y terapéutico. Esto implica considerar la tristeza no como un obstáculo, sino como una parte integral de su experiencia emocional que merece comprensión y compasión.

Entender la función de las emociones nos permite verlas no como adversarias, sino como aliadas que informan, guían y asisten en la complejidad de la vida. Integrar este conocimiento mejora nuestra gestión emocional y permite utilizar las emociones como herramientas para la toma de decisiones, promoviendo bienestar emocional y mental.

Paso 2: Diferenciación de Emociones Similares

El segundo paso en el desarrollo de una conciencia emocional profunda es aprender a distinguir entre emociones similares que tienen matices y orígenes diferentes. Este discernimiento mejora la comprensión de nuestras experiencias emocionales y su impacto en percepciones y comportamientos.

Este proceso de diferenciación se centra en emociones que comúnmente se confunden o se perciben como equivalentes, tales como la ansiedad y el miedo, o la tristeza y la melancolía. Mediante introspección y análisis, nos proponemos desgranar cada emoción, identificando sus rasgos únicos, desencadenantes específicos y su influencia en nuestro ser.

Por ejemplo, exploremos las distinciones entre la ansiedad, caracterizada por la preocupación ante eventos futuros inciertos, y el miedo, que se manifiesta como una reacción inmediata ante amenazas percibidas. De forma similar, podemos discernir entre la tristeza, que nace de una pérdida concreta, y la melancolía, que refleja un estado más generalizado de descontento.

La ansiedad y el miedo, a pesar de sus similitudes, difieren en sus causas y manifestaciones: la ansiedad emerge de la anticipación angustiosa frente a lo desconocido, presentándose con síntomas como la inquietud y la tensión muscular. El miedo, por otro lado, es una reacción emocional específica frente a una amenaza directa, provocando respuestas de lucha o huida, así como cambios significativos en la frecuencia cardíaca y la respiración.

Respecto a la tristeza y la melancolía, ambas emociones comparten un tono emocional parecido, pero sus raíces y profundidades varían. La tristeza se origina en eventos específicos de pérdida o fracaso, acompañada de sentimientos de dolor y pesar. La melancolía, en contraste, describe un estado prolongado de tristeza sin una causa inmediata, que puede llevar a una profunda reflexión y crecimiento personal si es bien abordada.

Como técnica de aprendizaje, se recomiendan ejercicios de escritura reflexiva, detallando experiencias personales en las que las emociones se entremezclan. Describir la situación, sus desencadenantes y consecuencias ayuda a clarificar la naturaleza de nuestras emociones en diferentes contextos. El diario sugerido al inicio de este programa es un valioso recurso para registrar estas reflexiones y las emociones que emergen.

Este enfoque no solo enriquece nuestra comprensión de las emociones básicas, sino que también nos equipa para gestionar de manera más efectiva nuestras respuestas emocionales. Identificar con precisión lo que sentimos nos permite atender de manera más puntual nuestras necesidades emocionales y comunicar nuestros sentimientos de forma más clara a otros.

Ejemplo:

Imagine que, durante un periodo de ánimo bajo, decide aplicar las técnicas sugeridas para distinguir entre emociones parecidas. Ante la sensación de inquietud y confusión, reflexione si lo que experimenta es ansiedad o miedo. Acuda a su diario personal para desentrañar estas emociones.

Describiendo la situación que provocó malestar, sus pensamientos y sensaciones, se da cuenta de que su inquietud está vinculada con preocupaciones sobre un evento futuro, tal como una reunión de trabajo importante. Esta introspección le lleva a concluir que lo que realmente experimentas es ansiedad, no miedo, ya que se trata de la anticipación a un evento potencial y no a una amenaza inmediata.

De forma similar, al examinar sus sentimientos de descontento sin causa aparente y compararlos con momentos de tristeza ligados a eventos concretos, como la pérdida de un ser querido, reconoce que lo que siente se asemeja más a la melancolía que a la tristeza. Esto se debe a que no está directamente relacionado con una pérdida puntual, sino que refleja un estado más prolongado y generalizado de insatisfacción.

Este ejercicio de diferenciación aporta claridad y comprensión a sus emociones, facilitando un manejo más constructivo de las mismas. Al identificar la naturaleza específica de sus emociones, abre la puerta a un mayor autoconocimiento y adquiere herramientas prácticas para gestionar sus estados emocionales de manera más efectiva en el futuro.

Paso 3: Exploración de Emociones Complejas

El tercer paso de nuestro viaje hacia una conciencia emocional ampliada se adentra en el territorio de las emociones complejas, aquellas que se tejen a partir de la interacción de múltiples emociones básicas y están intrínsecamente ligadas a nuestras experiencias personales, creencias y valores. Nos enfocaremos en emociones como la envidia, el orgullo y la gratitud, las cuales encapsulan una amalgama de sentimientos y pensamientos más elaborados en comparación con las emociones básicas.

Para abordar este análisis con profundidad, es aconsejable referirse al Anexo 3, que proporciona una descripción más precisa de estas emociones complejas. Este recurso esclarece cómo emociones como la envidia pueden surgir tanto de comparaciones con otros como de nuestras propias inseguridades y deseos. Además, explica que el orgullo abarca no solo una sensación de satisfacción personal, sino también una búsqueda de reconocimiento y validación por parte de otros.

El propósito principal de este paso es invitar a la reflexión sobre momentos específicos en los que hemos experimentado emociones complejas, analizando cómo estas se formaron a partir de la interacción de emociones básicas como la alegría, la tristeza o el miedo. Por ejemplo, la gratitud, comúnmente percibida como una emoción positiva, puede originarse en la alegría, pero también puede ser el resultado de superar momentos difíciles, donde la tristeza y el miedo desempeñan roles significativos. Es crucial reconocer la interconexión existente entre las emociones.

Este análisis nos invita a una introspección profunda sobre nuestras experiencias, con el objetivo de no solo identificar la emoción compleja vivida, sino también trazar su origen a las emociones básicas subyacentes y cómo estas se entrelazan con nuestros valores y creencias personales. Así, adquirimos una comprensión más rica de cómo las emociones complejas influyen en nuestro comportamiento y estado de ánimo en distintos contextos.

Además, este paso nos anima a valorar la función y la importancia de estas emociones en los eventos examinados. Comprender cómo la envidia se relaciona con nuestros deseos y aspiraciones nos permite comenzar a canalizarla como fuente de motivación en lugar de resentimiento. Del mismo modo, al apreciar el papel del orgullo en el contexto de nuestros logros, encontramos un equilibrio entre la autoafirmación y la humildad.

Este paso no solo enriquece nuestra comprensión de las emociones complejas, sino que también nos enseña a verlas como señales valiosas de nuestras necesidades internas y nuestras interacciones con el entorno. Al incorporar este conocimiento en nuestro día a día, comenzamos a manejar estas emociones de manera consciente y constructiva, enriqueciendo y mejorando nuestra experiencia emocional y calidad de vida.

Ejemplo:

Considere un momento en el que, durante una reunión de trabajo, observa cómo un colega recibe elogios por su desempeño. Esta situación despierta en usted sentimientos de envidia. Sin embargo, esta emoción no es meramente superficial, sino el resultado de una compleja interacción de emociones básicas. A través de la reflexión y la guía del Anexo 3, entiende que su envidia puede ser en realidad una combinación de tristeza, por no haber recibido el reconocimiento deseado, y de ira, por creer que su esfuerzo también merecía ser reconocido.

Este ejercicio de introspección revela que la envidia, lejos de ser una respuesta puramente negativa, señala sus necesidades y expectativas personales insatisfechas. Refleja su anhelo de ser valorado y reconocido en tu ambiente laboral. Al comprender esto, encuentra la oportunidad de abordar sus emociones de manera más constructiva, enfocándose en fortalecer su autoestima y en buscar formas de autovalidación más allá del reconocimiento externo.

Explorar la envidia le permite reconocer que, a pesar de su connotación negativa, puede ser una herramienta útil para el autodescubrimiento y el crecimiento personal. Identificar y analizar estas emociones complejas facilita la comprensión de sus orígenes y propósitos, permitiéndole usar estas emociones como guías para mejorar su bienestar emocional y sus interacciones en el trabajo.

Finalmente, este ejercicio trasciende el simple manejo de una emoción desafiante, convirtiéndose en una oportunidad para un desarrollo personal y profesional más profundo. Le ayuda a identificar y satisfacer sus necesidades de manera más saludable y constructiva, lo cual es esencial para su bienestar y éxito en diversos ámbitos de tu vida.

Paso 4: Identificación de Emociones en Experiencias Pasadas

El cuarto paso en nuestro viaje hacia una mayor conciencia emocional nos invita a explorar las emociones vividas en experiencias pasadas, una etapa fundamental para comprender cómo estas han influido en nuestras reacciones y percepciones actuales. Antes de adentrarnos en la complejidad de las señales fisiológicas de las emociones, resulta esencial reflexionar sobre los sentimientos experimentados durante momentos significativos de nuestro pasado, especialmente aquellos que dejaron una huella emocional profunda.

Para emprender esta tarea, proponemos un ejercicio de escritura reflexiva. Elige uno o varios eventos pasados que consideres trascendentales, enfocándote en aquellos que desencadenaron emociones fuertes y claramente identificables. Describe estos momentos con detalle, prestando especial atención a las emociones que surgieron y sus efectos subsiguientes. Interroga tu memoria: ¿Cuál fue la emoción dominante, como la tristeza, la alegría o la ira? ¿Cómo se manifestaron estas emociones en aquel entonces? ¿Qué impacto han tenido en el largo plazo sobre tu vida?

Este ejercicio ofrece una oportunidad única para profundizar en la comprensión de nuestras respuestas emocionales, proporcionando un marco para identificar patrones y tendencias en nuestro comportamiento emocional a lo largo del tiempo. Al reconocer y aceptar las emociones vinculadas a nuestras experiencias pasadas, damos un paso importante hacia el desarrollo de una comprensión más rica de cómo estas experiencias han moldeado nuestras respuestas emocionales presentes, facilitando una introspección más detallada y un enriquecimiento del autoconocimiento.

El objetivo es establecer una conexión consciente y clara entre nuestras experiencias pasadas y nuestras reacciones emocionales actuales. Este nivel de entendimiento es esencial para construir una conciencia emocional sólida, un componente clave para la gestión efectiva de nuestras emociones en el día a día y en momentos de estrés elevado.

Ejemplo:

Considere revisitar un momento pivotal del pasado, como la pérdida de su primer empleo, un evento que marcó un antes y un después tanto en su carrera profesional como en su vida personal. Al escribir sobre ese momento, evoque todos los detalles: el lugar, los eventos del día, cómo recibió la noticia y sus reacciones inmediatas. Concéntrese en discernir las emociones que surgieron: la incredulidad y el impacto inicial, seguidos de una profunda tristeza por la pérdida de una oportunidad y de su rutina. Al indagar más, identifica sentimientos de traición y frustración, emociones que quizás no habías reconocido plenamente en aquel momento.

Al reflexionar sobre este evento, percibe cómo estas emociones guiaron sus decisiones subsiguientes. La tristeza le pudo llevar a la reflexión y eventualmente a la aceptación, mientras que la frustración le impulsó tal vez a buscar nuevas oportunidades con renovada determinación. Este reconocimiento de las emociones vinculadas a experiencias pasadas le brinda una comprensión clara de cómo estas han configurado su respuesta emocional actual, evidenciando la importancia de reconocer y procesar estas emociones para gestionarlas de manera más efectiva en el futuro.

Este proceso de introspección no solo enriquece su autoconocimiento y promueve un crecimiento emocional más profundo, sino que también mejora su capacidad para afrontar emociones similares en situaciones futuras, fortaleciendo su bienestar emocional y su resiliencia ante los desafíos de la vida.

Paso 5: Reconocimiento de Señales Fisiológicas

El quinto escalón hacia el enriquecimiento de nuestra conciencia y comprensión emocional nos invita a adentrarnos en el reconocimiento de las señales fisiológicas que acompañan nuestras emociones. Este aspecto, frecuentemente menospreciado, juega un papel crucial en el entramado de nuestras respuestas emocionales, más aún en el contexto de trastornos del estado de ánimo, donde la interacción entre cuerpo y mente se torna fundamental.

Cada emoción cataliza una secuencia única de reacciones fisiológicas en nuestro organismo. El miedo, por ejemplo, puede incrementar nuestro ritmo cardíaco, preparando al cuerpo para enfrentar o huir de la situación. La ira, por su parte, puede elevar la temperatura corporal y aumentar la tensión muscular, mientras que la tristeza a menudo conduce a una disminución de la energía y a una sensación de letargo.

Para explorar este paso con profundidad, es aconsejable acudir al Anexo 3, que ofrece una descripción detallada de estas respuestas fisiológicas. Este recurso es esencial para comprender cómo las emociones no solo afectan nuestro estado mental, sino que también inducen cambios físicos significativos. La dinámica entre emociones y reacciones fisiológicas es un área de interés tanto para la psicología como para la neurociencia, resaltando la interconexión entre nuestras experiencias emocionales y nuestra biología.

Reflexiona sobre una situación en la que hayas vivido emociones intensas, ya sea un momento de estrés agudo, una experiencia de alegría incontenible o un episodio de profunda tristeza. Evalúa si las sensaciones físicas experimentadas durante dicha situación se alinean con lo expuesto en el Anexo 3. En momentos de ansiedad intensa, ¿observaste un aumento en tu ritmo respiratorio o una sensación de tensión en el estómago? ¿Cómo reaccionó tu cuerpo ante un instante de felicidad pura?

Este paso fomenta una mayor sensibilidad hacia nuestras emociones y contribuye a una comprensión más holística de cómo éstas inciden en nuestro bienestar. Al vincular las reacciones físicas con las emociones, comenzamos a identificar y gestionar nuestras emociones con mayor eficacia, especialmente ante situaciones que desencadenan respuestas emocionales fuertes. Este conocimiento es invaluable para el manejo adecuado de trastornos del estado de ánimo y para el cuidado integral de la salud, proveyendo herramientas para reconocer y atender de manera apropiada las señales de nuestro cuerpo, en pro de nuestro bienestar emocional y físico.

Ejemplo:

Imagine que recientemente atravesó una discusión intensa con un ser querido. En momentos de alta tensión como éste, es vital observar sus reacciones fisiológicas. Podría haber experimentado un incremento en la frecuencia cardíaca, sudoración en las palmas y una respiración acelerada. Estas respuestas físicas son tan reveladoras como las emociones que estás viviendo.

Al consultar el Anexo 3 para profundizar en su entendimiento, reconoce que éstas son reacciones típicas asociadas a la ira y el estrés. Este descubrimiento le permite comprender que no solo experimenta emociones intensas a nivel psicológico, sino que su cuerpo también responde a éstas de manera física. La interrelación entre su estado emocional y las respuestas corporales se hace evidente, tangible y comprensible.

Reflexionar sobre esta vivencia le demuestra cómo la conjunción de sus respuestas emocionales y fisiológicas le brinda una perspectiva completa de sus reacciones ante situaciones de estrés o conflicto. La aceleración del corazón y la respiración agitada no son meras coincidencias físicas; son indicadores de que su cuerpo está activando mecanismos de defensa ante una amenaza percibida que le ayuda a entender lo que sientes.

Este nuevo entendimiento le dota de una herramienta valiosa para manejar momentos estresantes. Al ser más consciente de estas señales fisiológicas, puedes identificar con precisión las emociones en juego y tomar medidas proactivas para calmar su cuerpo, recurriendo a técnicas de respiración profunda o ejercicios de relajación, facilitando así una regulación emocional más efectiva.

Comprender la manifestación física de sus emociones no solo le ayuda a entender mejor sus reacciones emocionales, sino que también le capacita para manejarlas con mayor destreza. Integrar este conocimiento en su cotidianidad mejora su habilidad para enfrentar situaciones estresantes, mitigar la intensidad de sus respuestas emocionales y promover un equilibrio más saludable entre su bienestar emocional y físico.

Paso 6: Análisis del Contexto de las Emociones

El sexto paso hacia una mayor conciencia y comprensión emocional nos lleva a examinar con detenimiento el contexto en el cual emergen nuestras emociones, tanto las básicas como las complejas. Este análisis profundo trasciende la mera identificación de nuestros sentimientos, adentrándose en la evaluación de las circunstancias y el ambiente que rodean la manifestación de estas emociones. El fin último de este proceso es alcanzar una comprensión cabal no solo de qué sentimos, sino también del porqué de esos sentimientos, poniendo énfasis en cómo situaciones específicas y nuestro entorno influyen en nuestras reacciones emocionales.

Este enfoque resulta especialmente pertinente para aquellos que lidian con trastornos del estado de ánimo, como la ansiedad o la depresión, donde las emociones pueden sentirse abrumadoras o desmesuradas. Al escudriñar las circunstancias que envuelven el surgimiento de una emoción, empezamos a discernir si nuestras respuestas son proporcionales a la situación vivida. Así, podemos identificar que, en ocasiones, una intensa sensación de tristeza puede estar influenciada no solo por un evento desencadenante en particular, sino también por otros factores como estrés acumulado, cambios estacionales, o la falta de descanso adecuado.

Este análisis también nos permite entender cómo nuestras interacciones diarias, los eventos significativos de la vida, las presiones laborales y las relaciones personales impactan en nuestro estado emocional. Podemos descubrir que la irritación hacia un compañero de trabajo no se debe solo a sus acciones, sino también a nuestro propio estrés o a expectativas laborales no cumplidas.

Además, este paso incluye el reconocimiento de cómo el contexto cultural y social modela nuestras emociones. Las normas culturales y expectativas sociales pueden influir en cómo experimentamos y expresamos nuestras emociones. En ciertas culturas, por ejemplo, expresar abiertamente la ira puede ser visto de mala manera, lo que podría llevar a suprimir esta emoción o expresarla de maneras menos directas.

Al analizar el contexto de nuestras emociones, adquirimos una comprensión más profunda de nuestras experiencias emocionales, permitiéndonos ver nuestras emociones no como reacciones aisladas, sino como respuestas integradas a una amalgama de factores internos y externos. Este entendimiento es fundamental para gestionar nuestras emociones de manera efectiva y nos ayuda a responder de forma más adecuada y saludable a las situaciones que enfrentamos día a día.

Ejemplo:

Imagine una reciente situación en su ambiente laboral que generó un alto nivel de estrés y presión. Al finalizar la jornada, se halló sumergido en un torbellino de emociones, dominado principalmente por ansiedad y frustración. Ante estas intensas emociones, reflexione si eran proporcionales al desafío enfrentado o si su percepción de los hechos exacerbó sus sentimientos.

Al contemplar estas cuestiones y analizar las circunstancias de ese día con detenimiento, reconoce que, aunque había motivos válidos para sentirse presionado, parte de su ansiedad emanaba de una tendencia a anticipar negativamente los resultados sin justificación. Identifica que su autoevaluación de la capacidad para cumplir con las expectativas jugó un rol significativo en la intensidad de sus emociones.

Esta introspección le permite ver que, si bien era natural experimentar cierta preocupación dada la situación, la magnitud de su ansiedad posiblemente no correspondía enteramente con la realidad de los hechos. Entiende que sus emociones estaban moldeadas, e incluso exacerbadas, por sus patrones de pensamiento habituales, conduciéndole a una reacción emocional desproporcionada.

Al tomar conciencia de esta dinámica, obtiene la capacidad de modificar estos patrones de pensamiento. Este nuevo conocimiento le ofrece herramientas para desarrollar estrategias más eficaces en el manejo de su ansiedad, marcando un paso crucial hacia una gestión emocional más saludable.

Aplicando este análisis a situaciones futuras, podrá identificar con mayor rapidez cuándo sus percepciones están influyendo desmesuradamente en su respuesta emocional, lo que le permitirá mantener una perspectiva más equilibrada y objetiva. Esta habilidad no solo le ayudará a gestionar mejor el estrés y la ansiedad en el ámbito laboral, sino que también sentará las bases para abordar de manera constructiva los retos en otros aspectos de tu vida, mejorando tu bienestar emocional y tu calidad de vida en general.

Paso 7: Registro de Emociones en Tiempo Real

El séptimo paso hacia una comprensión emocional más profunda implica un ejercicio de introspección y registro continuo: la documentación de nuestras emociones en tiempo real. Tras haber explorado nuestras emociones en experiencias previas y haber comprendido el contexto en que estas surgen, el siguiente desafío consiste en capturar activamente nuestras emociones conforme emergen en el presente.

Para abordar esta etapa de manera efectiva, es indispensable contar siempre con el diario sugerido a mano. La meta es anotar nuestras emociones justo en el momento en que se manifiestan, detallando las circunstancias específicas que las provocan, incluido el contexto. Este método nos permite registrar el estado emocional en su expresión más auténtica, reduciendo los sesgos de memoria y permitiéndonos observar cómo ciertas situaciones, personas o pensamientos detonan respuestas emocionales variadas.

Imaginemos, por ejemplo, que durante una semana decides portar tu diario o emplear una aplicación en tu móvil para documentar en tiempo real momentos en los que experimentes emociones particularmente intensas o significativas. En cada entrada, describe el contexto con detalle: ¿Dónde te encontrabas? ¿Con quién? ¿Qué estabas haciendo? ¿Existió algún pensamiento o suceso específico que desencadenara la emoción?

Este ejercicio promueve una mayor conciencia sobre tus patrones emocionales en el aquí y el ahora. No solo conseguirás identificar las emociones conforme ocurren, sino que también empezarás a notar tendencias en tus respuestas emocionales, sus patrones y conexiones. Es posible que descubras, por ejemplo, que ciertos ambientes laborales te provocan estrés de manera específica, o que determinadas interacciones sociales despiertan alegría o tristeza.

El registro de emociones en tiempo real se convierte en una herramienta esencial para el autoconocimiento y la autogestión emocional. Revisando estos registros y analizándolos en momentos de serenidad, obtienes la oportunidad de reflexionar sobre tus emociones de manera objetiva y evaluar cómo tus reacciones ante diversas situaciones impactan en tu bienestar general. Con el tiempo, este diario se transformará en un recurso invaluable sobre tus patrones emocionales, dándote la posibilidad de tomar acciones proactivas para mejorar tu manejo emocional y, consecuentemente, tu calidad de vida.

Ejemplo:

Considere el compromiso de utilizar su diario personal para registrar sus emociones a medida que surgen en su vida cotidiana, anotando también las circunstancias que las provocan y los pensamientos asociados. Decide llevar consigo un cuaderno pequeño o usar una aplicación en su móvil para las anotaciones.

Supongamos que, durante una reunión de trabajo en el tercer día de este ejercicio, experimenta una intensa oleada de frustración. Justo después de la reunión, toma tu diario o abre la aplicación y escribes: "Frustración durante la reunión de trabajo sobre el proyecto X". Detallas con precisión la situación: "estaba debatiendo un proyecto importante y sentí que mis ideas no eran valoradas por mis colegas". Además, anota que la frustración dio paso a una sensación de impotencia y tristeza.

Al revisar su diario al final de la semana, identifica un patrón: "situaciones similares en el trabajo tienden a desencadenar la misma frustración". También reconoce que, cuando se siente ignorado o subestimado, su reacción inmediata es la frustración, seguida de tristeza.

Este ejercicio aporta claridad sobre sus emociones y las circunstancias que las desencadenan. Identificar estos patrones le permite comprender cómo ciertos contextos afectan su estado emocional. Esta conciencia le habilita para abordar de manera más efectiva las situaciones que generan respuestas emocionales adversas, buscando maneras de gestionarlas adecuadamente o incluso de modificar las circunstancias para mitigar su impacto.

El registro de emociones en tiempo real, junto con los pasos previos, le facilita vivir sus emociones de manera más consciente y reflexiva, convirtiendo esta práctica en un hábito esencial para desarrollar una conciencia emocional ampliada. Esto mejora su habilidad para manejar sus emociones en el día a día y ante desafíos, elevando así tu bienestar general.

Paso 8: Exploración del Impacto de las Emociones en la Conducta

El octavo paso en el enriquecimiento de nuestra conciencia emocional nos invita a adentrarnos en una profunda autoexploración para analizar cómo nuestras emociones, tanto las básicas como las complejas, ejercen una influencia determinante en nuestra conducta, decisiones y acciones. Este paso, que se construye sobre la base de los anteriores, nos brinda la oportunidad de comprender en profundidad cómo nuestras emociones se entrelazan con nuestros comportamientos, examinando la relación directa entre lo que sentimos y cómo estas emociones han moldeado o pueden moldear los resultados de las diversas situaciones en nuestras vidas. Este análisis es particularmente crucial en el contexto del manejo de trastornos del estado de ánimo.

Para emprender este camino de introspección y observación objetiva, consideremos situaciones pasadas marcadas por emociones como la ira o la frustración. Analizándolas, podemos empezar a comprender cómo dichas emociones nos han llevado a responder de ciertas maneras ante los conflictos, ya sea evitándolos o reaccionando de forma impulsiva. Del mismo modo, al reflexionar sobre momentos de alegría o gratitud, descubrimos cómo estas emociones positivas han reforzado nuestras relaciones o guiado decisiones provechosas.

Este paso también implica reconocer cómo ciertas emociones pueden detonar comportamientos de manera casi automática, como la ansiedad que nos hace eludir situaciones desafiantes o la tristeza que nos lleva al aislamiento social. Identificar y comprender estos patrones comportamentales es fundamental para poder intervenir y modificar aquellos que resulten contraproducentes o perjudiciales para nuestro bienestar.

Además, esta etapa nos permite explorar cómo nuestras emociones se relacionan con nuestras creencias y valores fundamentales, influyendo en nuestras decisiones. Por ejemplo, si valoramos mucho la armonía en nuestras relaciones, es posible que optemos por suprimir la expresión de ira o desacuerdo, incluso cuando sería saludable manifestar dichos sentimientos. Entender estas dinámicas nos ayuda a identificar oportunidades de crecimiento personal y a desarrollar estrategias para manejar nuestras emociones de una manera que apoye nuestros valores y objetivos a largo plazo.

Al comprender el impacto significativo que nuestras emociones tienen sobre nuestro comportamiento y cómo estas modelan los resultados de nuestras experiencias, adquirimos una valiosa perspectiva que nos permite tomar decisiones más conscientes y desarrollar respuestas más saludables y constructivas ante las vicisitudes de la vida.

Ejemplo:

Considere un reciente episodio de ansiedad experimentado antes de una importante presentación en el trabajo. Este escenario ofrece un contexto ideal para reflexionar sobre cómo las emociones vividas influenciaron su comportamiento durante ese momento crítico. Identifica dos emociones predominantes: el nerviosismo, común en situaciones de estrés, y la inseguridad, una emoción compleja que engloba dudas y temores más profundos.

Al analizar la presentación, observa que el nerviosismo le impulsó a evitar el contacto visual con la audiencia y a hablar más rápido de lo habitual, reacciones físicas y conductuales que son manifestaciones típicas del nerviosismo y que suelen interpretarse como signos de un deseo inconsciente de huir de la situación.

Profundizando en su análisis, reconoce que la inseguridad afectó significativamente su preparación para la presentación. Esta emoción compleja, posiblemente alimentada por autoevaluaciones negativas y temores al fracaso, minó su confianza, impactando tanto en su preparación como en su desempeño.

Al tomar conciencia de cómo estas emociones afectaron su comportamiento, entiende cómo podrían haber influenciado la percepción de su competencia y seguridad por parte de otros, interpretando, por ejemplo, su falta de contacto visual y discurso acelerado como una señal de falta de preparación o confianza.

Esta introspección resulta vital para desarrollar estrategias efectivas que le permitan manejar estas emociones en el futuro, enfocándose en técnicas para reducir la ansiedad y reforzar la autoconfianza. Este entendimiento no solo mejora su bienestar emocional sino también su habilidad para afrontar de manera competente situaciones estresantes, siendo clave para su éxito profesional, personal y su bienestar emocional en general.

Paso 9: Análisis Profundo de Patrones Emocionales

El noveno paso en el camino hacia una mayor conciencia emocional nos lleva a realizar un análisis profundo de nuestros patrones emocionales. Este proceso consiste en identificar tendencias recurrentes en nuestras respuestas emocionales, comprendiendo los disparadores comunes y evaluando el impacto de diversos contextos en nuestras emociones. Este análisis nos permite alcanzar una comprensión más profunda y matizada de nuestra vida emocional, crucial para quienes buscan gestionar de manera efectiva trastornos del estado de ánimo o simplemente mejorar su bienestar emocional.

Para llevar a cabo este paso de manera efectiva, es vital revisar los registros emocionales mantenidos en etapas anteriores. Aquí el diario sugerido juega un papel fundamental para eventos futuros. Con un enfoque minucioso, busca patrones que indiquen situaciones específicas, personas o pensamientos que consistentemente provocan ciertas emociones. Podrías descubrir, por ejemplo, que la incertidumbre frecuentemente desencadena ansiedad, o que ciertos ambientes sociales específicos evocan alegría o tristeza.

Una vez identificados estos patrones, el desafío es profundizar aún más, explorando las razones subyacentes detrás de estas tendencias. Pregúntate por qué ciertos contextos evocan estas emociones y qué revelan estos patrones sobre tus necesidades, deseos y temores subyacentes. Este nivel de introspección puede revelar que la crítica –incluso la constructiva– despierta en ti sentimientos de insuficiencia, lo cual podría señalar una necesidad profunda de validación o un miedo al rechazo.

Este paso también implica una reflexión sobre cómo las experiencias pasadas y las creencias personales dan forma a estos patrones emocionales. Las experiencias de la infancia, los valores familiares, las creencias culturales y religiosas, así como las experiencias vitales anteriores, juegan un rol significativo en cómo reaccionamos emocionalmente ante diversas situaciones. Comprender estas influencias es esencial para empezar a desentrañar cómo nuestras emociones están entrelazadas con nuestra identidad y experiencias de vida.

Al analizar tus patrones emocionales, obtendrás valiosos insights que te permitirán tomar acciones conscientes y dirigidas en el futuro. Este profundo entendimiento de tus emociones y sus disparadores te equipa con herramientas para gestionar tus emociones de manera más saludable y constructiva, promoviendo un bienestar emocional sostenido.

Ejemplo:

Después de semanas de registrar diligentemente sus emociones y sus circunstancias desencadenantes en el diario, se toma un momento para analizar los patrones observados, buscando comprender cómo ciertas situaciones, personas o pensamientos influyen en sus estados emocionales.

Con los registros en mano, inicia un meticuloso examen. Observa, por ejemplo, que las situaciones de incertidumbre laboral desencadenan consistentemente ansiedad. Al reflexionar sobre estas instancias, identificas que su ansiedad no solo se relaciona con el temor a lo desconocido sino también con una profunda preocupación por la estabilidad y la seguridad, lo que refleja valores personales de protección y previsión.

Este ejercicio de introspección le permite reconocer cómo ciertos patrones emocionales están influenciados por sus experiencias vitales, valores y creencias. Al entender estas dinámicas, puede enfocarse en desarrollar estrategias específicas para gestionar de manera más efectiva sus emociones. Por ejemplo, al darse cuenta de que la soledad suele desencadenar tristeza, se esfuerzas por construir y mantener relaciones significativas que contrarresten este sentimiento.

Este análisis de sus patrones emocionales es una herramienta crucial para tu desarrollo personal y emocional. Ser consciente de cómo determinadas situaciones afectan tus emociones le permite adoptar medidas proactivas para mejorar su bienestar emocional, respondiendo de manera más alineada con sus valores y objetivos personales, lo cual es esencial para una vida emocionalmente rica y satisfactoria.

Paso 10: Creación de un Plan de Acción Práctico

El último escalón en nuestro viaje hacia una conciencia emocional ampliada es la formulación de un plan de acción práctico, diseñado para implementar de manera efectiva los conocimientos adquiridos sobre tus emociones en el día a día, con el objetivo de optimizar tu respuesta emocional ante variadas situaciones.

Este paso es una invitación a emplear de manera proactiva tu conciencia emocional y destrezas de interacción social para anticiparte y prepararte ante distintos escenarios. Si has detectado que determinadas situaciones o contextos disparan emociones específicas, como ansiedad o frustración, es momento de planificar estrategias para manejar estas emociones de forma más adecuada. Dentro de estas estrategias se pueden contemplar técnicas de relajación, la reestructuración cognitiva para desafiar pensamientos negativos, o la práctica de mindfulness para enfocarnos en el presente.

El fin de este plan es fortalecer la conciencia y regulación emocional. Al ser más consciente de tus emociones y su influencia en tus pensamientos y acciones, puedes comenzar a utilizarlas como guías constructivas. Por ejemplo, si durante una conversación emergen la ira o la frustración, puedes optar por tomar una pausa para reflexionar sobre las causas subyacentes de estas emociones y decidir cómo responder de manera óptima, evitando reacciones impulsivas.

Este plan también debe contemplar estrategias para promover emociones positivas en tu vida cotidiana, buscando actividades que te brinden alegría, gratitud o satisfacción. Esto es clave para mejorar tu bienestar general y equilibrar tus respuestas emocionales frente a los desafíos. La creación de este plan otorga herramientas prácticas para aplicar la comprensión emocional en situaciones concretas, preparándote para afrontar desafíos emocionales con mayor habilidad y confianza. Sobre este tema se profundizará más en futuros capítulos.

Ejemplo:

Considere que el entorno laboral representa una fuente recurrente de estrés o ansiedad para usted. Con una mejor comprensión de sus emociones, decide crear un plan de acción para manejar estas situaciones de manera más efectiva y constructiva, convirtiendo este plan en una herramienta esencial para gestionar emociones intensas y mejorar su rendimiento y bienestar.

Por ejemplo, si las reuniones importantes son un gatillo constante de ansiedad, puede preparar estrategias específicas que incluyan técnicas de respiración y relajación previas a las reuniones, que se han demostrado efectivas para reducir la ansiedad. Adicionalmente, puede incorporar afirmaciones positivas y prácticas de visualización para reforzar su autoconfianza y visualizarse manejando la reunión con éxito. Buscar el apoyo de un colega de confianza antes de la reunión también puede ser beneficioso, permitiéndole expresar sus preocupaciones y recibir un feedback tranquilizador en un ambiente seguro y sin juicios.

Este plan de acción no solo le preparará específicamente para la reunión, sino que también fomenta una práctica continua de autoconciencia aplicable en otras áreas de su vida. Anticipándose a situaciones estresantes y planificando cómo manejar sus emociones, reduce las respuestas automáticas y reactivas, permitiéndole tomar decisiones más equilibradas y efectivas. Este enfoque práctico hacia la regulación emocional es crucial para el manejo de trastornos del estado de ánimo y para mejorar significativamente tu calidad de vida.

Conclusión

Resumen y Reflexión

Al concluir este ejercicio, reflexionamos sobre el impacto y relevancia de las emociones en nuestras vidas. Este proceso de descubrimiento nos invita a establecer una relación más consciente y armónica con nuestras emociones, tanto básicas como complejas.

Hemos analizado cómo nuestras emociones, influenciadas por la mente, el cuerpo y nuestras experiencias, son componentes esenciales de nuestro ser. Comprender el contexto de nuestras respuestas emocionales nos ofrece claridad sobre la interacción entre percepciones, interacciones y entornos.

Importante es el reconocimiento de cómo las emociones influyen en nuestra conducta. Esta comprensión nos permite responder de manera consciente y reflexiva, mejorando nuestras relaciones y toma de decisiones.

La creación de un plan de acción práctico marca un cambio significativo en nosotros, preparándonos para enfrentar el día a día con una mayor conciencia emocional. Este enfoque nos ayuda a guiarnos por nuestras emociones de forma adaptativa, promoviendo un bienestar emocional duradero.

Este ejercicio va más allá de entender las emociones; inicia un camino hacia una vida más plena y equilibrada. Aplicar estos conocimientos cotidianamente nos dirige hacia una mejora en nuestra Inteligencia Emocional, impactando positivamente en nuestras relaciones, decisiones y manejo de la vida. Nos transformamos en individuos más conscientes, empáticos y eficaces, capaces de enfrentar los desafíos y alegrías de la vida con sabiduría.

Este camino hacia una comprensión emocional avanzada es clave para manejar trastornos del estado de ánimo y mejorar nuestra calidad de vida. La práctica y reflexión constantes son esenciales para desarrollar una Inteligencia Emocional sólida y un bienestar emocional sostenible.

Paso Dos

Emociones Negativas
Apropiadas e Inapropiadas

Introducción al Tema

La exploración de las emociones negativas, distinguiendo entre sus manifestaciones apropiadas e inapropiadas, constituye un eje fundamental en la psicología emocional. Esta distinción es de especial importancia en el ámbito del tratamiento y alivio de los trastornos del ánimo. Emociones como la tristeza, la ira, y el miedo, a menudo etiquetadas como negativas, son revalorizadas por su contribución adaptativa y funcional en contextos específicos. Es primordial identificar cuándo estas emociones son apropiadas y cuándo no, para facilitar la toma de decisiones terapéuticas eficaces y fomentar un estado de salud mental óptimo.

Las emociones negativas apropiadas actúan como señales que indican problemas o desafíos en nuestro entorno, motivando acciones correctivas. La tristeza puede estimular la introspección y la empatía, el miedo puede servir como un mecanismo de protección ante peligros potenciales. En contraste, las emociones negativas inapropiadas, tales como una ira excesiva o una tristeza prolongada sin causa justificada, pueden resultar perjudiciales, llevando a trastornos emocionales y de comportamiento.

Keltner y Gross (1999) sostienen que todas las emociones, incluyendo las negativas, desempeñan funciones adaptativas desde una perspectiva evolutiva. La ira puede ser beneficiosa para enfrentar injusticias, y la ansiedad puede prepararnos para eventos futuros estresantes. No obstante, estas emociones se consideran inapropiadas o desadaptativas cuando son excesivas o interfieren con el funcionamiento cotidiano.

En la práctica clínica, es crucial distinguir entre emociones negativas apropiadas e inapropiadas. Comprender el origen y propósito de estas emociones puede ofrecer perspectivas valiosas para el tratamiento de trastornos del ánimo. Las intervenciones cognitivo-conductuales, por ejemplo, entrenan a los pacientes para identificar y modificar los pensamientos que desencadenan respuestas emocionales negativas inapropiadas, y a desarrollar estrategias para manejar estas emociones de manera constructiva.

Evidencia de Investigación

La funcionalidad de las emociones es un principio central en la psicología contemporánea, argumentando que todas las emociones cumplen con roles adaptativos. Keltner y Gross (1999) destacan que las emociones negativas pueden tener efectos positivos en contextos adecuados; por ejemplo, la tristeza puede fomentar la empatía y fortalecer vínculos interpersonales, mientras que el miedo puede actuar como un mecanismo de alerta y protección.

Determinar si una emoción es apropiada o inapropiada en un contexto dado es fundamental para la salud mental. Gross (2002) resalta la importancia de la reevaluación cognitiva, una estrategia que modifica cómo interpretamos situaciones y su impacto emocional. Esta habilidad es esencial para adaptarse de manera efectiva a situaciones estresantes y minimizar respuestas emocionales negativas exageradas.

Estudios recientes indican que el manejo ineficaz de las emociones negativas puede ser un factor clave en el desarrollo de trastornos del ánimo. Aldao, Nolen-Hoeksema y Schweizer (2010) demostraron que estrategias de regulación emocional deficientes, como la supresión emocional, pueden intensificar condiciones como la depresión y la ansiedad. En contraposición, una gestión efectiva de las emociones negativas puede contribuir a resultados terapéuticos más positivos.

Las terapias basadas en el comportamiento han demostrado ser altamente efectivas para tratar trastornos del ánimo, enfocándose en la identificación y modificación de emociones negativas inapropiadas. Beck (2011) señala que la Terapia Cognitivo Conductual equipa a los pacientes para desafiar los patrones de pensamiento que provocan emociones negativas desadaptativas, promoviendo así formas más saludables de enfrentar retos.

La capacidad para reconocer y gestionar adecuadamente las emociones negativas, ya sean apropiadas o inapropiadas, juega un rol crucial en el tratamiento de trastornos del ánimo. Identificar estas emociones y aplicar estrategias de regulación efectivas puede mejorar significativamente la salud mental y el bienestar, orientando las intervenciones hacia enfoques más efectivos para aquellos que enfrentan estos desafíos.

Instrucciones

Identificación y Gestión
de Emociones Negativas

Objetivo

Este módulo está diseñado para cultivar habilidades esenciales en la identificación y discriminación de emociones negativas, componentes fundamentales en la promoción de una salud mental robusta. Se enfocará en la capacidad para discernir entre emociones negativas que son adaptativas y funcionales bajo ciertas circunstancias y aquellas que son inapropiadas o desmesuradas. Este conocimiento es crucial para una toma de decisiones efectiva y para el desarrollo de interacciones sociales saludables.

Aceptando que emociones negativas como la tristeza, la ira o la frustración pueden ser indicativas de aspectos importantes sobre nuestro entorno y reacciones individuales, el desafío radica, según plantea Lazarus (1991), en reconocer cuándo estas emociones superan los límites de lo razonable y comienzan a obstaculizar nuestro bienestar cotidiano.

Durante el desarrollo de este módulo, se impulsará una mayor conciencia sobre los patrones emocionales personales y se promoverá el aprendizaje de técnicas para observar las emociones desde una perspectiva más objetiva. Gross (1998) enfatiza que esta conciencia es clave para evaluar la pertinencia de nuestras respuestas emocionales y para su gestión eficaz.

Adicionalmente, se abordará el impacto de las emociones negativas en los procesos de toma de decisiones. Los hallazgos de Lerner, Li, Valdesolo y Kassam (2015) sugieren que las emociones intensas pueden distorsionar nuestro juicio, llevándonos a tomar decisiones que posiblemente no alineen con nuestros valores y objetivos a largo plazo. La identificación precisa y la regulación efectiva de estas emociones son fundamentales para alcanzar decisiones más informadas y equilibradas.

Este módulo también aspira a fortalecer de manera integral la salud mental. Al profundizar en la comprensión y manejo de las emociones negativas, se busca fomentar un bienestar emocional ampliado, mayor resiliencia y una capacidad reforzada para enfrentar adversidades. Una gestión emocional competente facilita una comunicación más efectiva y el desarrollo de relaciones interpersonales más satisfactorias.

Este ejercicio representa una valiosa oportunidad para enriquecer la Inteligencia Emocional y el autoconocimiento, elevando la competencia para navegar por la complejidad de las emociones humanas. Al finalizar, estarás mejor equipado para identificar, entender y regular las emociones negativas de manera que contribuyan positivamente a la toma de decisiones y al bienestar mental y emocional en su conjunto.

Paso 1: Identificación de Emociones Negativas

El primer escalón en esta jornada hacia una salud mental fortalecida implica una identificación detallada y reflexiva de las emociones negativas vivenciadas. Este paso fundamental demanda una introspección sincera y profunda, aprovechando recuerdos o registros en diarios personales para revisitar experiencias previas. El fin es aislar y denominar cada emoción negativa, abarcando desde las más básicas hasta las más complejas, como la tristeza, la ira, o la frustración.

Este proceso es esencial para el entendimiento profundo de cómo las emociones influencian los comportamientos y decisiones. Nombrar estas emociones con precisión nos brinda claridad sobre nuestras reacciones frente a diferentes situaciones y nos permite identificar aquellas que predominan en nuestro espectro emocional.

Esto es fundamental para la elaboración de estrategias de gestión emocional más refinadas y efectivas.

La competencia para reconocer y etiquetar emociones, conocida como "alfabetización emocional" (vea Anexo 4) en el campo de la psicología, constituye un pilar de la inteligencia emocional y se vincula estrechamente con el bienestar psicológico. Investigaciones sugieren que individuos capaces de discernir sus emociones con exactitud disfrutan de una mejor regulación emocional, así como de una capacidad superior para manejar el estrés y desafíos emocionales.

Así, este paso inicial no solo es crítico para desarrollar una mayor conciencia emocional sino también para afinar nuestras habilidades de afrontamiento. Al concluir esta fase, estaremos en mejor posición para reconocer, entender y manejar las emociones negativas de manera constructiva, contribuyendo significativamente a nuestro bienestar mental y emocional.

Ejemplo:

Considere el caso de una reciente disputa con un amigo íntimo. Al reflexionar sobre este incidente, es posible identificar emociones negativas como la ira y la tristeza, experimentadas tanto durante como después del altercado. Al revisar su diario, donde ha detallado el suceso, logra reconocer estas emociones con claridad.

En este registro, nombre específicamente estas emociones y contemple cómo se manifestaron: la ira, quizás, a través de un tono de voz elevado y reacciones apresuradas; la tristeza, por su parte, en un deseo de aislamiento. Este ejercicio de identificación le facilita entender cómo estas emociones afectaron su comportamiento e interacción con su amigo, subrayando la importancia de la alfabetización emocional en la mejora del manejo emocional y en la profundización de nuestra comprensión de las respuestas emocionales.

Este enfoque ilustra el valor de la alfabetización emocional, concepto clave en la teoría de la inteligencia emocional desarrollada por

Salovey y Mayer (1990). El acto de reconocer y etiquetar emociones facilita su gestión y enriquece nuestra interpretación de las respuestas emocionales. Identificar patrones emocionales recurrentes, como la secuencia de ira seguida de tristeza ante conflictos, es un paso crucial hacia una regulación emocional más sofisticada y efectiva, un objetivo central en la psicología clínica y la investigación en regulación emocional (Gross, 1998), con implicaciones directas para el bienestar psicológico y la salud mental general.

Paso 2: Análisis Profundo del Contexto Emocional

El segundo peldaño en nuestra escalera hacia una gestión emocional efectiva se centra en el análisis exhaustivo del contexto y las circunstancias que dieron origen a las emociones negativas previamente identificadas. Este análisis minucioso es vital para determinar la adecuación de nuestras respuestas emocionales frente a situaciones específicas, entendiendo el vínculo entre las emociones negativas y los eventos desencadenantes, y evaluando la proporcionalidad de nuestras reacciones ante dichos eventos.

La investigación en el campo de la psicología emocional, como la desarrollada por Lazarus (1991), argumenta que el contexto en el que se manifiestan las emociones es fundamental para discernir entre funciones adaptativas y desadaptativas. Documentar y reflexionar sobre las circunstancias en que emergen estas emociones permite identificar patrones en nuestras respuestas emocionales y su conexión con experiencias significativas, subrayando la trascendencia de comprender los detonantes específicos de nuestras emociones para alcanzar una regulación emocional refinada y efectiva.

Este paso es crucial para el fomento de una conciencia emocional más amplia y el desarrollo de habilidades de afrontamiento más adaptativas. Al analizar el contexto en que surgen las emociones negativas, podemos implementar estrategias de regulación emocional más precisas y pertinentes, las cuales son esenciales para el mantenimiento de una salud mental óptima y el bienestar emocional.

Ejemplo:

Retomando el ejemplo previo de la discusión con un amigo, este momento se enfoca en detallar el contexto en el que se desarrolló dicho evento. En su diario, no solo documente la discusión misma, sino también los eventos que la precedieron y las emociones experimentadas en esos momentos. Resalte cómo el agotamiento y el estrés, producto de una jornada laboral demandante, pudieron haber exacerbado su reacción durante el conflicto.

Este análisis contextual no solo revela que su ira fue una respuesta compleja, influenciada por el estrés y el cansancio previos, sino que también le permite entender que la tristeza posterior nació, en parte, de la preocupación por el impacto negativo en una relación importante.

Este proceso de reflexión se alinea con la teoría de la regulación emocional de Gross (1998), destacando la importancia de identificar las situaciones desencadenantes para gestionar las emociones de manera más eficaz. Al reconocer que la intensidad de su ira pudo haber sido magnificada por su estado emocional previo, se abre la posibilidad de desarrollar estrategias dirigidas a un mejor manejo del estrés y a minimizar su influencia negativa en las interacciones personales.

Este enfoque resonante con las teorías de Lazarus (1991) sobre el papel de nuestra interpretación de los eventos en nuestras respuestas emocionales, propone que contextualizar las emociones dentro de una perspectiva más amplia nos permite comprender sus raíces más profundamente y promover una gestión emocional más eficiente y adaptativa.

Paso 3: Análisis Reflexivo de Experiencias Pasadas

Este escalón crítico del proceso terapéutico pone de relieve la importancia de una introspección detallada sobre las experiencias pasadas marcadas por emociones negativas. Tal introspección permite una exploración en profundidad de cómo estas emociones se han manifestado en diversos contextos y posibilita una evaluación meticulosa de la proporcionalidad y la adecuación de las respuestas emocionales. Este análisis es indispensable para entender el impacto que las emociones negativas han tenido en las decisiones y comportamientos anteriores.

El proceso se inicia seleccionando eventos pasados significativos, especialmente aquellos que desencadenaron emociones intensas. La intención es revisitar estos momentos desde una perspectiva crítica y honesta, con el objetivo de identificar y comprender las emociones negativas experimentadas.

Tras la identificación de estas emociones, se procede a evaluar la adecuación de las reacciones emocionales desplegadas. Se analiza si las respuestas fueron proporcionales al estímulo o situación específica y de qué manera influenciaron las decisiones y acciones subsiguientes. Este examen puede desvelar patrones de reacción emocional que, aunque en su momento parecían justificables, pueden no sostenerse bajo un análisis más riguroso.

Este paso también conlleva una reflexión sobre cómo estas emociones negativas han afectado las relaciones interpersonales y la autopercepción. En situaciones de ira, por ejemplo, es fundamental examinar si esta emoción impulsó comportamientos impulsivos con repercusiones adversas en el ámbito personal o profesional.

Reflexionar sobre las experiencias pasadas no solo proporciona claridad sobre el impacto de las emociones negativas, sino que también promueve un aprendizaje transformador. Al comprender de manera más íntegra nuestras respuestas emocionales previas, estamos en mejor posición para implementar estrategias dirigidas hacia una gestión emocional más eficiente en el futuro.

Este análisis es esencial para el desarrollo de una conciencia y comprensión emocionales profundas. Al concluir este ejercicio, se espera alcanzar la capacidad de identificar patrones en las respuestas emocionales y aplicar este conocimiento para gestionar las emociones de forma más asertiva en situaciones venideras, lo cual es fundamental para el fortalecimiento de la salud emocional y mental.

Ejemplo:

Considere el recuerdo de un altercado con un colega que provocó una intensa sensación de ira. Reflexionar sobre este acontecimiento implica entender cómo se manifestó esta emoción en el contexto particular y evaluar la proporcionalidad de tu respuesta emocional.

Al recordar el incidente, enfóquese en sus sensaciones y reacciones inmediatas. Inicialmente, la ira puede haberse sentido como la respuesta natural ante lo que se percibía como una injusticia. Sin embargo, una introspección más profunda puede revelar que esta ira pudo haber sido influenciada por un acúmulo de estrés y otras preocupaciones ajenas al incidente específico.

Esta reflexión facilita el reconocimiento de que reacciones como un tono de voz elevado y comentarios hirientes generaron una tensión innecesaria, lo que le lleva a cuestionar si la manifestación de la ira fue realmente proporcional al evento o si fue magnificada por circunstancias externas.

Mediante este ejercicio introspectivo, se identifica un patrón recurrente: el estrés previo tiende a intensificar las respuestas de ira. Reconocer este patrón abre la puerta a estrategias específicas de manejo del estrés, tales como la meditación o la práctica de yoga, para mitigar su impacto en futuras reacciones emocionales.

Este análisis ofrece una claridad renovada sobre el incidente y brinda una perspectiva ampliada sobre cómo las emociones negativas han modelado comportamientos y decisiones previas. Entender las respuestas emocionales y reconocer los detonantes permite una gestión más eficaz de las emociones en el futuro, contribuyendo significativamente al bienestar emocional y al mejoramiento de las relaciones interpersonales.

Paso 4: Análisis de la Proporcionalidad Emocional

Este segmento del proceso terapéutico invita a una evaluación meticulosa de la proporcionalidad de las emociones negativas previamente identificadas y situadas en su contexto. Se busca adoptar una postura objetiva para analizar si la intensidad de nuestra respuesta emocional guarda armonía con el estímulo desencadenante.

Evaluar la proporcionalidad requiere de una valoración cuidadosa sobre si la magnitud de la emoción es acorde con la significancia del evento provocador. Es vital discernir si las emociones actúan como indicadores fiables o si, por el contrario, están siendo distorsionadas por factores como el estrés preexistente, creencias irracionales o patrones de pensamiento negativos.

Este análisis se inspira en los fundamentos de la terapia cognitiva, que argumenta que nuestras reacciones emocionales son frecuentemente el producto de nuestros pensamientos y creencias acerca de una situación, más que de la situación en sí (Beck, 1976). La valoración de la proporcionalidad es indispensable para identificar y cuestionar esos pensamientos y creencias distorsionadas que pueden estar provocando reacciones emocionales desmesuradas.

Dicho proceso es clave para fomentar un entendimiento emocional más amplio y para el desarrollo de técnicas de regulación emocional más sofisticadas. Los estudios sobre regulación emocional liderados por Gross (1998) resaltan la relevancia de juzgar la pertinencia de nuestras respuestas emocionales para optimizar el manejo del estrés y promover una salud mental robusta.

Al concluir esta fase, se potencia la habilidad para distinguir cuándo las emociones son proporcionales a las circunstancias y cuándo pueden estar siendo influenciadas por interpretaciones erradas. Se logra una comprensión más acabada de la interacción entre emociones y eventos concretos, así como de las estrategias efectivas para su manejo, contribuyendo al bienestar emocional y psicológico.

Ejemplo:

Considera un episodio reciente de desacuerdo con un amigo que desencadenó intensas emociones de ira y tristeza. Utilizando su diario para reflexionar sobre el incidente y las emociones suscitadas, se enfoca en la proporcionalidad de su reacción. Al revisar la intensidad de la ira experimentada, identifica que elementos adicionales como el estrés acumulado o una noche de descanso insuficiente pudieron haber amplificado tu respuesta emocional.

Reflexionando sobre la tristeza que siguió al evento, valora si esta fue una reacción proporcional. Reconoce que, aunque su preocupación por la amistad era legítima, la profundidad de su tristeza pudo haber estado coloreada por pensamientos negativos y miedos no justificados respecto al futuro de la relación.

Este ejercicio, alineado con la terapia cognitiva de Beck (1976) y la teoría de regulación emocional de Gross (1998), demuestra cómo nuestras interpretaciones de los sucesos influyen en nuestras emociones. Al aceptar que sus emociones, aunque entendibles, pueden haber sido exageradas, da un paso hacia la adopción de respuestas emocionales más balanceadas y adaptativas.

Esta reflexión le dota de un mayor entendimiento sobre la naturaleza y proporcionalidad de las emociones en contextos de conflicto, preparándole mejor para identificar y administrar sus emociones de manera que favorezca su toma de decisiones y bienestar emocional y mental general.

Paso 5: Decodificación de Factores Desencadenantes

Este paso es fundamental en nuestra travesía hacia la comprensión y manejo eficiente de las emociones negativas, situándose justo después de la evaluación de la proporcionalidad emocional. Su propósito es desentrañar con precisión las situaciones, pensamientos, o interacciones que habitualmente precipitan respuestas emocionales intensas y, a veces, desmesuradas.

La tarea consiste en una introspección detallada sobre las circunstancias que dan lugar a emociones negativas, particularmente aquellas que se perciben como inapropiadas o exageradas. Este análisis profundo debe abarcar tanto experiencias recientes como pasadas, beneficiándose enormemente del uso de un diario personal para documentar y examinar estos desencadenantes de manera sistemática.

Es crucial identificar patrones recurrentes en los factores desencadenantes, ya sean situaciones específicas (como disputas interpersonales o presiones en el entorno laboral), modalidades de pensamiento (por ejemplo, visiones catastrofistas o generalizaciones amplias), o interacciones sociales que consistentemente desatan emociones negativas. Este reconocimiento es esencial para el desarrollo de técnicas de regulación emocional altamente efectivas.

Basándose en los principios de la psicología emocional y la terapia cognitiva, estudios de figuras como Beck (1976) y Gross (1998) resaltan la trascendencia de identificar los pensamientos y situaciones precipitantes. Esto posibilita la modificación de patrones de pensamiento y conducta, mejorando significativamente el manejo de las emociones.

Al concluir esta etapa, se espera alcanzar una identificación precisa de los desencadenantes específicos de emociones negativas excesivas, allanando el camino hacia respuestas emocionales más equilibradas y adaptativas. Este discernimiento es un pilar para la mejora de la inteligencia emocional y el enriquecimiento del bienestar emocional.

Ejemplo:

Imagine que ha observado una tendencia a reaccionar con ira desproporcionada ante el estrés laboral. Este paso orienta en la detección de los factores concretos que disparan esta ira.

Se sugiere llevar un registro exhaustivo durante una semana de todas las instancias laborales que inciten a la ira, detallando no solo el evento en sí, sino también los pensamientos y emociones asociados. Podría descubrir que su ira se intensifica ante percepciones de ser subestimado por colegas o cuando enfrentas deadlines apremiantes.

Al analizar sus notas, emerge un patrón: ciertas interacciones o tipos de tareas son gatillos constantes. Asimismo, nota que los pensamientos predichos de fracaso o crítica agudizan su ira.

Este proceso introspectivo ofrece una comprensión ampliada de sus desencadenantes emocionales, revelando que la ira no solo es provocada por las situaciones per se, sino también por cómo interpreta y valora estos eventos. Este conocimiento, respaldado por la teoría de regulación emocional de Gross (1998), enfatiza la importancia de identificar y ajustar las situaciones y pensamientos que generan reacciones emocionales intensas.

Finalizando este paso, habrá identificado los factores que desencadenan sus emociones negativas y estará mejor equipado para elaborar estrategias de regulación emocional. Este avance mejora su capacidad para enfrentar situaciones estresantes futuras con mayor consciencia y control, propiciando un bienestar emocional y una gestión de emociones más asertiva.

Paso 6: Exploración de la Funcionalidad Emocional

Este segmento del ejercicio invita a una exploración profunda sobre el propósito y significado de las emociones negativas. Mediante un análisis reflexivo sobre las causas que provocan la aparición de determinadas emociones en contextos específicos, se busca desvelar su función intrínseca. Este proceso se beneficia de herramientas analíticas como el Anexo 5, que provee claridad sobre la esencia y función de diversas emociones.

El fin de este paso es reconocer que, aunque las emociones negativas son frecuentemente vistas bajo una luz adversa, desempeñan roles cruciales en nuestra existencia emocional y psicológica. Emociones como la tristeza, la ira, la frustración y el miedo son canales de comunicación esenciales que nos alertan sobre nuestras necesidades, establecen nuestros límites y moldean nuestras interacciones con el entorno.

Este enfoque se inspira en la teoría de la funcionalidad emocional de Lazarus (1991), que propone que todas las emociones poseen una función adaptativa, brindándonos información valiosa sobre cómo nos relacionamos con nuestro entorno. Por ejemplo, la ira puede indicar una experiencia de injusticia y propulsarnos a tomar acciones correctivas, mientras que la tristeza puede promover la introspección y el cultivo de la empatía.

De igual manera, Keltner y Gross (1999) han destacado que las emociones negativas juegan roles fundamentales en nuestra adaptación a contextos complejos, alertándonos sobre peligros potenciales y facilitando la adopción de respuestas apropiadas. Entender la función de estas emociones abre la puerta a una gestión emocional más informada y una adaptación más efectiva ante desafíos venideros.

Ejemplo:

Considere un desacuerdo reciente con un ser querido que desató intensas emociones de ira y tristeza. Utilizando recursos como el

Anexo 5, reflexione sobre cómo la ira emerge típicamente en respuesta a percepciones de injusticia o violaciones a los límites personales. Esta introspección le lleva a cuestionar si la ira fue un indicativo de sentirse injustamente tratado o malinterpretado durante el altercado.

Al analizar la tristeza, comprende que esta emoción suele manifestarse ante la pérdida o el deterioro de una conexión significativa. Este proceso le permite reconocer que la tristeza expresaba el valor que le da a su relación y el temor a perder ese vínculo importante.

Este reconocimiento de la funcionalidad emocional, arraigado en las teorías de Lazarus (1991), ilumina cómo nuestras emociones son respuestas adaptativas a nuestras evaluaciones cognitivas de las circunstancias. De esta manera, la ira y la tristeza no son meramente reacciones negativas, sino señales emocionales que desvelan aspectos fundamentales sobre nuestros valores y relaciones personales.

Siguiendo los insights de Keltner y Gross (1999), este paso subraya la relevancia de comprender la funcionalidad de las emociones para su gestión efectiva. Al identificar estas emociones como reflejos de necesidades y preocupaciones subyacentes, se pueden emplear como guías para enriquecer la comunicación y fortalecer las relaciones en interacciones futuras.

Este análisis ofrece una nueva perspectiva sobre el valor y utilidad de las emociones negativas. Entender que la ira y la tristeza son reacciones a percepciones y valoraciones específicas dentro de nuestras relaciones, permite una gestión más comprensiva y efectiva de estas emociones en situaciones futuras, utilizando estas emociones como herramientas de orientación conductual en lugar de verlas como barreras.

Paso 7: Regulación Emocional a través de la Atención Plena

Este segmento crucial del proceso se enfoca en el fortalecimiento de nuestras capacidades para regular las emociones negativas, adoptando prácticas de atención plena y conciencia somática como pilares fundamentales para una gestión emocional eficiente. La práctica de la atención plena, o mindfulness, se basa en cultivar una presencia consciente y completa en el momento actual, permitiéndose observar pensamientos, emociones y sensaciones físicas sin emitir juicios críticos. Esta aproximación es vital para desentrañar la naturaleza de las emociones negativas y sus expresiones corporales, proporcionando las bases para un manejo adecuado y compasivo. Para una guía detallada sobre técnicas de mindfulness, se sugiere consultar el Anexo 6.

Se recomienda encarecidamente integrar ejercicios de atención plena en la rutina diaria, incluyendo prácticas como la meditación de respiración consciente, mindfulness y el escaneo corporal. Durante la meditación de respiración consciente, se dirige la atención hacia el flujo respiratorio, percibiendo la entrada y salida del aire del cuerpo y acogiendo con apertura los pensamientos o emociones que surjan.

La conciencia somática, a través del escaneo corporal, implica un enfoque detallado en diversas partes del cuerpo y las sensaciones presentes, lo que facilita la identificación de señales físicas vinculadas a emociones negativas, como puede ser la tensión muscular en situaciones de ansiedad.

Investigaciones en el campo de la psicología y la neurociencia confirman los beneficios de la atención plena en la reducción de la reactividad emocional y el fortalecimiento de la regulación emocional (Kabat-Zinn, 1994; Davidson et al., 2003). Al cultivar una mayor consciencia de las experiencias emocionales y físicas, se desarrolla una capacidad para responder a las emociones de manera más balanceada y reflexiva.

Este paso es esencial para ampliar la habilidad de gestionar de forma efectiva las emociones negativas disruptivas. Al finalizar, no solo se adquiere una comprensión más rica de las emociones y sus manifestaciones corporales, sino también un conjunto de herramientas prácticas para abordarlas de manera constructiva. La práctica consistente de técnicas de atención plena y conciencia somática es clave para lograr una regulación emocional más robusta y un estado de bienestar emocional más elevado.

Ejemplo:

Considere experimentar niveles significativos de ansiedad ante ciertos desafíos laborales. Decide aplicar técnicas de atención plena y conciencia somática para abordar esta ansiedad, manteniendo una observación neutral de la emergencia de estas emociones y sus correspondientes sensaciones físicas sin emitir juicios.

Inicia con prácticas de respiración consciente cada mañana, enfocándose exclusivamente en su respiración y permitiendo que pensamientos y emociones fluyan libremente. Al enfrentarse a las primeras señales de ansiedad, realiza un escaneo corporal para discernir en qué áreas del cuerpo se localiza físicamente la ansiedad, identificando posibles puntos de tensión como el pecho o los hombros.

En momentos de estrés agudo, se toma un instante para reorientarse hacia el mindfulness, observando sus pensamientos y emociones como fenómenos transitorios, sin buscar alterarlos. Esta práctica le ayuda a percibir la ansiedad como una experiencia pasajera, mejorando su manejo.

Con el tiempo, nota una reducción en la intensidad y frecuencia de la ansiedad relacionada con el trabajo. La atención plena y la conciencia somática le ofrecen un nuevo enfoque para contemplar sus emociones objetivamente, reforzando su capacidad para regularlas.

Este enfoque, arraigado en la práctica de la atención plena, potencia su competencia para gestionar efectivamente la ansiedad laboral. Al completar este paso, no solo ha enriquecido su comprensión emocional, sino también adquirido estrategias concretas para enfrentar desafíos emocionales de manera constructiva, lo que contribuye de manera significativa a su bienestar emocional.

Paso 8: Integración de Emociones Negativas en la Toma de Decisiones

En el ámbito del desarrollo personal y la inteligencia emocional, el octavo paso se erige como un pilar fundamental, alentando una reevaluación profunda de las emociones negativas. Lejos de ser meros obstáculos, este enfoque innovador nos invita a considerarlas como elementos cruciales en la toma de decisiones consciente y en la profundización de las relaciones interpersonales. Este cambio de paradigma no solo representa un reto introspectivo, sino también una valiosa oportunidad para descubrir y explotar la riqueza de información que estas emociones encierran sobre nuestros verdaderos deseos, necesidades esenciales, y los límites personales que debemos respetar. La esencia de esta transformación radica en el reconocimiento y apreciación de nuestras emociones negativas, aprovechándolas como guías hacia decisiones más auténticas y alineadas con nuestro ser interior.

Este proceso de integración emocional nos invita a emprender un viaje de autoconocimiento y reflexión, que no solo enriquece nuestra comprensión de nosotros mismos, sino que también potencia nuestra capacidad para construir y mantener relaciones interpersonales más profundas y significativas. El manejo constructivo de nuestras emociones negativas nos equipa para tomar decisiones informadas y reflexivas, fortaleciendo nuestros vínculos y promoviendo un entorno de empatía y comprensión mutua. Este enfoque en las emociones negativas como recursos vitales para nuestro crecimiento personal y el mejoramiento de nuestras conexiones humanas marca un avance notable en nuestro desarrollo emocional.

Este enfoque resulta especialmente relevante tanto para profesionales de la salud mental como para pacientes, proporcionando una herramienta poderosa para guiar hacia una vida más auténtica y satisfactoria. Al adoptar esta perspectiva, terapeutas y pacientes se unen en un camino de transformación emocional, donde cada emoción negativa se convierte en una oportunidad de aprendizaje y un escalón hacia el bienestar. Este paso hacia adelante en la práctica terapéutica representa un progreso significativo hacia una aproximación más holística y empática, donde cada aspecto de la experiencia emocional se valora como un componente esencial del viaje humano hacia el equilibrio y la plenitud.

Ejemplo:

Visualice la aplicación de este enfoque en un contexto laboral, particularmente frente a un proyecto retador que despierta sentimientos de frustración. En vez de dejar que esta emoción desencadene reacciones apresuradas o evitativas, se la considera una señal para pausar, reflexionar y recalibrar la estrategia hacia el proyecto. El primer paso es reconocer y acoger la frustración sin emitir juicios, comprendiendo que esta respuesta emocional señala aspectos del proyecto que requieren reconsideración o mejora.

A continuación, se emprende una evaluación constructiva sobre las causas subyacentes de la frustración. Esta introspección ayuda a discernir los factores concretos del proyecto que están generando disconformidad, ya sea debido a expectativas poco realistas, la falta de recursos necesarios o una comunicación insuficiente con el equipo. Al clarificar las raíces del descontento, se pueden tomar decisiones basadas en un entendimiento profundo, como fortalecer la comunicación con el equipo para garantizar una visión compartida y objetivos alineados.

Después de aplicar las modificaciones pertinentes, se reflexiona sobre la efectividad de estas acciones. Esta revisión crítica permite determinar si la frustración se ha mitigado y si se observa un avance sustancial en el proyecto, realizando ajustes adicionales si es necesario. Este proceso convierte una emoción negativa en un impulsor para el desarrollo personal y profesional, resonando con los principios de la inteligencia emocional que enfatizan la importancia de comprender y canalizar nuestras emociones de manera productiva.

La incorporación de este método en la rutina diaria promueve un estado de bienestar emocional y contribuye a crear un entorno laboral más colaborativo y satisfactorio. Este enfoque transformador evidencia que, al ser conscientes de la influencia de nuestras emociones en las decisiones y acciones, podemos emplear este conocimiento para realizar elecciones más ponderadas y eficaces, enriqueciendo de este modo nuestras interacciones personales y profesionales.

Paso 9: Perfeccionamiento de Estrategias de Regulación Emocional

Este paso clave del proceso está dedicado al perfeccionamiento continuo de las estrategias de regulación emocional, estableciendo una fase de introspección y recalibración vital para la integración efectiva de las habilidades adquiridas y su aplicación en situaciones futuras. La esencia de esta etapa radica en la reflexión consciente y el ajuste proactivo de las técnicas de manejo emocional practicadas.

Inicia con una revisión detallada sobre la efectividad de las estrategias implementadas hasta ahora. Este análisis implica una autoevaluación honesta y crítica, ponderando momentos de éxito y situaciones donde las expectativas no se cumplieron completamente. Esta autoobservación es esencial para mapear el camino recorrido y entender el alcance de tu progreso.

Posteriormente, se identifican áreas específicas de mejora, aprovechando las lecciones aprendidas. Esto puede incluir momentos donde el manejo de las emociones negativas no fue óptimo o situaciones en las que las respuestas emocionales no resultaron proporcionales o adaptativas. El reconocimiento de estos aspectos marca el inicio hacia una evolución efectiva.

El siguiente paso involucra la reconfiguración de las estrategias existentes. Basándote en tu análisis, modifica o enriquece las prácticas empleadas. Si algunas técnicas de mindfulness mostraron limitaciones bajo ciertas presiones, considera introducir o reforzar otros métodos, como técnicas de respiración profunda o ejercicios de visualización guiada.

La implementación constante y la práctica diligente de estas estrategias recalibradas son fundamentales. El refinamiento de la regulación emocional es un compromiso continuo que demanda aplicación y constancia. Este proceso es inherentemente dinámico, adaptándose y evolucionando con cada experiencia vivida.

Una evaluación permanente de tus emociones y reacciones en diversidad de contextos facilita el monitoreo de avances y la introducción de ajustes cuando sea pertinente. La retroalimentación de profesionales o pares de confianza puede proporcionar insights valiosos para la optimización de tus capacidades de manejo emocional.

La adaptabilidad y la receptividad al cambio son imprescindibles. La disposición para experimentar con nuevas estrategias o modificar las preexistentes es crucial para un manejo emocional efectivo. Este paso representa una transición hacia una práctica sostenida y el autodesarrollo en la regulación emocional, fortaleciendo tu capacidad para navegar eficazmente por las emociones negativas y contribuyendo de manera significativa a tu bienestar emocional y psicológico a largo plazo.

Ejemplo:

Imagine que, tras aplicar diligentemente las técnicas de este programa, se centra en la regulación de sus emociones negativas, especialmente en situaciones de estrés laboral. Tras implementar diversas estrategias para manejar la ansiedad y la frustración en el trabajo, llega el momento de reevaluar y afinar las técnicas aprendidas para maximizar su efectividad.

Reflexione sobre experiencias recientes de estrés o frustración en el trabajo. Piensa en un momento específico donde, a pesar de utilizar técnicas de respiración profunda, la ansiedad persistió más de lo esperado. Al analizar esta situación, identifica que, aunque útiles, estas técnicas requieren ser complementadas con visualización guiada o reestructuración cognitiva para abordar los pensamientos negativos que intensifican tu ansiedad.

Reconoce que determinados contextos laborales necesitan enfoques diferenciados. En reuniones donde siente que su valor no es reconocido adecuadamente, técnicas de autoafirmación y la reiteración de sus logros pueden ser más beneficiosas para reforzar su confianza y disminuir el estrés.

Decide integrar visualización positiva en su rutina matutina y comprometerse a desafiar activamente los pensamientos negativos con evidencia de sus éxitos y habilidades, reforzando su autoestima y fomentando la autocompasión.

La aplicación consciente de estas estrategias ajustadas en momentos de tensión laboral y la evaluación de los resultados le indican una notable mejora. Si bien el proceso de reevaluación y ajuste de estrategias es un ciclo continuo que requiere paciencia y dedicación, le compromete a una práctica ininterrumpida de autoexploración, adaptación y mejora, lo cual no solo optimiza tu gestión de las emociones negativas, sino que también enriquece su bienestar emocional y profesional de forma integral.

Paso 10: Desarrollo de un Plan de Acción para la Gestión Emocional

Elaborar un plan de acción integral constituye el pilar final en el camino hacia una gestión emocional efectiva, diseñado para prepararte ante situaciones desafiantes y potenciar el uso constructivo de las emociones negativas en decisiones y relaciones. Este paso te equipa con un marco estratégico que transforma las emociones adversas en herramientas valiosas para la introspección, el crecimiento personal y la mejora de la dinámica interpersonal. El plan podría construirse tomando en cuenta los siguientes elementos:

Preparación Ante Eventualidades: Comienza identificando posibles escenarios que puedan generar respuestas emocionales adversas. Equiparte con técnicas probadas de regulación emocional, como la meditación mindfulness, ejercicios de respiración y la reestructuración cognitiva, te permite enfrentar con serenidad y claridad mental esos momentos, favoreciendo decisiones equilibradas.

Reconocimiento de la Funcionalidad Emocional: Adopta una perspectiva que valora las emociones negativas como fuentes de información esencial sobre tus necesidades y fronteras personales. Esta comprensión transforma la percepción de las emociones de obstáculos a indicadores útiles, lo que facilita una respuesta más informada y consciente.

Integración Emocional en la Toma de Decisiones: Aprende a incorporar de manera efectiva tu inteligencia emocional en el proceso decisional. Esto implica evaluar cómo las emociones influyen en tus pensamientos y comportamientos, y aplicar este conocimiento para tomar decisiones más informadas, distinguiendo entre influencias emocionales desproporcionadas y análisis racionales.

Personalización y Flexibilidad: Dado que la experiencia emocional es profundamente personal, es crucial que el plan sea adaptable a tus circunstancias únicas. Esto significa estar abierto a la experimentación con diversas estrategias y realizar ajustes basados en la efectividad de las tácticas en diferentes contextos.

Ejemplo:

Tras un periodo de autoobservación y aprendizaje sobre sus patrones emocionales, decide establecer un plan de acción práctico para abordar futuros desafíos emocionales. Este esquema actúa como una brújula, guiándole a través de situaciones impredecibles con una nueva capacidad para gestionar sus emociones de manera constructiva.

Por ejemplo, enfrenta una situación de estrés en el trabajo que típicamente desataría una respuesta de ansiedad. Siguiendo su plan, aplica técnicas de respiración profunda al detectar los primeros signos de tensión, lo que te permite abordar el desafío con mayor calma y claridad. Además, al experimentar frustración debido a un proyecto complejo, se detienes para reflexionar sobre el mensaje subyacente de esta emoción, identificando necesidades de apoyo adicional o ajuste en sus expectativas.

Este enfoque también se extiende a la toma de decisiones, donde prioriza un balance entre emociones y análisis racional. Antes de tomar decisiones críticas, evalúa cuidadosamente la influencia de sus emociones actuales, buscando un equilibrio que considere tanto su intuición como un razonamiento lógico.

Con el tiempo, y mediante la revisión y adaptación continua de su plan, descubre que no solo gestiona mejor sus emociones en situaciones adversas, sino que también aprovecha estas experiencias para enriquecer sus decisiones y fortalecer sus relaciones personales y profesionales.

El compromiso con la revisión regular y la adaptabilidad de su plan asegura su relevancia y eficacia a largo plazo. Al mantener una actitud abierta al aprendizaje y al cambio, y al evaluar periódicamente la utilidad de sus estrategias, fortalece su capacidad para navegar por el complejo mundo de las emociones. Este proceso no solo mejora tu habilidad para regular emociones negativas, sino que también amplifica su bienestar emocional y su eficacia en la toma de decisiones y relaciones interpersonales.

Conclusión

Resumen y Reflexión

Este viaje ha sido una exploración hacia el autodescubrimiento y el dominio emocional, combinando la Inteligencia Emocional y Terapias Conductuales para enfrentar los trastornos emocionales. Se ha buscado desarrollar habilidades para identificar y regular emociones negativas, tanto apropiadas como inapropiadas, fomentando una comprensión emocional y psicológica más profunda.

El propósito ha sido destacar el papel crucial de nuestras emociones como guías de comportamiento y decisiones, revelando su importancia como fuentes de autoconocimiento y entendimiento de nuestras necesidades y deseos. Se esperaba que se lograra una nueva valoración de las emociones por su propósito y funcionalidad, transformando nuestra relación con ellas y viéndolas como herramientas esenciales para la sabiduría personal y la interacción con nuestro entorno.

La adquisición de estrategias para la regulación emocional es central en este proceso. Esto incluye aprender a moderar la intensidad emocional para alinearla con nuestros objetivos y deseos, mejorando la toma de decisiones y las relaciones interpersonales, aumentando la resiliencia emocional y la capacidad para disfrutar de la vida.

En resumen, este recorrido enfatiza el compromiso con una vida más consciente y auténtica, promoviendo el crecimiento hacia una versión de nosotros mismos más integrada y compasiva. La práctica continua de estas habilidades enriquece nuestra experiencia diaria, convirtiendo las emociones en aliadas clave para una vida significativa y satisfactoria. Este camino nos prepara para abordar con confianza los desafíos y placeres de la vida, buscando un bienestar mental y emocional sostenido.

Paso Tres

IE en el Abordaje y Mitigación
de los Trastornos del Ánimo

Introducción al Tema

La Inteligencia Emocional engloba diversas dimensiones: la percepción emocional, la aplicación de emociones al pensamiento y la toma de decisiones, la comprensión de emociones complejas y la habilidad para regular las emociones de manera efectiva (Mayer & Salovey, 1997). El examen de estas dimensiones revela su impacto significativo en el abordaje de los trastornos del ánimo y el fortalecimiento de la salud mental.

La percepción emocional, como primera dimensión, se refiere a la capacidad de identificar y expresar claramente nuestras emociones y las de otros. Esta habilidad es fundamental, permitiendo el reconocimiento y manejo adecuado de los estados emocionales, y facilitando intervenciones preventivas ante emociones negativas o desafiantes.

En cuanto al uso efectivo de las emociones, esta habilidad permite dirigir las emociones hacia el enriquecimiento del pensamiento y la optimización de la toma de decisiones. En la terapia de trastornos del ánimo, tal capacidad convierte las emociones, incluso las negativas, en recursos que potencian nuestra cognición y facilitan la solución de conflictos.

La comprensión emocional, por su parte, implica reconocer la complejidad de las emociones y sus transiciones. Entender cómo las emociones se entrelazan y evolucionan es clave para anticipar y prepararse para los cambios de ánimo, una habilidad esencial en el manejo de la depresión, la ansiedad y otros trastornos emocionales.

Finalmente, la regulación emocional, enfoca en la capacidad de gestionar las emociones de forma que se mantenga un equilibrio y se responda de manera adaptativa a situaciones adversas. En el contexto de los trastornos emocionales, una regulación adecuada puede mitigar la intensidad y la duración de los estados anímicos negativos, proveyendo métodos para recobrar el control y promover el bienestar.

La Inteligencia Emocional no solo constituye un conjunto de habilidades emocionales y sociales; es una poderosa herramienta terapéutica. El desarrollo de estas dimensiones puede mejorar significativamente la capacidad de los individuos para enfrentar y superar los trastornos del ánimo, logrando una estabilidad emocional más firme y perdurable.

Evidencia de Investigación

La creciente fascinación por la Inteligencia Emocional y su influencia en el ámbito de la salud mental ha impulsado una serie de investigaciones enfocadas en su papel dentro del bienestar psicológico, especialmente en lo que respecta a la atenuación de condiciones tales como el estrés, la ansiedad y la depresión. Investigaciones recientes ponen de manifiesto la importancia de la IE, destacando particularmente el modelo pentagonal propuesto por Rafael Bisquerra para su examen (2009).

Brackett y sus colaboradores (2011) realizaron un estudio que subraya la importancia crítica de la IE en la gestión del estrés y en la prevención de trastornos emocionales. Los hallazgos sugieren que individuos con altos niveles de IE tienen una mayor habilidad para manejar situaciones estresantes y un menor riesgo de sufrir trastornos del ánimo. Esta relación entre la IE y la resiliencia emocional resalta el valor preventivo de la IE en la salud mental.

Asimismo, Martins, Ramalho y Morin (2010) efectuaron un metaanálisis que identifica a la IE como un predictor notable del bienestar psicológico. Encontraron una correlación positiva entre altos niveles de IE y una reducción en la prevalencia de síntomas de depresión y ansiedad. Esta revisión exhaustiva de estudios afirma que la habilidad para comprender, manejar y expresar emociones de manera efectiva es esencial para fomentar una salud mental robusta.

Dentro del contexto terapéutico, las intervenciones basadas en la IE, particularmente aquellas que se alinean con el modelo pentagonal de Bisquerra, han probado ser efectivas en el tratamiento de trastornos emocionales. Zeidner, Matthews y Roberts (2012) sostienen que dichas intervenciones pueden potenciar la capacidad de los individuos para gestionar emociones complejas, lo cual, a su vez, puede contribuir a la reducción de síntomas de ansiedad y depresión. Incorporar estrategias para mejorar la IE en la terapia, como la autorreflexión y el conocimiento personal, es clave para el manejo efectivo de estados emocionales negativos y trastornos del ánimo.

Es imperativo reconocer el valor del desarrollo de la IE, especialmente a través de este modelo pentagonal, no solo para la autorregulación emocional sino también como un componente esencial para alcanzar una salud mental óptima. La aplicación de técnicas y estrategias que fortalezcan la IE en el ámbito terapéutico ofrece un enfoque holístico para el tratamiento de trastornos emocionales. Además, estas prácticas pueden mejorar de manera significativa el bienestar general, brindando herramientas eficaces para el manejo de un entorno emocionalmente complejo y desafiante.

Instrucciones

Programa para el Cultivo
de la Inteligencia Emocional

Objetivo

El propósito de esta propuesta es fomentar el desarrollo y fortalecimiento de la Inteligencia Emocional a través de cuatro aspectos fundamentales: el reconocimiento, la utilización estratégica, el entendimiento profundo y la regulación proactiva de las emociones. Un diario personal actuará como herramienta clave, reflejando la evolución emocional y facilitando la reflexión y el avance en habilidades emocionales.

El programa propone un viaje de autoconocimiento mediante el cual aprenderá a identificar y comprender sus emociones (Paso 1), articulándolas claramente y construyendo una sólida base de autoconocimiento (Paso 2). Este proceso revelará cómo sus emociones influyen en decisiones y comportamientos, destacando su importancia en experiencias vitales (Paso 3).

Progresará al diferenciar emociones primarias de secundarias (Paso 4), enriqueciendo su comprensión emocional y mejorando la empatía y las interacciones sociales (Paso 5). También aprenderá a transformar emociones negativas en impulsores de crecimiento personal y profesional (Paso 6), y a aplicar técnicas de regulación emocional, como la respiración consciente y la reevaluación cognitiva (Paso 7), integrándolas en su vida diaria para un bienestar general (Paso 8).

El programa enfatiza la importancia de desarrollar independencia emocional (Paso 9), preparándole para manejar sus emociones de forma autónoma. Concluirá con la creación de un Plan de

Bienestar Emocional, definiendo objetivos y estrategias para el desarrollo continuo de su inteligencia emocional (Paso 10).

Al finalizar, habrá logrado una comprensión avanzada de sus emociones y su influencia en sus pensamientos, acciones y relaciones, constituyendo una inversión significativa en su desarrollo personal y profesional. Este enfoque mejora su habilidad para afrontar retos emocionales y refuerza su bienestar mental y general.

Paso 1: Detección de Patrones Emocionales

Primero iniciará su viaje con una etapa de introspección y registro emocional. El diario recomendado se convertirá en una especie de compañero de confidencia, un espacio seguro donde escribirá las emociones que le acompañan a lo largo del día. Esta práctica le permitirá no solo reconocer la gama de emociones que experimenta, ya sean adecuadas o menos apropiadas, sino también descubrir patrones recurrentes en sus respuestas emocionales.

Para realizar este ejercicio con la mayor efectividad, se recomienda utilizar un cronómetro y dedicar unos momentos cada hora a esta reflexión. Cada 60 minutos, haga una pausa consciente de 5 a 10 minutos para meditar sobre las emociones experimentadas durante ese lapso. Es esencial prestar especial atención a los pensamientos y a las sensaciones físicas que acompañan a estas emociones, ya que el componente somático puede revelar dimensiones ocultas de tu experiencia emocional.

Cuando registre sus emociones, la precisión será su mejor aliada. Trascienda las descripciones vagas como "contento" o "melancólico", y esmérese en capturar la esencia de sus emociones. Indague si lo que siente es una serenidad gozosa o un regocijo desbordante, una tristeza reflexiva o un desconsuelo profundo. Esta minuciosidad le dotará de una comprensión más rica y matizada de su universo emocional.

Este proceso de autoindagación y registro emocional se fundamenta en sólidos principios científicos. Según Gross (2002), el discernimiento preciso de nuestras emociones es el pilar inicial hacia una gestión emocional efectiva. Paralelamente, estudios como los de Barrett (2006) subrayan la trascendencia de una "alfabetización emocional" (Anexo 4) avanzada para promover una salud mental robusta y prevenir desórdenes anímicos.

El propósito de esta primera fase es cultivar un diario emocional detallado que le permita desentrañar patrones y tendencias en su vivencia emocional. Este autoconocimiento es indispensable para evolucionar hacia una regulación emocional más refinada y el enriquecimiento de su inteligencia emocional.

Ejemplo:

Imagine que decide emprender un análisis de sus patrones emocionales durante una típica semana laboral, motivado por episodios recurrentes de emociones desafiantes. Para ello, establece alarmas que le recuerdan hacer pausas de 5 a 10 minutos cada hora, para meditar sobre sus emociones y sensaciones físicas, capturando estas reflexiones en su diario emocional.

A lo largo de esta introspección, descubre que las mañanas suelen ser un período de emociones positivas, probablemente gracias al optimismo y el vigor que suelen acompañar el amanecer de un nuevo día. Sin embargo, nota que a medida que avanza en la jornada y se ve sumergido en situaciones estresantes, como reuniones tensas o cargas de trabajo elevadas, su humor empieza a decaer. En su diario, registra una evolución hacia emociones más negativas como la ansiedad, la frustración o la melancolía, particularmente acentuadas durante horas de la tarde.

Este riguroso seguimiento desvela un patrón revelador: una inclinación a experimentar emociones negativas con mayor intensidad y frecuencia en las tardes. Este descubrimiento, antes inadvertido, surge ahora como un elemento clave para comprender y manejar su mundo emocional.

Armado con esta información, puede empezar a buscar intervenciones específicas, como incluir en su rutina actividades que promuevan la relajación o el placer durante las tardes. Esto puede ser paseos al aire libre, sesiones de meditación o dedicación a alguna afición. Además, se propone a utilizar técnicas de regulación emocional en esos momentos, tales como la práctica de respiración consciente, con el objetivo de abordar proactivamente el desaliento que tiende a intensificarse por las tardes.

Este proceso de autoexaminación y registro emocional le proporciona un fundamento robusto para la toma de decisiones y la elaboración de estrategias para el manejo emocional. Al identificar y entender sus patrones emocionales, no solo amplía su autoconocimiento, sino que también adquiere recursos prácticos para mejorar su bienestar emocional y psicológico.

Paso 2: Identificación Precisa de Emociones

Este paso demanda de su atención plena y honestidad para nombrar con exactitud cada emoción vivida, alejándose de descripciones vagas o generalizadas. Esta actividad requiere de un esfuerzo adicional, ya que la precisión en este reconocimiento es clave para una comprensión detallada de su paisaje emocional.

Este proceso le invita a identificar no solo la emoción en sí, sino también sus desencadenantes específicos. Esto significa discernir no solo el instante en que la emoción emerge, sino también los elementos que contribuyen a su aparición. Por ejemplo, frente a la ansiedad, es crucial determinar si esta se originó en un contexto laboral puntual o por la anticipación a un evento futuro. El detalle en este ejercicio es vital, puesto que una comprensión nítida es fundamental para una gestión emocional efectiva y la reducción de desórdenes emocionales.

La tarea de precisar emociones va más allá de simplemente etiquetar sentimientos; es un viaje hacia el autoconocimiento. La habilidad para identificar con exactitud nuestras emociones es crucial para su regulación y para una interacción saludable con nuestro entorno. Gross (1998) ha evidenciado en su estudio que la capacidad de reconocer y nombrar nuestras emociones juega un rol esencial en nuestra salud mental.

Al culminar esta etapa, habrá logrado una mayor conciencia emocional, indispensable para el adecuado manejo de las emociones. Esta destreza no solo le permitirá entender con mayor claridad sus propias reacciones emocionales, sino que también mejorará su capacidad para comunicar eficazmente sus emociones a otros, fortaleciendo así su bienestar emocional y la calidad de sus relaciones.

Ejemplo:

Imagine que, tras una semana particularmente desafiante, decide revisar su diario emocional. Nota que frecuentemente ha empleado términos indeterminados como "me siento mal" para describir sus emociones negativas. Al profundizar en este patrón, se compromete a ser más específico al nombrar sus emociones, utilizando herramientas como el Anexo 4 para guiarse.

En un registro, inicialmente escribió: "Me siento mal después de la reunión con mi jefe". Reevaluando este momento, reconoce que esa frase no refleja fielmente su experiencia emocional. Refinando su entrada con ayuda del Anexo 4, precisa: "Me siento frustrado y desvalorizado después de que mi jefe desestimara mis sugerencias durante la reunión de esta tarde, lo cual me hizo sentir subestimado profesionalmente".

En otro día, marcado por el estrés, había simplificado: "Hoy me sentí mal todo el día". Revisitando esas horas con mayor detenimiento, comprende que tal descripción genérica no hace justicia a la complejidad de tus emociones. Refina su anotación: "Por la mañana, experimenté ansiedad ante una presentación importante. Tras ésta, sentí un alivio teñido de agotamiento. Y por la tarde, la tristeza me sobrecogió al reflexionar sobre un amigo en dificultades".

Este ejercicio de describir con precisión sus emociones no solo le ayuda a reconocer la diversidad de sus estados anímicos, sino también a entender su conexión con situaciones concretas de su vida. Avanzando en este proceso, desarrolla una habilidad refinada para discernir y nombrar sus emociones, un paso crucial para fortalecer su conciencia emocional y aplicar efectivamente técnicas de regulación emocional. Este paso es fundamental para completar los ejercicios que siguen en este programa.

Paso 3: Reflexión de las Respuestas Emocionales

En este escalón hacia el dominio de tu Inteligencia Emocional, deberás sumergirte en una reflexión profunda sobre cómo tus emociones afectan tus decisiones y conductas. Este ejercicio de introspección es una oportunidad para afinar tus mecanismos de respuesta ante los desafíos que se presenten en el futuro. Para ello, examinarás decisiones clave tomadas recientemente, ya sea en el ámbito laboral, personal o en tus relaciones. Utiliza tu diario emocional como un laboratorio personal para desglosar y analizar estas vivencias emocionales.

Identifica las emociones que marcaron esos momentos decisivos. Recuerda ser detallista al describir cada sensación, sea ansiedad, felicidad, frustración o seguridad. La minuciosidad en este paso es esencial para apreciar el verdadero impacto de tus emociones en las decisiones tomadas.

Evalúa la influencia de estas emociones en tus elecciones. Pregúntate si provocaron reacciones impulsivas o si, por el contrario, facilitaron un análisis pausado y profundo de las opciones disponibles. Reconoce si alguna emoción tuvo un papel preponderante y cómo afectó el desenlace.

Luego, reflexiona sobre la eficacia de tus respuestas emocionales. Considera si el papel de tus emociones en la toma de decisiones fue el más apropiado y piensa en alternativas que podrían haber generado resultados más positivos.

A partir de este análisis, establece cómo puedes afinar tus respuestas emocionales para enfrentarte a situaciones similares en el futuro. Diseña estrategias para manejar la ansiedad de manera más efectiva, aumentar tu asertividad o prevenir que la frustración obstruya tu claridad de juicio.

Al finalizar esta etapa, habrás ganado un conocimiento más profundo de cómo tus emociones influyen en tus decisiones y comportamientos. Esta autoevaluación facilita el reconocimiento de patrones emocionales susceptibles de ajuste y te dota de herramientas para planificar mejoras futuras, fortaleciendo tu capacidad para regularlas de manera eficiente, un aspecto crucial para tu bienestar y éxito en distintos aspectos de la vida.

Ejemplo:

Considere un episodio reciente en su trabajo donde debía decidir rápidamente acerca de un proyecto innovador. Durante este proceso, se vio influenciado por una amalgama de emociones: la ansiedad ante el tiempo restringido y el entusiasmo por la posibilidad de innovar. Al revisar esta experiencia, reconoce que la ansiedad precipitó su decisión sin explorar todas las opciones posibles.

Reflexionando sobre cómo actuar mejor en futuras circunstancias, proyecta estrategias como permitirse un instante para respirar profundamente y calmar la ansiedad, lo que podría ayudarle a considerar las alternativas con mayor claridad, o usarla para generar un plan de acción. La consulta a un colega de confianza antes de tomar una decisión también podría enriquecer su perspectiva.

Este ejercicio de autoevaluación resulta invaluable para comprender que, aunque las emociones juegan un rol determinante en la toma de decisiones, es posible regularlas y aprovecharlas en su beneficio. Ajustar sus respuestas emocionales no solo optimiza su capacidad de decisión bajo presión, sino que también amplía su inteligencia emocional para los retos venideros.

Paso 4: Diferenciación y Comprensión de las Emociones

Este momento crucial en el desarrollo de su Inteligencia Emocional te invita a clasificar sus emociones en dos categorías fundamentales: primarias y secundarias. Este ejercicio no solo enriquece su entendimiento sobre cómo interactúa emocionalmente con su entorno, sino que también afina su habilidad para navegar y moldear sus respuestas emocionales de manera más efectiva.

Las emociones primarias, tales como la alegría, la tristeza, el miedo y la ira, son respuestas directas y universales ante estímulos externos. Estas emociones básicas y espontáneas constituyen los pilares de su experiencia emocional. Por otro lado, las emociones secundarias emergen de la combinación de emociones primarias y están moldeadas por factores como el contexto cultural, las experiencias personales y su autoconcepto. Emociones como la vergüenza y la culpabilidad, que se nutren de miedos, tristezas y otros sentimientos básicos, ejemplifican la complejidad de las emociones secundarias.

Al emprender la tarea de categorizar sus emociones, se adentra en la exploración de cómo distintas situaciones y vivencias detonan una amplia gama de reacciones emocionales. Comprender, por ejemplo, que la ansiedad es una emoción secundaria, forjada por miedo y expectativa, le brinda claridad sobre los orígenes y la influencia que tiene en su conducta.

El Anexo 3 actúa como una brújula en este proceso de análisis, delineando las características distintivas de las emociones primarias y secundarias, y es una herramienta invaluable para profundizar en la comprensión de sus emociones y cómo se manifiestan en diversos contextos.

La clasificación de sus emociones no solo promueve un mayor autoconocimiento, sino que es fundamental para gestionar de manera efectiva los trastornos emocionales. Entender la esencia de sus emociones le equipa con estrategias más precisas para su regulación, especialmente en momentos de tensión o incertidumbre, lo cual es esencial para su salud emocional y psicológica.

Ejemplo:

Imagine una jornada laboral marcada por una sensación de impotencia tras reuniones donde sus contribuciones parecen pasar desapercibidas. Al desglosar esta emoción, descubre que se origina en emociones primarias como la tristeza, derivada de no sentirse valorado, y la ansiedad, por la incertidumbre de su impacto en las decisiones del equipo.

Esta distinción le permite entender la impotencia como una emoción secundaria que refleja aspectos significativos de su contexto laboral y su percepción de usted mismo. La tristeza podría ser un indicativo de la necesidad de buscar formas de obtener reconocimiento por su trabajo o de mejorar cómo comunicas sus ideas. La ansiedad podría revelar la importancia de prepararse con mayor diligencia para futuras reuniones o de fomentar la colaboración entre sus colegas.

Al categorizar y analizar estas emociones, gana una visión más clara del papel que éstas tienen en su vida cotidiana. Este paso es crucial para el desarrollo de su inteligencia emocional, ya que le empodera para tomar acciones conscientes dirigidas a fortalecer su bienestar emocional y su capacidad para abordar situaciones complejas de manera efectiva.

Paso 5: Desarrollo de la Comprensión Emocional y Empatía

En esta fase del desarrollo de la Inteligencia Emocional, la empatía y la comprensión emocional toman un papel protagonista, potenciando su capacidad para interpretar y reaccionar ante las emociones de quienes le rodean. En el ámbito laboral y personal, es crucial ser perceptivo a las señales emocionales que otros comunican, más allá de sus palabras. Preste especial atención a detalles como el tono de voz, las expresiones faciales y el lenguaje corporal, ya que ofrecen pistas valiosas sobre sus estados emocionales internos.

Contemple cómo las emociones detectadas moldean la dinámica de sus interacciones y comunicaciones. Si, por ejemplo, identifica preocupación o tensión en un colega, reflexione sobre cómo esto afecta su comportamiento y las relaciones laborales. Considere cómo su propia respuesta emocional a estas observaciones podría modificar el curso de la interacción, y cómo la empatía puede ser el puente hacia un entendimiento y comunicación más efectivos.

Este paso también demanda la habilidad de ponerse en la piel de los demás, esforzándose por entender sus emociones desde su punto de vista. Este ejercicio no solo fortalece la empatía, sino que también profundiza su comprensión de la complejidad de las emociones.

Cultivar esta competencia incrementa su sensibilidad hacia los demás y puede enriquecer sus relaciones, haciéndolas más profundas y satisfactorias. La empatía y la comprensión emocional son fundamentales para una interacción social exitosa y juegan un papel crucial en su bienestar emocional, tanto en lo personal como en lo profesional.

Ejemplo:

Imagine una reunión de equipo en el trabajo, un escenario perfecto para practicar la observación y comprensión de las emociones de sus colegas. Observe a un compañero, quien normalmente es activo y participativo, pero digamos que en esta oportunidad parece distante y callado.

En vez de pasar por alto esta señal, trate de indagar con sensibilidad. Tras la reunión, se acerca a este compañero para preguntarle cómo se encuentra, mostrando un interés sincero por su bienestar. Imagine que su colega está atravesando dificultades personales que le dificultan concentrarse en el trabajo. Esta conversación brinda una perspectiva más amplia sobre su comportamiento y sus efectos en la dinámica del equipo.

Este intercambio le enseña cómo las emociones personales pueden influir significativamente en el entorno laboral. Entendiendo la situación de su compañero, puede optar por ofrecer apoyo y comprensión en lugar de responder con juicio o frustración.

Este episodio destaca la importancia de ser receptivo a las emociones de los demás y actuar con compasión. Al hacerlo, no solo mejora su relación con su compañero, sino que también contribuye a crear un clima laboral más empático y solidario. Comprende que prestar atención y responder con empatía a las emociones ajenas puede reforzar la comunicación y las relaciones de manera significativa. Al fomentar estas habilidades sociales, puede llegar a transformarse en un observador más perspicaz y un comunicador más efectivo, lo cual beneficia sus interacciones en una variedad de contextos.

Paso 6: Transformación de Emociones Negativas en Impulsores de Crecimiento

En este paso, se aborda la capacidad de reenfocar las emociones negativas, no como obstáculos, sino como catalizadores para el crecimiento personal y profesional. Reconocer estas emociones como elementos inherentes a la condición humana y no como deficiencias, facilita su conversión en herramientas valiosas para el avance y la superación.

Consideremos una sensación de frustración por la falta de reconocimiento en el ámbito laboral. Este sentimiento puede ser el punto de partida para una profunda autoevaluación y el rediseño de su trayectoria profesional, señalando la oportunidad de explorar nuevos horizontes o de adquirir competencias adicionales.

Es crucial reflexionar sobre el impacto de estas emociones en sus decisiones y comportamientos. La frustración, ¿te paraliza o te impulsa a actuar? Canalizar esta energía emocional negativa hacia la motivación para el cambio, a través de la definición de objetivos claros y alcanzables, es clave para superar estos desafíos.

Comprender el significado subyacente de las emociones negativas es esencial. A menudo, estas reflejan necesidades no satisfechas o valores personales fundamentales, cuya atención puede incrementar tanto el bienestar emocional como el rendimiento profesional. La adopción de un enfoque reflexivo y autocompasivo, que acoge las emociones sin juicio y considera el crecimiento personal como fruto de los retos enfrentados, orienta hacia el autoconocimiento y el desarrollo.

Este enfoque insta a ver las emociones negativas no como impedimentos, sino como oportunidades para el aprendizaje y la evolución, convirtiendo las adversidades en experiencias de valor y propiciando un progreso emocional e intelectual.

Ejemplo:

Frente a un sentimiento de frustración por el no reconocimiento en su labor, transforma esta emoción en un estímulo para la acción positiva. Primero, registre en su diario la intención de convertir esta emoción negativa en una fuerza motriz para su crecimiento. Para ello, debe enfocar su atención en definir metas personales que reflejen su progreso y logros, tales como ampliar su conocimiento en su área de especialidad, participar en cursos de formación adicional o asumir proyectos que representen un desafío mayor.

Esta iniciativa marca un camino hacia el autodesarrollo, independiente del reconocimiento externo. Al perseguir estos objetivos, no solo amplía sus habilidades, sino que también fortalece su autovaloración y confianza, elementos cruciales para su bienestar emocional. Además, al documentar este camino, podrá monitorear su avance y observar cómo estos cambios influyen positivamente en su estado anímico y percepción de sí mismo. Esta evaluación continua le permite afinar sus estrategias y alinearlas mejor con sus metas y valores fundamentales.

Este enfoque ilustra el poder de convertir la frustración en una ventana hacia el autoimpulso, asumiendo un rol activo en la mejora de su bienestar emocional y profesional, en lugar de considerarla una emoción negativa.

Paso 7: Fortalecimiento de la Regulación Emocional

Este paso se centra en perfeccionar técnicas efectivas para la regulación emocional, habilidades indispensables para alcanzar una estabilidad emocional y fomentar un bienestar integral. La regulación emocional abarca la capacidad de manejar y dirigir nuestras emociones de manera constructiva.

Inicie este proceso integrando en su rutina diaria prácticas de respiración consciente. Este método, simple pero transformador, facilita la calma mental y atenúa las emociones negativas. Dedique unos minutos cada día a realizar respiraciones profundas y pausadas, concentrándose plenamente en su respiración. Este ejercicio promueve la concentración en el aquí y ahora, minimizando así la reactividad a las emociones perturbadoras (vea Anexo 6).

La reevaluación cognitiva, que implica reinterpretar las situaciones que generan emociones adversas, constituye otra técnica valiosa. Frente a contratiempos en el ámbito laboral, busca redefinir el escenario desde una óptica más constructiva. Interroga si existe una lectura más positiva de la situación o acciones específicas que pueda emprender para mejorar el panorama.

La meditación, incorporada como un hábito cotidiano, también es un pilar en el cultivo del autoconocimiento y la gestión emocional. Dedicar unos minutos al día a la meditación puede profundizar su entendimiento y manejo de las emociones. Este ejercicio no necesita ser prolongado; breves periodos de práctica son suficientes para perfeccionar su regulación emocional.

Es vital entender que la regulación emocional no significa reprimir nuestras emociones, sino comprenderlas profundamente y manejarlas de forma que resulten beneficiosas. Con práctica constante, usted adquirirá destrezas avanzadas en el manejo emocional, preparándole para abordar los desafíos con mayor calma y equilibrio.

Ejemplo:

Enfrentándose a un día particularmente intenso en el trabajo (un ambiente que le provoca estrés), decide aplicar las técnicas de regulación emocional que ha estado perfeccionando. Al percibir la frustración emergente, se apartas brevemente para practicar respiración consciente. Con los ojos cerrados, se concentras en su respiración, hasta notar una disminución de la tensión con cada ciclo de inhalación y exhalación.

Posteriormente, emplea la reevaluación cognitiva para reflexionar sobre el desafío, buscando otras maneras de interpretar la situación. Este cambio de perspectiva le permite ver los obstáculos como oportunidades para evidenciar su competencia y capacidad de aprendizaje.

Al concluir la jornada, también dedique tiempo para meditar en un lugar sereno, incluso en casa, enfocándose en su respiración durante diez minutos. Este momento de introspección le permite observar sus pensamientos y emociones desde una postura no crítica, facilitando el reconocimiento de patrones emocionales.

La aplicación de estas estrategias en situaciones reales mejora significativamente su habilidad para controlar las emociones desfavorables. En vez de ser dominado por éstas, dispone de herramientas prácticas para su adecuada gestión, favoreciendo decisiones más conscientes y manteniendo un balance emocional. Estas prácticas de regulación emocional se convierten en un componente esencial de su enfoque para manejar el estrés y potenciar su bienestar.

Paso 8: Aplicación de la Inteligencia Emocional en la Vida Diaria

Este paso invita a una reflexión profunda sobre la implementación efectiva de las competencias emocionales adquiridas en el día a día, con el objetivo de realzar su bienestar emocional a través de acciones significativas.

Identifique áreas clave de su vida personal, laboral, y social, donde las emociones juegan un rol crítico, como la interacción con familiares, la gestión de conflictos en el trabajo, o el mantenimiento de amistades saludables. Evalúe cómo las emociones influencian estas esferas y cómo puede aplicar su conciencia emocional ampliada y las técnicas de regulación para optimizar estas dinámicas.

En el terreno personal, por ejemplo, explore maneras de comunicar sus emociones más claramente con seres queridos. Para ello, puede escribir sus emociones en su diario, evaluarla y buscar la mejor manera de expresarlas.

En el campo profesional, puede aplicar su inteligencia emocional para abordar con eficacia el estrés y los retos laborales. La reevaluación cognitiva es una técnica recomendada para transformar su percepción de los desafíos profesionales en oportunidades para el crecimiento personal y profesional. Recuerde observar la realidad desde diferentes puntos de vista y descartar todo aquel que afecte su tranquilidad. No todo es negro o blanco, la vida está llena de matices.

En el ámbito social, promueva siempre una actitud empática y de escucha activa, lo cual no solo mejora su comprensión hacia los demás, sino que también profundiza sus vínculos afectivos. Si usted promueve la empatía, aunque a veces ésta no sea devuelta, tiene más probabilidades de cultivar relaciones saludables; "hacer el bien sin mirar a quien" es una regla universal.

Establezca objetivos específicos para integrar estas habilidades emocionales en su cotidianidad, como asignar momentos del día para la introspección emocional o emplear técnicas de regulación emocional ante situaciones estresantes, como las descritas en el Anexo 6.

La incorporación consciente de habilidades de inteligencia emocional en su vida cotidiana no solo optimiza su gestión emocional, sino que también contribuye a un bienestar y calidad de vida superiores. Esta etapa es fundamental para vivir de manera más integral, consciente y en armonía con sus emociones.

Ejemplo:

Después de explorar los pasos previos, concentre su esfuerzo en la aplicación diaria de estas competencias emocionales. Esto implica reconocer cómo sus emociones impactan sus decisiones y comportamientos en diversos aspectos de su vida, y formular estrategias para manejarlas de manera productiva.

Ante situaciones personales que típicamente generan frustración o ira, ahora logra identificar estas emociones desde el inicio. Decide tomar un momento para respirar hondo y reflexionar sobre el origen de su frustración, lo que facilita una reacción más serena y medida que mejora la comunicación y evita malentendidos. Siempre es importante tomarse su tiempo.

En el plano laboral, frente a proyectos retadores que anteriormente desencadenarían ansiedad, aplica la reevaluación cognitiva, percibiendo el desafío como una oportunidad para su desarrollo. Este enfoque atenúa la ansiedad y potencia su eficiencia y creatividad. Los obstáculos son oportunidades y la ansiedad es la manera en la que el cerebro nos dice "debemos hacer un plan".

Socialmente, se dedica a practicar la empatía y la escucha activa, lo que le permite entender mejor a sus amigos en situaciones difíciles y fortalecer esos lazos. Cuando usted es una persona empática, crea un ambiente amigable con las personas que lo rodea.

Fija metas diarias para mantener estas prácticas, como periodos de autoexamen emocional o ejercicios de mindfulness. Estas acciones consistentes robustecen su conexión consciente con sus emociones y mejora su calidad de vida. La implementación consciente de la inteligencia emocional enriquece su bienestar en todos los ámbitos de la vida, demostrando que la práctica de habilidades emocionales es clave para alcanzar una existencia equilibrada y satisfactoria.

Paso 9: Fortalecimiento de la Autonomía Emocional

En esta etapa clave del desarrollo emocional, el enfoque se centra en cultivar la autonomía emocional, una capacidad fundamental para manejar de manera independiente sus emociones, reduciendo la influencia de factores externos. Este proceso es crucial para fomentar la confianza en sus propias habilidades emocionales.

Inicie este camino evaluando situaciones anteriores en las que sus emociones fueron notablemente influenciadas por el entorno o por otras personas. Reconozca esos momentos en los que su estado emocional se vio afectado más por circunstancias externas que por sus verdaderos sentimientos internos. Reflexione sobre estas experiencias, identificando cómo las influencias externas pudieron haber dirigido sus decisiones o comportamientos de maneras que no reflejaban su auténtico ser.

A continuación, dedique esfuerzos a incrementar su conciencia emocional. Tómese el tiempo necesario para distinguir entre sus emociones genuinas y aquellas que fueron moldeadas por influencias ajenas. Ante nuevas situaciones, pregúntese si los sentimientos que experimenta son verdaderamente suyos o si están siendo afectados por el entorno.

Elabore estrategias que le permitan mantenerse fiel a sus emociones reales. Puede recurrir a técnicas como la respiración profunda, la meditación o simplemente tomar un breve momento para alejarse y clarificar sus emociones. Estas prácticas le serán de gran ayuda para mantener la calma y la objetividad durante períodos de turbulencia emocional.

También, refuerce su autoconfianza. Valore su capacidad para gestionar sus emociones de manera efectiva y afirme sus sentimientos, independientemente de las reacciones externas. El uso de afirmaciones positivas puede ser una herramienta útil para consolidar su autonomía emocional.

Finalmente, implemente estas habilidades en su vida cotidiana. Ante retos emocionales, aplique sus técnicas de regulación emocional, permaneciendo fiel a sus propias emociones. Con práctica y constancia, su capacidad para autogestionar sus emociones de forma autónoma se verá notablemente mejorada, beneficiando su bienestar general y su resiliencia ante los desafíos de la vida.

Ejemplo:

Imagine que se enfrenta a un proyecto desafiante en el trabajo, una situación que anteriormente podría haberle llevado a absorber el estrés y la ansiedad del equipo. Ahora, con un compromiso firme hacia la autonomía emocional, aborda el contratiempo desde una perspectiva renovada.

Al notar la tensión del equipo, hace una pausa para conectar con sus propias emociones, preguntándose: "¿Qué es lo que realmente siento acerca de este retraso en el proyecto? ¿Están estos sentimientos originados en mí o estoy reflejando las emociones del entorno?".

Mediante la práctica de respiración consciente, logra centrarse y reconoce que, a pesar del contratiempo, identifica oportunidades para el crecimiento y la mejora. Este reconocimiento le permite adoptar una postura más balanceada y proactiva.

Durante la reunión de equipo, en lugar de sumirse en la frustración colectiva, expone su perspectiva con serenidad y claridad, señalando los retos y proponiendo soluciones viables. Su actitud contribuye a moderar el ambiente y fomentar un diálogo constructivo.

Este ejercicio de autonomía emocional evidencia su capacidad para mantenerse leal a sus emociones auténticas, incluso frente a la adversidad. Siente satisfacción por haber gestionado la situación de manera efectiva, preservando su integridad emocional y aportando positivamente al equipo.

Este logro refuerza su confianza y habilidad para dirigir sus emociones de manera independiente. A medida que estas prácticas se vuelven habituales, su autoeficacia emocional se fortalece, preparándolo para enfrentar futuros desafíos con mayor seguridad.

Paso 10: Diseño de un Plan de Bienestar Emocional

La culminación del fortalecimiento de su inteligencia emocional se materializa en la creación de un plan de bienestar emocional personalizado, una hoja de ruta diseñada para sostener y expandir los progresos alcanzados en su desarrollo emocional. Este plan simboliza su dedicación al crecimiento emocional continuo, asegurando una mejora sostenida en su bienestar emocional.

Este paso crucial demanda una introspección profunda y reflexiva acerca de su trayectoria emocional, reconociendo tanto los avances significativos como las áreas que aún requieren atención y mejora. Analice las competencias emocionales que ha dominado y aquellas que necesitan ser fortalecidas o comprendidas en mayor profundidad.

Inicie estableciendo objetivos claros y realistas para su evolución emocional, desde fortalecer su capacidad de regulación emocional ante el estrés hasta aumentar la empatía en sus relaciones interpersonales. Defina metas específicas, asegurándose de que sean medibles, alcanzables, relevantes y limitadas en el tiempo.

Desarrolle estrategias concretas para alcanzar estas metas. Identifique las acciones específicas que reforzarán su autonomía emocional o profundizarán su comprensión de las emociones de otros. Decida qué prácticas de regulación emocional o ejercicios de mindfulness integrará en su rutina diaria y seleccione recursos adicionales como lecturas, cursos o talleres que puedan apoyar su proceso.

Incorpore en su plan un sistema para la autoevaluación y revisión periódica. Programe revisiones regulares para evaluar su progreso, realizar ajustes en sus metas y estrategias según sea necesario y celebrar los logros alcanzados. La revisión continua es vital para mantener su motivación y adaptarse a los cambios en sus circunstancias de vida y necesidades emocionales.

Recuerde que el camino hacia la maestría emocional es una jornada continua. Abrazar el aprendizaje y el crecimiento constante es clave para avanzar hacia un estado de bienestar emocional óptimo. Cada paso adelante refuerza su habilidad para manejar las complejidades de la vida emocional, enriqueciendo su existencia. Su plan de bienestar emocional se convierte en su guía personal hacia una vida más rica, consciente y emocionalmente equilibrada.

Ejemplo:

Con los conocimientos y habilidades emocionales adquiridos, procede a la elaboración de su plan de bienestar emocional. Este documento será su brújula en el continuo perfeccionamiento de su salud emocional y psicológica. Para ello, reflexione sobre sus logros y retos. Distinga los momentos en los que gestionó las emociones desafiantes de forma efectiva y aquellos en los que podría haber mejorado su reacción. Estas reflexiones formarán la base de sus futuros objetivos.

Establezca metas concretas para su crecimiento emocional. Por ejemplo, si la gestión de la ansiedad en momentos decisivos es un área de mejora, fije como objetivo el desarrollo de habilidades para manejar la ansiedad bajo presión. Especifique las acciones para lograr esta meta, como adoptar técnicas de relajación avanzadas, estiramientos, respiración profunda o incluso tomarse un tiempo para realizar una actividad que le permita aclarar su mente.

Elabore un plan de acción detallado. Si su meta es incrementar la empatía en sus relaciones, planifique leer artículos relacionados con él. Defina plazos realistas para cada objetivo y determine cómo y cuándo evaluará su avance. Por ejemplo, puede proponerse leer un artículo sobre desarrollo personal cada mañana.

Incluya una estrategia para revisar y ajustar sus objetivos regularmente. Decida la frecuencia con la que evaluará su progreso y cómo modificará su plan según los cambios en su vida. Si las técnicas no están funcionando, siempre puede buscar alternativas.

Considere este plan como un pacto consigo mismo para nutrir su bienestar emocional. Mantenga un diario de sus experiencias y aprendizajes, y celebre cada victoria en este camino. Este plan de bienestar emocional es solo el inicio de un viaje de crecimiento y aprendizaje sin fin hacia una vida emocionalmente enriquecida y equilibrada.

Conclusión

Resumen y Reflexión

Al concluir este profundo ejercicio, ha navegado por un camino transformador hacia una comprensión ampliada de su inteligencia emocional, inspirado en el modelo pentagonal de Rafael Bisquerra. Este viaje de introspección ha abierto puertas hacia nuevos niveles de autoconocimiento, brindándole las herramientas para no solo reconocer sus emociones sino también para descifrar su significado y gestionarlas con destreza.

Desde el reconocimiento de patrones emocionales hasta la formulación de su Plan de Bienestar Emocional, ha cultivado habilidades clave para la conciencia y regulación emocional, reforzando su autonomía emocional, competencia social, y fomentando un bienestar integral. Cada fase de este proceso ha representado un avance hacia una mayor maestría emocional, permitiéndole identificar y clasificar sus emociones con precisión, comprender su influencia en decisiones y relaciones, y emplear métodos efectivos para su manejo.

La autoevaluación de sus reacciones emocionales y la adopción de estrategias de regulación han clarificado el papel que juegan las emociones en su conducta y en la interacción con otros. El desarrollo de la empatía y la comprensión emocional ha enriquecido sus relaciones, optimizando la comunicación y la conexión humana.

El fortalecimiento de su autonomía emocional ha sido un pilar, permitiéndole dirigir sus emociones de manera independiente y reducir la influencia de factores externos. Este progreso hacia una mayor confianza y habilidad en el manejo emocional es crucial para su bienestar general.

El Plan de Bienestar Emocional, culminación de este itinerario, simboliza su dedicación al crecimiento emocional constante. Este documento, diseñado para nutrir y expandir su inteligencia emocional, es su hoja de ruta para una evolución continua ante los retos que puedan surgir.

En definitiva, este ejercicio ha ido más allá de simplemente mejorar su capacidad de manejo emocional; ha enriquecido su existencia en todas sus dimensiones. Al integrar estas competencias en su vida diaria, ha sentado las bases para un vivir más pleno, equilibrado y emocionalmente enriquecedor. Los logros alcanzados son fundamentales para afrontar y aliviar trastornos emocionales, reflejando un compromiso profundo con su salud mental y bienestar emocional.

Paso Cuatro

La Autocompasión y el Cuidado Personal

Introducción al Tema

La autocompasión, según Kristin Neff (2003), incluye ser amables con nosotros mismos, reconocer nuestra humanidad compartida y practicar la atención plena. Este concepto, clave en la psicología positiva, nos anima a tratarnos con la misma bondad que ofreceríamos a un ser querido en momentos difíciles, diferenciándose de la autoestima por enfocarse en la empatía y comprensión internas más que en comparaciones externas.

Por otro lado, el cuidado personal consiste en prácticas intencionales para promover el bienestar general, tales como alimentarse saludablemente, mantenerse activo, descansar lo suficiente y gestionar el estrés eficazmente. Estas acciones son fundamentales para mantener un bienestar físico y mental óptimo.

Combinar la autocompasión con el cuidado personal se presenta como una estrategia efectiva para mejorar el bienestar emocional, nutriendo tanto nuestra salud mental como física.

Evidencia de Investigación

La investigación en psicología respalda los beneficios de la autocompasión para la salud mental. Neff (2003) halló que las personas autocompasivas experimentan menos pensamientos negativos y menores niveles de ansiedad y depresión. La autocompasión fomenta la resiliencia emocional, permitiendo a los individuos enfrentar adversidades de manera efectiva.

En cuanto al cuidado personal, estudios indican su rol crucial en el desarrollo de resiliencia y la reducción del estrés. Actividades como el ejercicio y la meditación impactan positivamente en el bienestar emocional y la salud mental.

La investigación subraya la importancia de la autocompasión y el cuidado personal como herramientas para mejorar la calidad de vida, destacando su utilidad práctica para el manejo del estrés, la ansiedad, la depresión y el fomento de una actitud resiliente y positiva hacia la vida.

Instrucciones

Práctica de la Autocompasión y Fomento de la Resiliencia

Objetivo

Este ejercicio busca promover la autocompasión y el cuidado personal como herramientas esenciales para el bienestar y la gestión emocional efectiva. Centrándose en la aplicación práctica de estrategias como la reestructuración cognitiva y la regulación emocional, propone un enfoque compasivo hacia uno mismo y acciones intencionadas para el bienestar.

La autocompasión implica tratarnos con amabilidad y comprensión ante las dificultades, reconociendo que los errores y desafíos son aspectos naturales de la vida. El cuidado personal, por su parte, abarca todas aquellas prácticas deliberadas para cuidar nuestro bienestar físico y mental, fundamentales para un equilibrio saludable.

Incorporar estas prácticas en la rutina diaria no solo mejora el bienestar a corto plazo, sino que también refuerza la salud mental a largo plazo. Adoptar la autocompasión y el cuidado personal desarrolla recursos para enfrentar desafíos de manera resiliente, ofreciendo una mejora significativa en la calidad de vida y la capacidad para superar adversidades.

Este enfoque integral hacia la salud mental promueve una vida más equilibrada, poniendo el autocuidado y la autocompasión como fundamentos de un bienestar emocional sostenido y una fortaleza interior enriquecida. Integrar estas prácticas marca un paso hacia una transformación profunda y un bienestar emocional duradero.

Paso 1: Reconocimiento y Aceptación de Emociones

Iniciar el viaje hacia la autocompasión y el autocuidado comienza con la habilidad de reconocer y aceptar nuestras emociones. Este primer paso es crucial para desarrollar una profunda autoconciencia, marcando el comienzo de una transformación personal significativa. Al entender que las emociones son una parte natural y saludable de nuestra existencia, establecemos las bases para un cambio positivo y duradero en nuestras vidas.

Dedique entre 10 a 15 minutos diarios en un lugar sereno, alejado de distracciones, para conectarse con su mundo emocional interno. Durante estos momentos de introspección, permita que sus emociones se manifiesten libremente, observándolas sin juicio, aceptándolas tal y como son. Este acto de reconocimiento y aceptación es un pilar de la autocompasión, ya que, al validar nuestras emociones, comenzamos a tratarnos con una mayor benevolencia y comprensión, ingredientes esenciales para el cuidado personal.

El empleo de un diario personal se revela como un recurso invaluable en este proceso. Escribir proporciona un medio poderoso para procesar y expresar nuestras emociones, facilitando una mayor claridad y reflexión sobre nuestros sentimientos y pensamientos. Registrar nuestras vivencias emocionales nos ayuda a comprender y analizar nuestras emociones con más detalle, brindando perspectiva y entendimiento sobre nuestro estado emocional.

A medida que profundiza en esta práctica, adquirirá un conocimiento más íntimo de sus emociones, identificando factores desencadenantes y comprendiendo las raíces de sus reacciones emocionales. Su diario se convierte en un espejo de su crecimiento emocional y personal, permitiéndole observar patrones, celebrar avances y reconocer áreas que aún necesitan desarrollo.

Ejemplo:

Imagine enfrentarse a un desafío laboral que no cumplió con sus expectativas, generando sentimientos de frustración y desilusión. Durante un momento de calma, identifique específicamente estas emociones: "Me siento frustrado y desilusionado con el resultado del proyecto". Posteriormente, contextualice estas emociones, reconociéndolas como reacciones naturales ante el desafío y la crítica.

En lugar de reprimir o criticar estas emociones, permítase vivirlas plenamente, adoptando una postura de aceptación: "Es completamente humano sentir frustración cuando las cosas no van según lo planeado. Es una respuesta normal ante percibidas fallas". Al documentar estas reflexiones en su diario, comenzará a ver sus emociones bajo una luz más compasiva y constructiva.

Este ejercicio no solo le permite entender mejor sus emociones y reacciones ante las adversidades, sino que también transforma su diálogo interno hacia uno más empático y comprensivo. Aceptar sus emociones negativas como partes integrantes de la experiencia humana, en lugar de considerarlas como defectos, marca el inicio de su camino hacia una resiliencia emocional y autocompasión reforzadas.

Paso 2: Identificación y Transformación de la Autocrítica

El camino hacia una autocompasión y un autocuidado efectivos implica enfrentar y transformar nuestras autocríticas. Una vez que hemos reconocido y aceptado nuestras emociones, el siguiente paso es prestar especial atención a las críticas que nos dirigimos a nosotros mismos, particularmente en momentos de estrés o ante situaciones percibidas como fracasos. Estas autocríticas, a menudo severas y desproporcionadas, pueden socavar profundamente nuestro bienestar emocional y mental.

Es esencial anotar estas autocríticas en un diario personal, documentando los juicios y valoraciones negativas autoimpuestos. Posteriormente, es importante someter estos pensamientos a un escrutinio crítico: ¿Son estas autocríticas justas o precisas? ¿De qué manera contribuyen realmente a tu crecimiento o bienestar? Cuestionar y reevaluar estos juicios internos nos permite adoptar una perspectiva más compasiva y constructiva.

Este paso es fundamental para disminuir el impacto negativo de la autocrítica y facilitar el desarrollo de un diálogo interno más amable y una relación más saludable con uno mismo. Al identificar, desafiar y reconfigurar nuestras autocríticas, iniciamos el proceso de desmontar patrones de pensamiento dañinos, favoreciendo una autoaceptación más profunda y un bienestar emocional duradero.

La transformación de nuestras autocríticas en reflexiones positivas es un recurso invaluable para fortalecer nuestra relación con nosotros mismos, promoviendo un trato más compasivo hacia nuestras experiencias y emociones. Este paso es crucial en nuestra jornada hacia la autocompasión y el autocuidado, permitiéndonos fomentar una actitud más benevolente y comprensiva hacia nuestros propios pensamientos y sentimientos.

Ejemplo:

Cuando surgen autocríticas de situaciones como un proyecto laboral que no ha cumplido las expectativas, es vital abordarlas para fomentar la autocompasión. Durante este paso, se enfocas en las críticas que se hace a usted mismo, tales como "Debería haberlo hecho mucho mejor; soy un fracaso en mi trabajo" o "Siempre cometo errores cuando estoy bajo presión".

Al registrar estas autocríticas en su diario, inicie una valiosa introspección. Se cuestionas la veracidad de estas afirmaciones: "¿Realmente fallo siempre bajo presión, o es esta percepción una distorsión de experiencias específicas?". Además, reflexione sobre su utilidad: "¿Estos juicios autocríticos me ayudan a mejorar, o simplemente aumentan mi estrés y deterioran mi autoestima?".

Este proceso es esencial para modificar su diálogo interno negativo. Reconociendo que estas autocríticas pueden ser exageradas o infundadas, comienza a adoptar una visión más constructiva y empática, sustituyendo la crítica constante por una comprensión más realista y matizada de sus capacidades y limitaciones.

Entiende que los errores, o no alcanzar ciertas expectativas en algunas ocasiones, no definen su competencia profesional ni su valor como persona. Estas situaciones se convierten en oportunidades para el aprendizaje y el desarrollo personal y profesional. Al abrazar este enfoque, no solo reduce la presión autoimpuesta, sino que también se encamina hacia una autoestima más sólida y un bienestar emocional mejorado. Este proceso reflexivo y constructivo es vital para su desarrollo personal y fortalece su relación consigo mismo.

Paso 3: Cultivando un Diálogo Interno Compasivo

El cultivo de un diálogo interno compasivo es esencial en la travesía hacia la autocompasión, representando un cambio transformador en cómo nos relacionamos con nosotros mismos. Este paso trasciende la autocrítica y los juicios duros, abrazando en su lugar un trato lleno de comprensión, aliento y empatía, tal como lo haríamos con un amigo querido en circunstancias difíciles.

Se trata de una transformación profunda de nuestra narrativa personal, donde la voz interna severa y crítica da paso a una presencia interna que es bondadosa, alentadora y solidaria. Este cambio no solo enriquece el bienestar emocional, sino que también refuerza la capacidad de enfrentar adversidades con mayor fortaleza y equilibrio.

Al adoptar un diálogo más compasivo con uno mismo, se fomenta una relación más saludable y positiva hacia nuestro ser, creando un entorno mental que nutre el crecimiento personal y la adaptabilidad emocional. La autocompasión nos equipa para manejar los desafíos con gracia y firmeza, subrayando el autocuidado y la compasión hacia uno mismo como pilares de un equilibrio emocional óptimo. Este enfoque sienta las bases para un desarrollo personal sostenido, permitiendo abordar los obstáculos de la vida con una confianza renovada y estabilidad emocional.

Ejemplo:

Frente a un reto profesional, como un proyecto que no alcanzó los resultados esperados, es crucial transformar las autocríticas iniciales de "soy un fracaso" o "siempre cometo errores" en un diálogo interno más amable y edificante. Imagine ofrecer a sí mismo la misma comprensión y apoyo que daría a un amigo en su situación. Hay que reconocer que un revés no determina su competencia profesional y que cada contratiempo es una oportunidad para crecer.

En este proceso de reconfiguración hacia la autocompasión, use su diario para reformular esos juicios autoimpuestos por mensajes positivos y motivadores. Valide que, aunque la decepción ante el proyecto es comprensible, no le define como profesional. Adopte afirmaciones como "Cada experiencia es una lección; cada desafío me fortalece" o "Mis habilidades y talentos son valiosos más allá de este momento".

Este diálogo interno compasivo es vital para reorientar su percepción, fortaleciendo su autoestima y seguridad en sí mismo. Al abrazar una actitud más amable y comprensiva hacia usted mismo, mitiga el estrés negativo y promueve un crecimiento personal ininterrumpido y una vida más plena. Con práctica diligente, este enfoque se transformará en su respuesta natural ante las dificultades, cultivando resiliencia y una perspectiva positiva frente a futuros desafíos.

Paso 4: Fomento de la Atención Plena en el Presente

La integración de la atención plena o mindfulness es esencial en el camino hacia la autocompasión y el autocuidado profundo. Este enfoque invita a una vivencia plena del momento presente, alejándonos de las cavilaciones pasadas o las inquietudes futuras. Al centrarnos en observar nuestros pensamientos, emociones y sensaciones físicas del momento sin juzgarlos, facilitamos un espacio de aceptación y entendimiento.

El cultivo de la atención plena permite abrazar nuestras experiencias internas tal como son, clave para disminuir la tendencia a rumiar sobre desilusiones pasadas o a preocuparse en exceso por lo que está por venir. Practicar mindfulness interrumpe el flujo de pensamientos negativos recurrentes, abriendo la puerta a una percepción más fresca y equilibrada de las circunstancias.

Practicar regularmente mindfulness afianza la habilidad de estar completamente inmerso en el ahora, enriqueciendo la conciencia sobre las experiencias cotidianas y mejorando nuestra interacción con ellas. A medida que se fortalece la presencia en el "aquí y ahora", se exploran nuevas maneras de relacionarse con los pensamientos y emociones, conduciendo a una existencia más tranquila y centrada.

La capacidad de permanecer plenamente presente tiene un impacto benéfico en el bienestar emocional y mental, fomentando la paz interior y un autoconocimiento más profundo. La atención plena emerge como una herramienta poderosa para el manejo del estrés, el refuerzo de la resiliencia emocional y la promoción de un vivir más armónico y consciente.

Ejemplo:

La implementación de prácticas de mindfulness resulta crucial para abordar de manera saludable y compasiva los pensamientos y emociones desafiantes, especialmente ante situaciones de estrés o decepción, como puede ser un revés laboral (vea Anexo 6).

Imagine que decide dedicar un tiempo a la práctica de mindfulness después de enfrentarse a autocríticas por un proyecto laboral que no cumplió sus expectativas. Busque un espacio tranquilo, donde se sienta cómodo, y si lo desea, cierre los ojos. Enfoque su atención en la respiración, observando el flujo natural del aire entrando y saliendo de su cuerpo. Cuando su mente divague hacia el proyecto o hacia críticas personales, redirija su atención hacia la respiración de manera amable.

Gradualmente, amplíe su conciencia a las sensaciones de su cuerpo, notando cualquier área de tensión o malestar, sin intentar alterar estas sensaciones, simplemente permitiéndose sentir lo que su cuerpo experimenta en ese instante.

Posteriormente, dirija su foco hacia los sonidos ambientales, la sensación del aire sobre su piel y otros estímulos presentes, anclándose en el momento actual, reduciendo así el peso de los pensamientos negativos asociados al pasado o al futuro.

Al concluir su práctica de mindfulness, percibirá que su estado emocional respecto a la situación laboral ha experimentado un cambio significativo. Se siente más sereno y enfocado, y la intensidad de sus pensamientos autocríticos ha disminuido notablemente. Esta perspectiva renovada le facilita abordar la situación de una manera más constructiva y menos proclive a la rumiación.

La práctica constante de la atención plena se revela como una estrategia eficaz para potenciar el bienestar general, fortaleciendo su capacidad para enfrentar desafíos futuros con calma y equilibrio emocional.

Paso 5: Diseño de un Plan Integral de Cuidado Personal

La creación de un plan de cuidado personal personalizado es el quinto paso esencial en el camino hacia una práctica profunda de autocompasión y autocuidado. Este plan, construido sobre los aprendizajes adquiridos en los pasos anteriores, es una estrategia clave para una gestión efectiva del estrés y el manejo de las emociones desafiantes.

Para que este plan sea verdaderamente efectivo y resonante, debe ser altamente personal, reflejando sus gustos, rutina y necesidades específicas. Debe abarcar una gama de actividades diseñadas para promover su bienestar físico, emocional y mental. Considere incluir ejercicios físicos adaptados a su preferencia (como yoga, caminatas o entrenamientos específicos), prácticas de relajación (mediante meditación, mindfulness o técnicas de respiración) y hobbies que le llenen de alegría y satisfacción personal (como leer, jardinería o actividades artísticas).

Es crucial que su plan contemple aspectos fundamentales para su salud integral, tales como mantener una nutrición balanceada, asegurar una buena calidad de sueño y reservar momentos para desconectar de la tecnología y aliviar el estrés cotidiano. Además, enriquezca su plan con actividades que fomenten las conexiones sociales y el apoyo emocional, como disfrutar de tiempo de calidad con seres queridos o participar en comunidades con intereses comunes.

Revise y ajuste su plan de cuidado personal con regularidad para que siga siendo relevante y útil frente a los cambios en su vida y en sus necesidades. La constancia en la aplicación de su plan, junto con la flexibilidad para adaptarlo, son fundamentales. Este plan tiene como objetivo último mejorar su bienestar general y su calidad de vida de manera integral.

Comprometerse con su plan de cuidado personal sienta las bases para un manejo efectivo de los desafíos de la vida, fomentando un bienestar duradero y una mayor plenitud vital.

Ejemplo:

Desarrollar un plan de cuidado personal tras reconocer emociones negativas y patrones de autocrítica vinculados a desafíos laborales es vital para fortalecer su resiliencia y capacidad de gestión emocional. Este plan, diseñado para nutrir su bienestar físico, emocional y mental, incluya actividades específicas para reducir el estrés y aumentar el contento personal.

Un componente esencial de su plan podría ser integrar una rutina de running al finalizar la jornada laboral, beneficiando tanto su salud física como proporcionando un espacio para la introspección y la liberación de tensiones. A esto se suma la práctica de estiramientos por las mañanas, preparando su cuerpo y mente para los retos del día con una actitud positiva.

Incorporar momentos para desconectar de las preocupaciones laborales a través de pasatiempos como la jardinería, la pintura o la lectura, dedicando tiempo cada fin de semana a estas actividades, es igualmente importante. Estos hobbies ofrecen un respiro valioso del estrés diario y contribuyen significativamente a su sensación de realización y felicidad.

La implementación de este plan de cuidado personal trae consigo beneficios tangibles, tales como un incremento en la energía y la serenidad, lo que facilita una gestión más eficiente del estrés. Las actividades seleccionadas se convierten en herramientas clave para abordar de manera saludable las situaciones estresantes futuras.

Este enfoque holístico hacia el autocuidado no solo mejora su bienestar actual, sino que también establece una base sólida para el cuidado continuo de su salud emocional y física a largo plazo. Al comprometerse con estas prácticas, refuerza su capacidad para superar adversidades, asegurando un bienestar perdurable y una resiliencia emocional fortalecida.

Paso 6: Fomento de la Gratitud para la Transformación Emocional

La gratitud emerge como un pilar esencial en el proceso de autocompasión y bienestar emocional, trascendiendo el mero sentimiento para convertirse en una práctica deliberada y transformadora. Este acto enriquece profundamente su percepción de la vida, potenciando su fortaleza emocional y resiliencia.

Para tejer la gratitud en el tejido de su cotidianidad, reserve unos momentos cada día, idealmente al amanecer o al caer la noche, para reflexionar sobre aquello que enciende su gratitud. Desde los pequeños gozos diarios hasta los fundamentos de su existencia, como la salud y las relaciones significativas, el objetivo es nutrir un sentido de aprecio consciente por los dones de su vida.

Una estrategia efectiva para abrazar la gratitud es mantener un diario de agradecimientos. Anote a diario tres aspectos que le inspiren gratitud. Esta práctica sencilla, pero profundamente impactante, dirige su foco hacia lo positivo, ofreciendo un contrapeso a las inclinaciones negativas o autocríticas.

Con dedicación a esta práctica, experimentará una transformación en su perspectiva de vida, moviéndose hacia una apreciación equilibrada de sus experiencias, valorando tanto las alegrías como los retos. Este enfoque promueve un aumento notable en el bienestar y la satisfacción personal.

La gratitud juega un rol crucial en la cimentación de su resiliencia. En instantes de tensión o adversidad, evocar conscientemente los aspectos positivos de su vida ofrece una perspectiva reconfortante y balanceada. Adoptar este enfoque positivo se revela como una herramienta poderosa para navegar las dificultades con un espíritu de optimismo y esperanza.

En resumen, la práctica de la gratitud se erige como un componente vital en el cuidado de sí mismo y el cultivo de la autocompasión. No solo embellece su día a día, sino que también prepara el escenario para enfrentar el porvenir con una actitud fortalecida y positiva. La incorporación regular de la gratitud en su vida fortifica su resiliencia emocional, abriendo camino hacia una existencia más plena y gratificante.

Ejemplo:

Tras un día de trabajo lleno de desafíos, opte por centrarse en la gratitud en vez de las frustraciones. En un rincón tranquilo de su hogar, dedique un momento para ponderar sobre los aspectos positivos del día. Las siguientes declaraciones sirven como referencia:

Recuerda un instante en el trabajo donde su esfuerzo fue reconocido, a pesar de los obstáculos: "Estoy agradecido por mi habilidad para sortear desafíos con éxito", medita.

Reflexiona sobre una conversación amistosa con un compañero: "Aprecio la presencia de colegas que alegran mi jornada", piensa.

Valora la comodidad y seguridad de su hogar, un santuario al final del día: "Estoy agradecido por tener un lugar acogedor y seguro", considera.

Agradece su salud y vitalidad: "Me siento agradecido por mi bienestar físico que me permite enfrentar cada día", reflexiona.

Finalmente, piensa en los pequeños placeres que enriquecieron su día: "Soy agradecido por estos momentos que embellecen mi rutina", concluye.

Este ritual de gratitud modifica su enfoque, desplazándolo de las tensiones a un estado de reconocimiento y alegría. La gratitud se convierte en una herramienta esencial para cultivar una perspectiva equilibrada y positiva en la vida, reforzando su disfrute y resiliencia diarios.

Paso 7: Reforzamiento de la Resiliencia Emocional

La resiliencia, nuestra capacidad para recuperarnos y adaptarnos frente a las adversidades, es un componente indispensable en el viaje hacia el autocuidado y la autocompasión. Este paso invita a una práctica consciente y deliberada de estrategias que cultivan nuestra fortaleza interna ante los retos de la vida.

Comenzar por reflexionar sobre los obstáculos que ya ha superado es esclarecedor, permitiéndole identificar las estrategias y actitudes que contribuyeron a su superación. Estos momentos pasados sirven como recordatorios poderosos de su capacidad para sortear dificultades, reforzando su confianza en enfrentar futuros desafíos.

Es crucial también reconocer y valorar los recursos disponibles, tanto internos como externos. Internamente, cualidades como la tenacidad y el optimismo son pilares de apoyo; externamente, la red de soporte emocional y las actividades que nutren su bienestar son fundamentales.

Adoptar una mentalidad de crecimiento transforma la percepción de los desafíos, viéndolos no como barreras, sino como oportunidades valiosas para el aprendizaje y el enriquecimiento personal. Esta perspectiva fomenta una actitud de apertura hacia el desarrollo de nuevas habilidades y la exploración de soluciones creativas ante las adversidades.

El bienestar físico es la base sobre la que se construye la resiliencia emocional. Prácticas saludables como el ejercicio, una alimentación balanceada y un sueño reparador son esenciales para mantener una mente y un cuerpo preparados para gestionar el estrés y abordar la vida con positividad.

La flexibilidad y la adaptabilidad son cualidades esenciales para una resiliencia duradera. Estar abierto a ajustar planes y estrategias frente a circunstancias cambiantes asegura una capacidad de respuesta efectiva ante los desafíos.

Este enfoque integral hacia la resiliencia emocional prepara el terreno para una gestión más efectiva de las situaciones difíciles, promoviendo un bienestar emocional sostenido y enriqueciendo su experiencia de vida.

Ejemplo:

Frente a un proyecto laboral que no alcanzó las expectativas, surge una invaluable oportunidad para reforzar su resiliencia. Aunque pueda ser una fuente inicial de frustración, esta experiencia actúa como un motor para el crecimiento personal y profesional.

Analice las lecciones aprendidas y cómo estas pueden aplicarse en futuros proyectos. A pesar del resultado, ha ganado insights y habilidades que enriquecen su bagaje profesional.

Reconozca los recursos que le ayudaron a manejar la situación, desde el soporte de colegas hasta actividades de descompresión personal. Estos constituyen herramientas valiosas para futuras circunstancias adversas.

Recuerde situaciones anteriores donde demostró resiliencia, reflexionando sobre la superación de esos desafíos y lo que ello le enseñó. Estas experiencias son evidencia tangible de su capacidad para adaptarse y avanzar.

Desarrolle un plan proactivo para continuar fortaleciendo su resiliencia, estableciendo objetivos que lo desafíen, buscando oportunidades para adquirir nuevas competencias, o dedicando tiempo a actividades que promuevan su bienestar integral.

Transformar un desafío en una plataforma para el crecimiento y la resiliencia emocional prepara el camino para abordar futuras dificultades con mayor seguridad, propiciando una vida más rica y satisfactoria.

Paso 8: Ejerciendo la Autocompasión en Tiempos Difíciles

Cultivar la autocompasión en momentos adversos es vital para una gestión emocional saludable, permitiendo una recuperación más armónica y una mejor adaptación al estrés y la ansiedad. Este proceso comienza por reconocer y aceptar las emociones negativas como parte de una experiencia humana compartida, en vez de signos de debilidad o fracaso.

Para iniciar, es crucial identificar y acoger las emociones que surgen en circunstancias desafiantes. Por ejemplo, ante la presión laboral, admita abiertamente sus sentimientos: "Acepto que estoy sintiendo estrés y ansiedad por mi carga de trabajo". Este reconocimiento honesto es el primer paso para abordar estas emociones con comprensión y cuidado.

Seguidamente, intente ver la situación desde una perspectiva de compasión, preguntándose cómo trataría a un amigo en similares condiciones y aplicando esa misma gentileza hacia usted mismo. Este cambio de enfoque suaviza la autocrítica, promoviendo un trato más benevolente consigo mismo.

La incorporación de prácticas de mindfulness, como la respiración consciente, contribuye a anclarlo en el presente y serenar la mente, disminuyendo la intensidad de las emociones perturbadoras y clarificando el pensamiento.

Además, reformule los pensamientos autocríticos con afirmaciones positivas de autocompasión. En lugar de castigarse por las circunstancias, fortalézcase con recordatorios de su esfuerzo y capacidad de superación: "Estoy haciendo lo mejor que puedo" o "Es humano sentirse desbordado de vez en cuando".

Por último, la reflexión sobre los aprendizajes obtenidos de estas situaciones y cómo pueden servir para fortalecer su resiliencia en el futuro es esencial. Plantéese: "¿Qué puedo aprender de esto? ¿Cómo puedo aplicar estas lecciones para enfrentar futuros retos de manera más efectiva?".

La práctica constante de la autocompasión en momentos difíciles no solo mejora el bienestar emocional inmediato, sino que también equipa con herramientas valiosas para afrontar futuras adversidades con mayor serenidad y confianza.

Ejemplo:

Al enfrentarse a un periodo de intensa presión en el trabajo, con una acumulación de tareas y plazos ajustados, la autocrítica puede aflorar fácilmente. En este punto, la autocompasión se convierte en un recurso invaluable.

Reconocer sus emociones, sin juicio, es el primer paso: "Estoy experimentando estrés y ansiedad debido a mi carga laboral". Este acto de aceptación es crucial para abordar estos sentimientos desde un lugar de comprensión.

Adoptar una actitud compasiva, preguntándose cómo se trataría a sí mismo si fuese su mejor amigo, puede transformar su relación con la situación: "Estoy haciendo todo lo posible en estas circunstancias". Este diálogo interno compasivo es clave para mitigar la autocrítica.

La respiración profunda y la atención plena pueden proporcionar un alivio inmediato, ayudando a tranquilizar la mente y disminuir la ansiedad.

Las afirmaciones positivas fomentan la autocompasión: "Tengo la fortaleza para superar estos retos", centrando la atención en sus capacidades y progreso, más que en las percepciones de fallo.

Reflexionar sobre la experiencia tras superarla revela lecciones valiosas para aumentar la resiliencia ante futuros desafíos.

Este enfoque no solo alivia el estrés y la ansiedad presentes, sino que también dota de estrategias eficaces para el manejo emocional a largo plazo, estableciendo un pilar sólido para el bienestar emocional y mental futuro.

Paso 9: Implementación de Límites Saludables

La implementación de límites saludables es una estrategia esencial para preservar tanto el bienestar emocional como físico, funcionando como defensas esenciales para proteger sus necesidades y espacio personal. Estos límites son cruciales para optimizar su energía y cultivar relaciones basadas en el respeto y el equilibrio.

Comience por identificar las áreas en su vida donde siente que sus límites han sido comprometidos, ya sea en el ámbito laboral, en sus relaciones personales, o durante su tiempo de ocio. Reflexione sobre las instancias en las que siente que sus necesidades y bienestar han sido descuidados, como puede ser una sobrecarga de trabajo o demandas desmedidas de su tiempo por parte de otros.

Tras reconocer estas situaciones, piense en los límites que serían beneficiosos establecer para usted. Por ejemplo, en el contexto laboral, establecer un límite podría traducirse en rechazar tareas adicionales o negociar fechas de entrega más realistas.

La comunicación clara y asertiva es clave para establecer límites efectivos. Expresarse de manera respetuosa y firme, ensayando previamente si es necesario, para mejorar su confianza y la claridad en su mensaje.

Recuerde, el establecimiento de límites es una forma de autocuidado que salvaguarda su salud mental y física y enriquece sus interacciones con los demás.

Mantenga la flexibilidad, adaptando sus límites conforme cambien sus circunstancias y necesidades personales.

La adopción de límites saludables disminuye el estrés y el agotamiento, potenciando su capacidad para disfrutar plenamente de la vida y enfrentar los desafíos con una resiliencia fortalecida. Establecer y mantener estos límites es fundamental para cultivar un equilibrio saludable tanto con uno mismo como con los demás.

Ejemplo:

Ante una demanda laboral excesiva, la definición de límites saludables es clave para su bienestar general y su desempeño. Visualice una situación laboral en la que la carga constante de tareas adicionales le genera tensión. Reconocer esta dinámica es el paso inicial para demarcar límites claros.

Evalúe cuántas tareas adicionales puede asumir sin comprometer su bienestar, decidiendo, por ejemplo, aceptar solo un proyecto extra por semana.

Comunique sus límites a sus colegas y superiores de forma asertiva y respetuosa, articulando su postura claramente, como por ejemplo: "Para garantizar la calidad de mi trabajo y mantener mi bienestar, limitaré la cantidad de tareas adicionales que puedo asumir".

Permanezca firme ante la resistencia, recordando que el establecimiento de límites es un acto de autocuidado esencial.

Reflexione sobre cómo se sintió al establecer y comunicar estos límites, notando probablemente una sensación de alivio y un mayor control sobre su entorno laboral.

La práctica constante en el establecimiento de límites contribuye significativamente a una mejor gestión del estrés laboral, fortalece su resiliencia emocional y mejora las dinámicas de trabajo. Este proceso no solo es crucial para su desarrollo personal y profesional, sino que también lo prepara para abordar futuros desafíos con mayor confianza y serenidad.

Paso 10: Reflexión y Avance en la Autocompasión

Al llegar a este momento crucial, es esencial dedicar tiempo a la reflexión y evaluación del impacto que la práctica constante de la autocompasión ha tenido en su bienestar emocional y mental. Este ejercicio introspectivo es fundamental para apreciar los avances logrados y discernir áreas para un crecimiento continuo.

Comience evaluando su estado emocional y mental previo a este viaje de autocompasión. Recuerde los desafíos emocionales que afrontaba, su auto percepción, y sus sentimientos hacia usted mismo y hacia los demás. Analice cómo eran sus niveles de estrés, ansiedad o frustración, para tener una clara noción de su punto de partida.

Revise el camino recorrido a través de los diferentes pasos enfocados en reforzar la autocompasión y el autocuidado. Reflexione sobre la integración de prácticas de mindfulness, el cultivo de un diálogo interno compasivo, la valoración de la gratitud, el reforzamiento de la resiliencia, y cómo ha implementado estos elementos en su vida diaria.

Evalúe cómo estas prácticas han transformado su día a día. Pregúntese si ha observado un cambio en su actitud hacia sí mismo y hacia los desafíos que enfrenta. Contemple situaciones específicas en las que aplicó estas técnicas y los resultados obtenidos.

Examine también el impacto en sus relaciones interpersonales. Determine si ha experimentado un incremento en su capacidad de empatía y comprensión hacia los demás y si siente que sus vínculos se han fortalecido.

Documente en su diario personal estas reflexiones y observaciones. Este registro no solo servirá como un testimonio de su crecimiento, sino también como una guía para su evolución futura. Establezca metas a corto y largo plazo basadas en estas reflexiones y elabore un plan para integrar aún más la autocompasión en su existencia.

Este paso de evaluación y contemplación marca el comienzo de un viaje continuo de autodescubrimiento y crecimiento personal. La autocompasión no es un destino, sino un camino hacia una vida más plena y equilibrada, y cada paso adelante le acerca a un mayor bienestar.

Ejemplo:

Empezó este camino hacia la autocompasión con el objetivo de mejorar su relación consigo mismo y con los demás. A lo largo de este tiempo, ha desarrollado estrategias para gestionar mejor las emociones difíciles, ha aprendido a ser más amable y comprensivo consigo mismo, y ha reforzado sus vínculos personales a través de una mayor empatía.

En una tarde tranquila, reflexione sobre cómo esta jornada ha cambiado su percepción y manejo de situaciones adversas. ¿Cómo ha influido en su bienestar emocional la práctica de mindfulness o el establecimiento de límites saludables? ¿Cómo ha evolucionado su diálogo interno ante situaciones de estrés?

Contemple los cambios en la dinámica de sus relaciones. ¿Nota una mayor apertura y conexión con aquellos a su alrededor? ¿Cómo han repercutido estos cambios en su bienestar general?

Anote sus pensamientos y sentimientos en el diario. Este acto de documentación es una celebración de su progreso y un compromiso renovado con su crecimiento continuo. Establezca nuevos objetivos que reflejen su aprendizaje y deseos para el futuro.

Este proceso de reflexión y evaluación es una valiosa oportunidad para reconocer su fortaleza y resiliencia, y para seguir caminando por la senda de la autocompasión con renovada confianza y propósito.

Conclusión

Resumen y Reflexión

Este viaje hacia la autocompasión y el autocuidado ha marcado un camino profundo de autoconocimiento y desarrollo personal, incentivando una relación más cariñosa y armoniosa con uno mismo. Ha aprendido a ver las emociones como indicadores esenciales de su bienestar, superando la autocrítica y adoptando un diálogo interno más compasivo.

Este cambio hacia un autocuidado amoroso representa una evolución significativa en su narrativa personal, fomentando una mayor resiliencia y bienestar emocional. La atención plena y un plan de cuidado personal se han convertido en pilares de este proceso, enfocándose en el presente y promoviendo un compromiso renovado con su felicidad y salud.

La integración de la autocompasión y el autocuidado en su rutina diaria ha tenido un impacto positivo en su bienestar general, reafirmando su valía y actuando como un constante recordatorio de la importancia del amor propio.

Este camino trasciende la realización de actividades específicas, convirtiéndose en un cambio esencial en cómo vive y se relaciona consigo mismo, con la autocompasión y el autocuidado emergiendo como elementos fundamentales de una existencia consciente y satisfactoria.

La jornada de autocompasión es continua, ofreciendo diariamente nuevas oportunidades para practicar la bondad hacia uno mismo, enfrentando desafíos con herramientas y una perspectiva fortalecida, y estableciendo la autocompasión como el fundamento de su crecimiento personal y equilibrio emocional.

Paso Cinco

Desarrollo de Habilidades Sociales

Introducción al Tema

El fomento de habilidades sociales y la asertividad son clave para una interacción interpersonal saludable y el manejo eficaz de trastornos del ánimo. Estas habilidades incluyen la capacidad de comunicarse de manera efectiva, entender y compartir emociones (empatía), interpretar adecuadamente la comunicación no verbal, y colaborar con otros. Son fundamentales para construir y mantener relaciones significativas, resolver conflictos y navegar complejidades sociales.

La asertividad, entendida como la habilidad de expresar honesta y respetuosamente nuestros pensamientos, sentimientos y necesidades, es vital para afirmar nuestros derechos mientras respetamos los de los demás. Esta competencia es esencial para el autorrespeto, la autoeficacia, y juega un papel crucial en la prevención y manejo de la depresión y la ansiedad, evitando el resentimiento y la sensación de impotencia.

Potenciar estas habilidades sociales y la asertividad puede mejorar significativamente las relaciones interpersonales, la satisfacción personal, y reducir el estrés y la ansiedad en situaciones sociales. Son especialmente cruciales para una autoexpresión efectiva y el manejo de conflictos, impactando positivamente en la salud mental.

En el contexto de trastornos del ánimo, la mejora de estas habilidades puede contribuir a elevar la autoestima, reducir el aislamiento y fortalecer el sentido de control en interacciones sociales, además de ser fundamentales para establecer y mantener un apoyo social sólido, clave en la recuperación.

En resumen, el desarrollo de habilidades sociales y la asertividad son esenciales para el bienestar emocional, ofreciendo beneficios duraderos en diversos aspectos de la vida y contribuyendo a una gestión más efectiva de trastornos del ánimo.

Evidencia de Investigación

Investigaciones subrayan la importancia de las habilidades sociales para la salud mental. Deficiencias en estas habilidades pueden aumentar el riesgo de trastornos como la depresión y la ansiedad, a menudo llevando al aislamiento social y dificultades relacionales que incrementan el estrés.

La asertividad es crucial para una comunicación clara y respetuosa de nuestros pensamientos y sentimientos. Estudios demuestran que el entrenamiento en asertividad puede mejorar la autoestima y disminuir la ansiedad. La falta de asertividad puede llevar a una baja autoestima y resentimiento, mientras que un exceso de ésta puede provocar conflictos.

La Terapia Cognitivo Conductual, reconocida por su efectividad en tratar trastornos del ánimo, enfatiza el desarrollo de habilidades sociales y asertividad como componentes claves. Estas habilidades pueden incrementar la autoestima y facilitar el manejo de la depresión y la ansiedad.

El fortalecimiento de habilidades sociales y asertividad es vital para la salud mental, mejorando las relaciones interpersonales, minimizando el estrés social y fomentando un sentido de autoeficacia y control, todos esenciales para nuestro bienestar emocional.

Instrucciones

Desarrollo de Habilidades Sociales:
Un Camino hacia el Bienestar Interpersonal

Objetivo

El enriquecimiento de las habilidades sociales y la asertividad se presenta como un pilar esencial en la promoción de una comunicación interpersonal efectiva y el bienestar emocional. Este camino está diseñado para dotar a los individuos de herramientas prácticas y conocimientos esenciales que mejoren sus interacciones diarias, profundicen sus relaciones y fortalezcan su salud mental.

El punto de partida para este viaje de crecimiento personal es una introspección cuidadosa sobre las competencias sociales y niveles de asertividad actuales, estableciendo una base sobre la cual construir. A continuación, se propone una serie de estrategias y ejercicios enfocados en la mejora de la comunicación efectiva, subrayando la importancia de expresarse con claridad y practicar la escucha activa para fomentar conexiones significativas.

Se hace hincapié en el cultivo de la empatía y la inteligencia social como elementos clave para comprender y resonar con las emociones de los demás, facilitando la resolución de conflictos de manera constructiva. La asertividad se aborda como la habilidad de expresar abiertamente pensamientos, sentimientos y necesidades, manteniendo un equilibrio que respete tanto los propios límites como los de los demás.

El impacto de estas habilidades trasciende la esfera personal, evidenciando beneficios significativos como la disminución de estrés y ansiedad, el incremento de la autoestima y la promoción de una sensación de competencia y autonomía personal. Además, su aplicación se extiende al ámbito profesional, optimizando la adaptabilidad y la gestión de diversas situaciones sociales y laborales.

Este enfoque integral hacia el desarrollo de habilidades sociales y la asertividad invita al lector a embarcarse en un proceso de autoexploración y mejora continua. Al culminar este recorrido, se anticipa que el individuo estará mejor equipado para establecer y nutrir relaciones interpersonales saludables y gratificantes, marcando una diferencia sustancial en su calidad de vida y bienestar general.

Paso 1: Reflexión y Mejora de las Competencias Sociales

La reflexión detallada sobre nuestras competencias sociales se erige como el pilar inicial hacia la mejora y el desarrollo de estas capacidades esenciales, tanto en el ámbito personal como profesional. Este proceso introspectivo no solo sienta las bases para un crecimiento integral, sino que también promueve una mayor comprensión de cómo nuestras interacciones impactan en los distintos entornos en los que nos desenvolvemos, desde conversaciones casuales hasta situaciones profesionales críticas, como pueden ser las reuniones laborales.

Es crucial entender que las competencias sociales trascienden la mera capacidad de comunicarse; engloban un amplio espectro de comportamientos y reacciones aprendidas que determinan la calidad de nuestra interacción con el mundo. Estas habilidades abarcan el respeto por las normas culturales y sociales, la habilidad para expresarnos de manera efectiva y forjar conexiones significativas con quienes nos rodean. Mediante una autoevaluación concienzuda, podemos examinar nuestra eficacia en la comunicación, tanto verbal como no verbal, evaluando si nuestra expresión corporal y tono de voz están alineados con nuestras intenciones y si conseguimos transmitir nuestros pensamientos y emociones de forma clara y considerada.

Esta introspección incluye también una revisión de nuestra capacidad para escuchar y empatizar, permitiéndonos valorar si comprendemos genuinamente y valoramos las perspectivas y sentimientos ajenos, y si nuestras respuestas demuestran comprensión y empatía. La habilidad para comunicar nuestros propios pensamientos y emociones de manera constructiva es fundamental para evitar malentendidos o conflictos, manteniendo así relaciones interpersonales saludables y productivas.

Además, la gestión de conflictos emerge como un componente vital de la autoevaluación de competencias sociales. Reflexionar sobre nuestra manera de abordar las discrepancias nos ayuda a discernir si fomentamos soluciones constructivas o si tendemos a evadir o exacerbar los conflictos. La capacidad para resolver disputas eficazmente refleja nuestra competencia social y madurez emocional.

La autoevaluación, por lo tanto, debe ser vista no como una tarea puntual, sino como un proceso continuo que facilita el seguimiento de nuestro avance y la identificación de áreas que requieren atención adicional. Esta reflexión constante es crucial para nuestro desarrollo personal y profesional. El fortalecimiento de nuestras habilidades sociales no solo mejora nuestras interacciones cotidianas, sino que también incrementa nuestra capacidad para manejar trastornos del ánimo. Al interactuar de manera más efectiva, reducimos nuestro aislamiento, fortalecemos nuestra red de apoyo y aumentamos nuestra resiliencia emocional, lo cual es vital para nuestro bienestar general.

Ejemplo:

Tomar como punto de reflexión una experiencia reciente en una situación social o laboral en la que haya participado activamente le permite profundizar en la autoevaluación y fortalecimiento de sus competencias sociales y asertividad. Imagine una reunión de trabajo centrada en un tema de importancia, la cual se presenta como una oportunidad idónea para revisar su comportamiento y contribuciones.

Debe comenzar evaluando su participación y capacidad para escuchar activamente: ¿Estaba verdaderamente atento a las expresiones de los demás? La escucha activa implica captar el contexto y las emociones subyacentes, más allá de las palabras.

Luego, es vital analizar cómo articula sus ideas. La asertividad se basa en expresar nuestros pensamientos de forma clara y respetuosa, buscando un equilibrio que evite imponer nuestras opiniones o desmerecer las ajenas.

También es importante reflexionar sobre la gestión de desacuerdos o tensiones. ¿Aborda estos momentos con una actitud abierta y orientada hacia soluciones constructivas, o tiende a evitar el conflicto o reaccionar de manera defensiva? Una gestión efectiva de los desacuerdos implica habilidades de negociación y la apertura a considerar distintas perspectivas.

Es esencial evaluar si logra adaptar su estilo comunicativo a las diversas personas y situaciones, reconociendo que cada interacción social demanda un enfoque particular, ajustado a la dinámica grupal y el contexto.

Finalmente, debe contemplar sus emociones durante y después de la interacción, meditando sobre cualquier aspecto que quisiera abordar de forma diferente en el futuro. Este análisis exhaustivo le brinda una perspectiva clara de sus fortalezas y áreas de mejora en competencias sociales.

Este proceso de autoevaluación y reflexión constante es indispensable para el desarrollo y afianzamiento de competencias sociales y asertividad, mejorando su capacidad de interactuar de manera efectiva y satisfactoria en diversos contextos sociales y profesionales. Esto le abre puertas a nuevas oportunidades de crecimiento, adaptación y asegura interacciones más fructíferas y enriquecedoras.

Paso 2: Fortalecimiento de la Asertividad para el Bienestar Emocional

El perfeccionamiento de la asertividad, una destreza social indispensable, representa el eje central de esta etapa trascendental. Dicha habilidad nos capacita para articular nuestros pensamientos, emociones y necesidades de manera transparente, franca y considerada, garantizando al mismo tiempo el respeto por los derechos ajenos. La asertividad, distinguida por su equilibrio, se aleja tanto de la pasividad, que supone la renuncia a nuestras propias necesidades, como de la agresividad, que busca imponer dichas necesidades sin contemplación por los demás.

Este proceso tiene como objetivo facilitar la identificación y reformulación de patrones de comunicación no asertivos. Adoptar un comportamiento asertivo puede revolucionar positivamente la calidad de nuestras interacciones y relaciones, siendo un pilar en el tratamiento de desórdenes emocionales al promover la autoestima, disminuir el estrés y optimizar la gestión de las relaciones interpersonales.

El autoconocimiento se presenta como el primer paso hacia la conquista de la asertividad. Es esencial una introspección sobre nuestros propios pensamientos y sentimientos para identificar claramente qué deseamos comunicar. Dedicar tiempo a reconocer nuestras necesidades, anhelos y emociones es fundamental; este grado de autoconciencia es la base para expresar nuestros pensamientos y sentimientos de manera directa y abierta.

La adopción de un lenguaje asertivo juega un rol crucial en este proceso. Se recomienda el uso de expresiones que inicien con "Yo siento" o "Yo creo", evitando acusaciones o generalizaciones que puedan ser interpretadas como confrontativas o defensivas. Este modo de expresión nos permite exponer nuestra perspectiva de manera personal y honesta, sin deslegitimar las opiniones o sentimientos de otros, favoreciendo una interacción más constructiva y efectiva.

La asertividad no solo concierne a la manera en que expresamos nuestras propias ideas y emociones sino también a cómo escuchamos y respondemos a los demás. La escucha activa es un componente fundamental de la asertividad, implicando una atención plena a las palabras de los otros, así como a las emociones y motivaciones que subyacen. La escucha activa fomenta el entendimiento mutuo y el respeto por las perspectivas ajenas.

Conocer y respetar los límites personales, tanto propios como de los demás, es esencial para una comunicación efectiva. Establecer límites claros nos ayuda a definir nuestros espacios de confort y lo que estamos dispuestos a aceptar, promoviendo relaciones armónicas y saludables, y reduciendo los malentendidos y conflictos.

El manejo adecuado de las emociones, especialmente la frustración y el enojo, es un aspecto crítico de la asertividad. Ser asertivo no implica la ausencia de emociones intensas, sino la capacidad de expresarlas de manera constructiva. Desarrollar estrategias para controlar las emociones en momentos de tensión nos permite mantener una comunicación asertiva, incluso en situaciones adversas.

El enriquecimiento de la asertividad en nuestras vidas es un proceso continuo, que se nutre de la práctica y la reflexión. Su aplicación es particularmente valiosa en la gestión de trastornos emocionales, ofreciendo una herramienta esencial para expresarnos de manera saludable. Esto puede llevar a una reducción significativa de la ansiedad y a una mejora en la salud mental en general.

Al adoptar la asertividad, optamos por un camino de respeto mutuo, tanto hacia nosotros mismos como hacia los demás, esencial para una vida personal y profesional plena y equilibrada. Más allá de mejorar nuestras relaciones, la asertividad contribuye a nuestro bienestar general, permitiéndonos expresar nuestras necesidades y sentimientos de manera efectiva y saludable.

Ejemplo:

Imagine una situación, ya sea en el ámbito laboral o personal, donde sienta que sus opiniones o necesidades no están siendo adecuadamente consideradas. Ante este desafío común, en lugar de optar por el silencio, que podría generar resentimiento, o por una respuesta agresiva, que podría escalar el conflicto, elija un enfoque asertivo. Podría decir algo como: "Comprendo y valoro su punto de vista. Sin embargo, desde mi perspectiva, siento que mi opinión no está siendo suficientemente considerada en esta discusión. Sería beneficioso explorar más sobre esto para entender sus puntos de vista y compartir los míos, buscando un terreno común". Este enfoque ejemplifica la comunicación asertiva.

Al emplear un lenguaje que comienza con "Yo siento" o "Desde mi perspectiva", comparte sus pensamientos y emociones de una forma personal y directa, evitando confrontaciones. Esto reduce la probabilidad de que la otra persona se sienta atacada y se muestre más abierta a considerar su punto de vista.

Reconocer y respetar la perspectiva del otro mediante la escucha activa no solo muestra respeto por sus ideas, sino que también promueve un ambiente de entendimiento mutuo, donde ambas partes se sienten escuchadas y valoradas.

Establecer y respetar sus propios límites durante la conversación define de manera saludable y constructiva lo que necesita y espera, evitando malentendidos y conflictos innecesarios y promoviendo interacciones equitativas y respetuosas.

Manejar de manera adecuada sus emociones en estas situaciones, manteniendo la calma y expresando sus sentimientos constructivamente, no solo mejora la calidad de la interacción, sino que también establece un modelo positivo de cómo abordar los desacuerdos de manera saludable.

Practicar la asertividad en situaciones como la descrita no solo mejora su habilidad para comunicarse de manera efectiva, sino que también invierte en su bienestar emocional y en la calidad de sus relaciones, defendiendo sus necesidades y opiniones de manera respetuosa para usted y para los demás, lo cual es fundamental para lograr una vida personal y profesional plena y equilibrada.

Paso 3: Optimización de la Escucha Activa para la Salud Mental

La escucha activa se configura como una habilidad comunicativa esencial, no solo para el fortalecimiento de relaciones interpersonales saludables, sino también como un recurso invaluable en el manejo y apoyo a individuos con trastornos del ánimo. Este paso está orientado a la mejora de nuestra capacidad de escuchar de forma activa y empática, lo cual implica un compromiso mucho más profundo que el simple acto de oír palabras; es una práctica que requiere atención plena, comprensión profunda del mensaje y una respuesta considerada y adecuada.

Perfeccionar la escucha activa demanda un entendimiento profundo y un ejercicio constante. Trasciende el procesamiento superficial de las palabras para sumergirse en la totalidad de la experiencia comunicativa, captando no solo el mensaje explícito, sino también las emociones e intenciones que lo acompañan. Esta competencia es vital para fomentar una comprensión y conexión más profundas con los demás, elementos fundamentales para enriquecer las relaciones interpersonales y manejar eficazmente los trastornos emocionales.

El uso del contacto visual emerge como una estrategia poderosa para demostrar atención y respeto durante la conversación. Mantener una mirada directa, adaptándose a las normas culturales pertinentes, señala un interés auténtico en el interlocutor, reforzando la conexión y fomentando un espacio de confianza y sinceridad. No obstante, es crucial ser consciente de las variaciones culturales relacionadas con el contacto visual, ya que su interpretación puede diferir considerablemente entre distintas culturas.

La paciencia y el respeto son pilares de la escucha activa, implicando evitar interrumpir al otro mientras expresa sus ideas. Interrumpir puede insinuar que consideramos nuestras perspectivas más relevantes o desvelar un desinterés en el mensaje del interlocutor. Por el contrario, es aconsejable dejar que el hablante concluya sus pensamientos y pausar antes de responder, asegurando que ha terminado de comunicar su mensaje.

Es fundamental estar atentos a las emociones que subyacen a las palabras. La comunicación efectiva va más allá del contenido verbal; aspectos como las emociones, el tono de voz y el lenguaje corporal son cruciales para captar la esencia del mensaje. Reconocer y validar las emociones del hablante puede potenciar significativamente la comprensión mutua y la empatía en el diálogo.

Para confirmar la comprensión, resulta útil parafrasear o resumir lo que se ha escuchado, utilizando nuestras propias palabras. Esto no solo demuestra que hemos estado atentos, sino que también permite verificar que hemos comprendido correctamente el mensaje, evitando posibles malentendidos.

Realizar preguntas pertinentes y consideradas muestra un genuino interés y compromiso con la conversación. Dichas preguntas, orientadas a clarificar o profundizar en el mensaje del hablante, enriquecen la comprensión y pueden dar lugar a un intercambio más profundo y significativo, abriendo caminos hacia nuevos niveles de entendimiento.

La práctica de la escucha activa adquiere una relevancia especial en el ámbito del apoyo a personas con trastornos del ánimo, ya que promueve una mayor comprensión y empatía hacia sus experiencias y sentimientos. Esta habilidad es clave para crear un ambiente de soporte esencial para la recuperación y el bienestar emocional. Al desarrollar y afinar nuestra capacidad de escucha activa, enriquecemos no solo nuestra comunicación sino también nuestras relaciones interpersonales y nuestra inteligencia emocional. Este desarrollo personal beneficia nuestras interacciones diarias y nuestra habilidad para brindar apoyo emocional y comprensión mutua, tanto en contextos personales como profesionales.

Ejemplo:

Imagine que está conversando con un amigo o colega que está atravesando una situación desafiante. Esta circunstancia requiere de su completa atención y empatía, destacando la importancia de la escucha activa como herramienta clave para proporcionar el apoyo adecuado.

Durante el relato de su amigo o colega, procure estar totalmente presente. Un contacto visual atento y respetuoso transmite un interés sincero en su narración. Gestos como asentir o inclinar levemente la cabeza pueden reforzar que está siguiendo la conversación, siempre respetando las normas culturales y personales del hablante.

Evite distracciones o preparar su respuesta mientras la otra persona habla. Centrar su atención en comprender tanto las palabras como las emociones y sentimientos subyacentes es clave. Una vez que haya terminado de hablar, tómese un momento para reflexionar antes de responder. Parafrasear o resumir lo escuchado demuestra que ha estado atento y facilita la aclaración de cualquier punto oscuro. Podría expresar, por ejemplo, "Parece que te sientes muy sobrecargado por esta situación. ¿Hay algo específico que pienses que podría aliviarte?".

Formular preguntas abiertas que fomenten una mayor exploración de sus sentimientos o pensamientos puede enriquecer la conversación. Preguntas como "¿Cómo te ha afectado esto personalmente?" o "¿Qué crees que necesitas en este momento?" pueden propiciar un diálogo más enriquecedor y proveer un soporte más significativo.

Este enfoque centrado en la escucha activa no solo fortalecerá su relación, sino que también le permitirá ofrecer un soporte más efectivo y empático. Al practicar estas habilidades de escucha, mejora no solo su competencia comunicativa, sino que se convierte en un aliado más comprensivo y de apoyo, capaz de brindar la asistencia que puede marcar una diferencia significativa en momentos de adversidad.

Paso 4: Articulación Efectiva de Necesidades y Emociones

La capacidad de articular nuestras necesidades y emociones de manera clara, precisa y respetuosa es un pilar fundamental en el establecimiento de relaciones interpersonales saludables y efectivas. Esta habilidad es particularmente valiosa en el contexto del manejo de trastornos emocionales, ya que una comunicación abierta y sincera es esencial para prevenir malentendidos, reducir el estrés y fomentar un entendimiento mutuo profundo.

El primer paso hacia una expresión efectiva implica dedicar tiempo a la auto-reflexión para identificar y comprender nuestras propias necesidades y emociones. Este ejercicio de introspección nos permite reconocer genuinamente lo que experimentamos y necesitamos en distintas situaciones, sentando las bases para una comunicación auténtica de nuestros sentimientos y deseos.

Cuando se trata de expresar nuestras necesidades y emociones, es crucial ser directos y respetuosos. Eludir el tema o usar un lenguaje vago puede llevar a interpretaciones incorrectas. La claridad y la precisión en nuestra comunicación garantizan que los demás entiendan nuestro mensaje de manera inequívoca, lo cual es de suma importancia en interacciones que son emocionalmente significativas o delicadas.

El empleo de declaraciones en primera persona, como "Yo siento" o "Yo necesito", nos permite hablar sobre nuestras emociones y necesidades de una manera que personaliza la expresión sin asignar culpa o provocar reacciones defensivas en otros. Por ejemplo, en vez de decir "Tú me haces sentir ignorado", es preferible decir "Me siento ignorado cuando mis mensajes no reciben respuesta". Este enfoque sitúa la conversación en el ámbito de nuestras propias experiencias y percepciones, evitando el señalamiento directo o las críticas hacia otros.

Asimismo, es vital ser considerados y respetuosos con las necesidades de los demás mientras comunicamos las nuestras. La comunicación efectiva requiere reciprocidad; así como deseamos que nuestras necesidades sean respetadas, debemos mostrar el mismo respeto por las necesidades de los demás. Esto promueve un ambiente de empatía y comprensión mutua, esencial para el mantenimiento de relaciones constructivas y saludables.

Incluso en momentos de alta carga emocional, es importante esforzarse por mantener la serenidad y expresarnos con claridad. Las emociones intensas pueden generar malentendidos si no se manejan adecuadamente. Por lo tanto, mantener un tono de voz calmado y elegir nuestras palabras cuidadosamente son estrategias clave para asegurar una comunicación efectiva de nuestros mensajes.

La habilidad para expresar de manera efectiva nuestras necesidades y emociones juega un rol crucial en la gestión adecuada de los trastornos del estado de ánimo. Al comunicarnos abierta y efectivamente sobre lo que sentimos y necesitamos, facilitamos un entorno propicio para el apoyo y la comprensión mutua, pilares fundamentales para nuestro bienestar emocional y mental. Esta competencia no solo fortalece nuestras relaciones interpersonales, sino que también nos empodera para tomar un rol activo en la gestión de nuestra salud emocional, conduciendo hacia una vida más armónica y satisfactoria.

Ejemplo:

Considere una situación donde se sienta sobrepasado por las demandas en su lugar de trabajo, un escenario común en el entorno laboral actual. La presión constante puede afectar negativamente tanto su bienestar emocional como físico. En tales circunstancias, es crucial comunicar efectivamente sus necesidades a su supervisor, no solo por su propio bienestar, sino también para mantener un rendimiento óptimo.

En lugar de reprimir estos sentimientos, lo que podría aumentar el estrés y tener un impacto negativo en su salud y desempeño laboral, es aconsejable expresar sus necesidades de manera clara y directa. Acercarse a su supervisor y comunicar con serenidad y precisión sus sentimientos y necesidades actuales es una estrategia beneficiosa.

Podría expresar: "He estado reflexionando sobre mi bienestar general y mi rendimiento laboral, y me he dado cuenta de que la carga actual de trabajo me ha dejado sintiéndome bastante agobiado. Creo que tomar un breve descanso, incluso de unos pocos días, me sería extremadamente útil. Me permitiría recargar energías y volver con una capacidad renovada para concentrarme y ser productivo". Este modo de comunicación es efectivo porque es directo, honesto y facilita que su supervisor entienda su situación desde su propia perspectiva.

Al utilizar declaraciones en primera persona, asume responsabilidad por sus emociones y pensamientos, sin atribuir la causa a otra persona o circunstancia externa. Esto disminuye la probabilidad de que su supervisor se sienta atacado o se ponga a la defensiva, abriendo la puerta a una conversación más empática y productiva.

Es importante estar abierto a la respuesta de su supervisor y dispuesto a dialogar sobre posibles soluciones o compromisos, tales como planificar cómo se manejará su carga de trabajo durante su ausencia o explorar alternativas para aliviar su carga de trabajo.

Dominar la expresión clara y respetuosa de necesidades y emociones es esencial no solo en el ámbito laboral sino en todos los aspectos de la vida. Le permite abogar por su bienestar y necesidades personales mientras mantiene relaciones profesionales saludables y productivas. Al comunicarse de esta manera, toma medidas activas para cuidar su salud mental y emocional, un componente esencial para una vida equilibrada y plena.

Paso 5: Estrategias Avanzadas para el Manejo de Conflictos y la Negociación

El manejo efectivo de conflictos y las habilidades de negociación son elementos cruciales para cultivar relaciones interpersonales saludables y promover el bienestar emocional y mental. Estas destrezas adquieren una importancia aún mayor en el contexto de trastornos emocionales, donde las emociones pueden ser particularmente intensas y las relaciones enfrentan retos adicionales. Desarrollar la capacidad para abordar conflictos de manera asertiva y constructiva es esencial para prevenir el deterioro de vínculos significativos y mantener un equilibrio emocional saludable.

Una competencia fundamental en el manejo de conflictos es la habilidad para practicar una escucha activa y mostrar empatía genuina. Escuchar con el propósito de comprender plenamente, en lugar de simplemente esperar un turno para responder, permite captar no solo el contenido verbal del mensaje del otro, sino también sus emociones y motivaciones subyacentes. Esta profundidad de comprensión puede ser clave para desactivar tensiones y encontrar terrenos de entendimiento común.

Enfocarse exclusivamente en las diferencias puede agravar los conflictos. Por el contrario, identificar y concentrarse en intereses compartidos o metas comunes facilita la creación de soluciones que beneficien a todas las partes involucradas. Establecer una base de intereses mutuos puede ser un punto de partida sólido para la construcción de acuerdos constructivos y duraderos.

La claridad y la asertividad en la comunicación son indispensables. Al expresar su perspectiva, es crucial hacerlo de manera entendible y sin recurrir a la agresividad. Utilizar declaraciones personales, como "Yo siento" o "Yo creo", en lugar de acusaciones directas, promueve un diálogo abierto y reduce la probabilidad de respuestas defensivas.

Mantener el control emocional y la calma durante un conflicto es esencial. Reaccionar a provocaciones o comentarios hirientes solo sirve para intensificar el conflicto. Una postura serena y objetiva permite una reflexión más clara y una respuesta más efectiva.

La disposición al compromiso y la flexibilidad son también vitales para la negociación exitosa. A menudo, llegar a una solución satisfactoria para todas las partes requiere adaptabilidad y la exploración de opciones intermedias. Lejos de ser una señal de debilidad, el compromiso demuestra un compromiso genuino con la resolución del conflicto y el bienestar de la relación.

El desarrollo de estas habilidades beneficia tanto la esfera personal como la profesional. Aprender a resolver conflictos de manera constructiva y a negociar efectivamente puede disminuir el estrés y mejorar significativamente las relaciones interpersonales, contribuyendo a un ambiente laboral más satisfactorio y armónico. En el manejo de trastornos emocionales, estas destrezas ofrecen estrategias adaptativas para enfrentar situaciones estresantes de manera saludable, lo cual es crucial para una vida equilibrada y gratificante.

Ejemplo:

Imagine un desacuerdo con un colega en el trabajo, una situación común que requiere un manejo delicado para preservar un entorno laboral positivo. Abordar esta situación con una mente abierta y una actitud constructiva es clave para una resolución efectiva.

Inicie la conversación desde un lugar de respeto y claridad, por ejemplo: "He estado pensando en nuestro proyecto y he notado que tenemos diferentes puntos de vista. Estoy interesado en entender tu perspectiva y encontrar una forma de trabajar juntos que nos beneficie a ambos". Este enfoque muestra una voluntad de diálogo y resolución.

Practique la escucha activa, prestando atención no solo a las palabras sino también a las emociones y el lenguaje corporal de su colega. Mostrar empatía y validar sus sentimientos puede aliviar las tensiones y abrir la puerta a una comunicación efectiva. Preguntas empáticas como "¿Puedes explicarme más sobre tu enfoque?" pueden facilitar el entendimiento mutuo.

Al expresar sus necesidades y preocupaciones, hágalo con claridad y sin hacer acusaciones. Por ejemplo, reemplace "Tu método es incorrecto" por "Tengo algunas preocupaciones con este enfoque debido a X y Y. ¿Podríamos considerar estas alternativas?".

La búsqueda de intereses comunes y la apertura al compromiso son cruciales. Identifique metas compartidas y proponga soluciones que satisfagan a ambos. Muestre flexibilidad y disposición para trabajar juntos, lo cual es fundamental para resolver el conflicto de manera efectiva.

Concluir agradeciendo el esfuerzo por alcanzar un acuerdo refuerza la relación laboral y sienta las bases para colaboraciones futuras. Este manejo adecuado de los conflictos no solo mejora las relaciones dentro del ámbito laboral, sino que también contribuye a un clima de trabajo más armonioso y productivo. Desarrollar habilidades de negociación y resolución de conflictos es invaluable, brindando herramientas para manejar el estrés de manera adaptativa y saludable, esencial para el bienestar emocional y mental general. Al abordar conflictos de forma constructiva, se invierte en el desarrollo personal y profesional, enriqueciendo todos los aspectos de la vida.

Paso 6: Implementación de Límites Saludables para el Bienestar Emocional

La implementación de límites saludables es indispensable para la salud emocional y el desarrollo de relaciones interpersonales enriquecedoras. Esta práctica adquiere una relevancia especial en el manejo de trastornos emocionales, ya que constituye una barrera protectora contra el desgaste emocional, preservando la autonomía personal y el respeto por uno mismo. La capacidad de establecer límites adecuados en distintos ámbitos de la vida es crucial para salvaguardar el bienestar integral del individuo.

Los límites saludables establecen parámetros claros sobre lo que se considera un comportamiento aceptable hacia uno mismo, jugando un papel vital en la protección del bienestar emocional, físico y mental. Además, son esenciales para fomentar una autoestima sólida y relaciones mutuamente respetuosas y equitativas. Un límite puede manifestarse de diversas maneras, desde establecer expectativas claras sobre el respeto mutuo hasta definir espacios personales indispensables para el autocuidado.

El proceso para definir límites efectivos comienza con una introspección sobre los valores personales, necesidades y prioridades. Esta exploración interna implica una evaluación consciente de las experiencias personales, emociones y los aspectos más valorados en las relaciones y en la vida cotidiana.

Una vez identificados los límites, el reto reside en comunicarlos de manera explícita y asertiva. La expresión de estos límites debe realizarse mediante un lenguaje claro y respetuoso. Frente a situaciones de crítica no solicitada, por ejemplo, es apropiado decir: "Aprecio tu punto de vista, pero prefiero que no discutamos mis decisiones personales a menos que te pida tu opinión". Esta forma de comunicación muestra firmeza y respeto simultáneamente.

Aprender a negarse cuando sea necesario, especialmente para aquellos con tendencia a complacer a otros, es un aspecto fundamental del establecimiento de límites. Decir "no" a solicitudes que comprometan el bienestar personal es un acto de autocuidado esencial.

Estar atento a las situaciones en las que se pongan a prueba los límites establecidos es crucial. Ante transgresiones a estos límites, es importante reaccionar de manera asertiva, reafirmando los límites establecidos o tomando medidas para proteger su espacio y bienestar emocional.

La coherencia en el mantenimiento de los límites establecidos es fundamental. Los límites inconsistentes pueden generar confusión y debilitar el respeto hacia las necesidades personales. La constancia en la aplicación de los límites envía un mensaje claro y firme sobre las expectativas personales.

El establecimiento de límites no solo es un acto de autocuidado y respeto por uno mismo; también educa a los demás sobre cómo se desea ser tratado, mejorando la calidad de vida y estableciendo las bases para relaciones respetuosas y balanceadas. Para aquellos que enfrentan trastornos emocionales, los límites bien definidos proporcionan un sentido de control y estabilidad, contribuyendo significativamente al bienestar general. Dominar la habilidad de establecer y mantener límites saludables crea un entorno más seguro y armonioso tanto para uno mismo como para quienes nos rodean.

Ejemplo:

Supongamos que se enfrenta a una situación con un amigo o familiar que constantemente le solicita favores, agotando su tiempo y energía. Esta dinámica puede tener un impacto negativo en su bienestar, señalando la necesidad de establecer un límite claro.

Decida cómo y cuándo abordar esta situación, eligiendo un momento adecuado para ambos. Comience la conversación con respeto y determinación, explicando: "Quiero hablar sobre algo importante para mí. Valoro mucho nuestra relación y mi disposición a ayudar, pero la frecuencia de tus solicitudes está afectando mi tiempo personal y mi energía".

Especifique su límite de manera clara: "Me gustaría establecer un equilibrio sobre cuánto puedo ayudarte". Al comunicar su límite con un lenguaje que refleja sus necesidades sin asignar culpa, facilita la comprensión mutua y el respeto.

Al definir este límite, promueve una relación basada en el respeto mutuo. A menudo, la otra parte no es plenamente consciente del impacto de sus acciones. La comunicación clara de sus necesidades ofrece la oportunidad de modificar comportamientos.

Recuerde, el establecimiento de límites saludables es un componente esencial del autocuidado y el respeto por uno mismo. Si sus límites son ignorados, sea consistente y reafírmelos según sea necesario. Esto demuestra su compromiso con su propio bienestar y establece las bases para relaciones más saludables y equilibradas. Dominar la práctica de establecer y comunicar límites claros es vital para la salud emocional y el fomento de relaciones interpersonales satisfactorias.

Paso 7: Desarrollo de la Empatía y Comprensión de las Perspectivas Ajenas

Fomentar la empatía y la capacidad para comprender las perspectivas de los demás es fundamental para la construcción de relaciones interpersonales sólidas y para el mejoramiento de la comunicación asertiva. La empatía, entendida como la habilidad para sentir y compartir las experiencias emocionales de otra persona, es esencial para adoptar el punto de vista del otro y comprender las situaciones desde una perspectiva diferente. Este enfoque resulta invaluable en la gestión de relaciones interpersonales y en la prevención y manejo de trastornos emocionales.

Para cultivar la empatía, es recomendable iniciar con una introspección sobre sus interacciones recientes, sean estas conversaciones cotidianas, reuniones laborales o intercambios familiares. Identifique momentos en los que realmente intentó entender el punto de vista de la otra persona, considerando cómo se sentía y qué factores podrían haber influenciado sus acciones o reacciones.

La escucha activa juega un papel crucial en la práctica de la empatía. Consiste en prestar completa atención a lo que el otro está diciendo, sin distraerse pensando en su próxima respuesta. Practique escuchar sin interrumpir y formule preguntas que profundicen su entendimiento sobre el otro, preguntándose: "¿Cómo se siente esta persona?" o "¿Cuál es el motivo o necesidad detrás de sus palabras o acciones?".

Es crucial reconocer y validar los sentimientos ajenos. Esto no implica necesariamente estar de acuerdo con ellos, sino aceptar que sus emociones son legítimas desde su perspectiva. Muestre comprensión y respeto por sus sentimientos, incluso si difieren de los suyos.

La práctica de ponerse en el lugar del otro es también fundamental. Intente visualizar cómo se sentiría en su situación, considerando sus experiencias vitales y circunstancias personales. Este ejercicio resulta especialmente útil en situaciones de conflicto o malentendido, donde comprender al otro puede ser clave para hallar soluciones armónicas y satisfactorias.

El desarrollo de la empatía es un proceso continuo. Al integrar estas prácticas en su día a día, no solo mejorará sus relaciones, sino que también se convertirá en una persona más comprensiva, asertiva y emocionalmente inteligente. La empatía es vital para navegar efectivamente los desafíos emocionales y sociales.

Ejemplo:

Imagine un escenario laboral donde un colega expresa desacuerdo con su método en un proyecto, creando una situación tensa. En lugar de responder con defensividad, adopte una actitud empática para entender mejor su posición.

Primero, controle cualquier reacción impulsiva, recordando el valor de la empatía en el entorno laboral. Esfuércese por comprender las emociones y motivaciones de su colega. Reflexione sobre las presiones o experiencias que puedan estar influyendo en su actitud. ¿Podría haber un malentendido en juego?

Con estas consideraciones, aborde el tema buscando un diálogo abierto y constructivo. Comunique su interés por entender su perspectiva, diciendo algo como: "Quiero comprender tus preocupaciones sobre el proyecto. ¿Podrías explicármelas?". Durante esta conversación, practique la escucha activa, demostrando un interés genuino y evitando juicios apresurados. Valide sus puntos y solicite aclaraciones cuando sea necesario. Este enfoque promueve una mayor comprensión y facilita una resolución constructiva beneficiosa para ambos.

Después, tome un momento para reflexionar sobre esta experiencia. Anote lo aprendido sobre la perspectiva de su colega y cómo este nuevo entendimiento influyó en su manejo del conflicto. Evalúe cómo la empatía y la apreciación de diferentes puntos de vista pueden ser beneficiosas en futuras situaciones, tanto profesionales como personales.

Este ejercicio empático es clave para el desarrollo de competencias sociales y de asertividad, contribuyendo efectivamente al manejo de situaciones complejas y al fortalecimiento de un ambiente laboral colaborativo y respetuoso. La práctica constante de la empatía es esencial para crear un entorno de trabajo positivo y productivo.

Paso 8: Fortalecimiento de la Resolución de Problemas en Equipo

El dominio de técnicas efectivas para la resolución de problemas en equipo es fundamental para el desarrollo de habilidades sociales avanzadas y el aumento de la capacidad de asertividad, especialmente en escenarios que demandan colaboración y trabajo en equipo. Este proceso implica adoptar estrategias que promuevan la unidad del grupo y una resolución de conflictos beneficiosa para todos los involucrados.

Una tarea esencial es la autoevaluación de su rol dentro de los equipos. Reflexione sobre su tendencia a liderar o a seguir y considere cómo su comportamiento influye en la dinámica grupal. Documente sus experiencias de colaboración, ya sea en contextos laborales, sociales o comunitarios, y analice cómo interactúa con los demás.

La escucha activa es un pilar en este contexto. Consiste en dar plena atención a las intervenciones de los demás, comprendiendo no solo el mensaje verbal sino también el subtexto emocional y contextual. En sus próximas actividades grupales, practique escuchar sin interrumpir y realice preguntas que profundicen su entendimiento del tema. Esto no solo ayuda a reconocer las distintas perspectivas, sino que también fomenta un clima de cooperación y respeto mutuo.

Promover y valorar la diversidad de ideas es otro aspecto crucial. Contribuya con sus propuestas y esté abierto a las ideas de los demás. Comprenda que la pluralidad de puntos de vista enriquece el proceso de resolución de problemas, conduciendo a soluciones innovadoras y eficaces.

Desarrolle y aplique habilidades de negociación y mediación. Frente a discrepancias, busque áreas de acuerdo y sugiera alternativas que contemplen los intereses de todos los participantes. El fin es encontrar un equilibrio entre defender sus posturas y ser flexible para adaptarse a las necesidades colectivas.

Reflexione sobre cómo estas prácticas impactan su participación en el equipo. Evalúe qué aprendizajes ha obtenido y qué áreas puede perfeccionar. ¿Ha notado cambios en la receptividad de los demás hacia sus ideas? ¿Se siente más integrado y productivo en el trabajo colectivo?

Este enfoque no solo mejora sus relaciones interpersonales y su desempeño profesional, sino que también lo prepara para abordar desafíos complejos de manera efectiva, siendo crucial para el mantenimiento de una buena salud emocional y la gestión adecuada de trastornos del ánimo.

Ejemplo:

Imagine que se encuentra involucrado en un proyecto de equipo en su lugar de trabajo que presenta desafíos significativos. Esta situación representa una oportunidad óptima para practicar y perfeccionar sus habilidades de resolución de problemas colectivos.

Durante las reuniones, ejercite la escucha activa, mostrando un interés genuino por las aportaciones de sus colegas. Al presentar sus ideas, hágalo de manera clara y asertiva, invitando a la retroalimentación constructiva.

En caso de surgir diferencias, emplee sus competencias de negociación y mediación para hallar soluciones que armonicen los distintos puntos de vista, siempre con el objetivo compartido en mente.

Por ejemplo, ante un desacuerdo sobre la dirección del proyecto, en vez de imponer una visión, busque formas de integrar diferentes estrategias para desarrollar un plan unificado.

Tras cada sesión de trabajo, dedique un momento para reflexionar sobre su aporte y cómo este influyó en el grupo. Utilice un diario para registrar sus observaciones, lo aprendido y cómo puede optimizar su colaboración en futuras instancias.

Este proceso reflexivo le permitirá reconocer tanto sus fortalezas como las áreas susceptibles de mejora, mejorando su eficacia en contextos colaborativos y contribuyendo al fortalecimiento de su bienestar emocional y su habilidad para afrontar retos.

Paso 9: Enriquecimiento de la Comunicación No Verbal

El dominio de la comunicación no verbal es indispensable para potenciar las habilidades sociales y la asertividad, desempeñando un papel crucial en cómo se perciben y se interpretan los mensajes transmitidos. La comunicación no verbal, que incluye gestos, posturas, expresiones faciales y variaciones en el tono de voz, complementa y a menudo refuerza el contenido verbal, facilitando o dificultando la comprensión del mensaje.

Para mejorar esta forma de comunicación, es esencial comenzar por la autoevaluación en distintos contextos, desde interacciones cotidianas hasta situaciones formales como reuniones de trabajo. Analice su lenguaje corporal, prestando atención a su postura, gestos y expresiones faciales. Reflexione: ¿Su postura es receptiva, fomentando la interacción, o es más bien cerrada, sugiriendo resistencia? ¿Sus gestos subrayan y enriquecen su mensaje, proporcionando claridad y convicción?

El contacto visual, un componente clave de la comunicación efectiva, transmite interés, confianza y sinceridad. Un equilibrio adecuado en el contacto visual puede fortalecer la conexión con el interlocutor, mientras que un exceso o defecto en este puede generar malentendidos. Practique mantener un contacto visual apropiado, ajustando su mirada según el contexto y observando la respuesta en sus interlocutores.

La modulación del tono de voz, que refleje emociones coherentes con el mensaje, complementa la comunicación verbal. Un tono de voz variado y expresivo captura la atención y refuerza el mensaje, mientras que un tono monótono o inapropiadamente emocional puede distorsionar la intención. Experimente con diferentes tonos y observe cuál respalda más eficazmente su comunicación.

La autoobservación mediante el uso de espejos o grabaciones puede ser una herramienta valiosa para ajustar y mejorar su comunicación no verbal. Esta reflexión personal le permite identificar áreas de mejora y reforzar aquellas prácticas que son efectivas.

Observar a individuos con destacadas habilidades sociales puede proporcionar modelos a seguir. Note cómo utilizan su comunicación no verbal de manera efectiva y considere integrar técnicas similares en sus propias interacciones.

Al perfeccionar su comunicación no verbal, se torna más consciente de su propia expresión y más receptivo a las señales no verbales de los demás. Esta conciencia elevada facilita respuestas más asertivas y empáticas, conduciendo a interacciones más profundas y satisfactorias. Este proceso de mejora continua es esencial para el crecimiento personal y profesional, mejorando significativamente la calidad de las relaciones interpersonales y la gestión de emociones.

Ejemplo:

Imagínese que se prepara para una presentación importante en el trabajo, una oportunidad ideal para aplicar las habilidades de comunicación no verbal que ha estado perfeccionando.

Antes de la presentación, concéntrese en adoptar una postura abierta y confiada, evitando cruzar brazos o piernas, lo que podría interpretarse como falta de apertura o defensividad. Establezca un contacto visual con la audiencia, modulando su mirada para mantener una conexión sin resultar abrumador.

Durante su discurso, utilice gestos para enfatizar puntos clave, asegurándose de que complementen su mensaje sin distraer. Modifique su tono de voz para mantener el interés y demostrar pasión por el tema que presenta.

Observe las reacciones de su audiencia para adaptar su presentación en tiempo real. Si detecta señales de desconexión, considere pausar para clarificar un concepto o invitar a preguntas.

Al responder consultas, demuestre que está escuchando activamente a través de su lenguaje corporal, inclinándose ligeramente hacia el interlocutor y asintiendo para indicar que comprende. Al concluir, una postura erguida y un saludo confiado dejarán una impresión positiva y duradera.

Este enfoque demuestra cómo la comunicación no verbal consciente y bien ejecutada puede transformar sus interacciones, elevando su autoconfianza en entornos sociales y profesionales. La utilización efectiva de estas técnicas mejora la capacidad para relacionarse con los demás y manejar emociones complejas, siendo una herramienta poderosa para el bienestar emocional y la asertividad.

Paso 10: Reflexión y Ajuste Continuo para el Crecimiento Personal

La etapa final en el desarrollo de habilidades sociales y asertividad consiste en un proceso de reflexión y ajuste continuo, esencial para la integración efectiva de estas habilidades en diversas situaciones de la vida. Este ciclo de autoevaluación y mejora es particularmente crucial para quienes enfrentan trastornos emocionales, ya que permite la adaptación de las técnicas aprendidas a diferentes contextos, potenciando así su efectividad y contribuyendo al bienestar emocional.

El proceso de reflexión constante posibilita una introspección profunda, facilitando la identificación de las estrategias exitosas y aquellas que requieren modificaciones. Esta práctica de autoanálisis continuo no solo fomenta el crecimiento en la gestión emocional y las interacciones efectivas con los demás, sino que también se adapta a las dinámicas sociales en constante cambio.

La utilización de un diario personal emerge como una herramienta poderosa para el desarrollo personal. Registrar experiencias, tanto sociales como emocionales, permite detectar patrones, celebrar logros y reconocer áreas que necesitan atención. Este registro promueve una reflexión detallada sobre las interacciones en distintos escenarios, impulsando el autoconocimiento y la mejora continua.

Analizar situaciones específicas en las que se aplicaron habilidades sociales facilita la comprensión de las reacciones ajenas y los resultados obtenidos, ofreciendo perspectivas valiosas para ajustar futuras interacciones y aprender de cada experiencia.

La búsqueda de retroalimentación de personas de confianza complementa el proceso de desarrollo, proporcionando observaciones externas y sugerencias constructivas sobre la comunicación y la resolución de conflictos, fundamentales para el refinamiento de las habilidades sociales.

Establecer objetivos claros y alcanzables para el fortalecimiento de las habilidades sociales guía el camino hacia el progreso, enfocando los esfuerzos en áreas específicas de desarrollo.

La práctica diaria de las habilidades en situaciones reales consolida el aprendizaje. Cada interacción social se convierte en una oportunidad para ejercitar y perfeccionar las habilidades adquiridas, ajustando el enfoque según sea necesario. Este ejercicio constante no solo refuerza las habilidades existentes, sino que también brinda la confianza para manejar eficazmente un espectro más amplio de situaciones sociales.

Este ciclo de reflexión y ajuste no solo impulsa el crecimiento personal y profesional, sino que también es esencial para la salud emocional. Al revisar y mejorar continuamente las habilidades sociales, se potencia la capacidad para manejar de forma efectiva trastornos emocionales y se fortalece la habilidad para enfrentar con éxito los retos de la vida, cultivando relaciones más saludables y una existencia emocionalmente equilibrada y plena.

Ejemplo:

Imagine una reciente interacción con un compañero de trabajo que presentó un reto comunicativo. Este encuentro es una valiosa oportunidad para aplicar un enfoque reflexivo y perfeccionar sus habilidades sociales, vital para el manejo efectivo de trastornos emocionales.

Reflexione sobre cómo abordó la conversación. Evalúe si aplicó la escucha activa y comprendió realmente el punto de vista de su compañero. Si identifica áreas de mejora, considere cómo puede fortalecer esta habilidad en futuras interacciones.

Analice su manera de comunicar necesidades y límites. Si su mensaje no fue tan claro como deseaba, piense en formas de expresar sus pensamientos más eficazmente. Practicar declaraciones asertivas en un entorno seguro puede ser beneficioso.

Revise cómo mantuvo la calma frente al desacuerdo. Si tuvo dificultades para gestionar sus emociones, proponga como meta incorporar técnicas de relajación en su rutina, mejorando su respuesta en situaciones tensas.

Utilice esta experiencia para identificar fortalezas y áreas de mejora. Establezca metas específicas, como practicar técnicas de mindfulness antes de conversaciones desafiantes, para fortalecer su gestión emocional y asertividad.

Al reflexionar y ajustar su enfoque en interacciones sociales, no solo mejora sus habilidades interpersonales sino también su capacidad para manejar situaciones estresantes o emocionales de manera efectiva, esencial para quienes enfrentan trastornos emocionales. Mediante la revisión continua y la aplicación consciente de estrategias aprendidas, avanza hacia el fortalecimiento de relaciones más saludables y satisfactorias, tanto en el ámbito profesional como personal.

Conclusión

Resumen y Reflexión

El desarrollo de habilidades sociales es un viaje continuo, crucial para el bienestar y el manejo proactivo de emociones. Hemos guiado al lector por un camino de autodescubrimiento y mejora, influenciando positivamente su vida.

Este viaje inicia con la autoevaluación, invitando a una introspección para identificar fortalezas y áreas de mejora en las interacciones sociales. Progresamos hacia la comunicación efectiva y asertiva, esenciales para construir relaciones saludables y manejar emociones adecuadamente. La escucha activa y la empatía son pilares en este proceso, permitiendo comprender y conectarse profundamente con otros.

Se enfatiza la expresión eficaz de necesidades y emociones para el autocuidado y el mantenimiento del respeto propio. Manejar conflictos y establecer límites saludables son habilidades clave para mejorar relaciones y reducir estrés. La adaptación constante de estas destrezas a diferentes contextos asegura su integración en la vida diaria, beneficiando la salud emocional.

Desarrollar habilidades sociales nos lleva a una mejor comprensión de nosotros mismos y de nuestro entorno, fortaleciendo la capacidad de interactuar y enfrentar desafíos emocionales y sociales. Este proceso de aprendizaje y automejora no solo mejora las relaciones interpersonales, sino que también enriquece la comprensión de la vida, dotando al individuo de herramientas para navegar el mundo con seguridad, comprensión y empatía.

Paso Seis

Introducción a la Terapia
Racional Emotiva Conductual

Introducción al Tema

La Terapia Racional Emotiva Conductual (TREC), fundada por Albert Ellis en 1957, representa un pilar fundamental dentro de las terapias cognitivas, destacando por su enfoque en la íntima relación entre pensamientos, emociones y comportamientos. Esta modalidad terapéutica revolucionaria propone que no son los eventos en sí los que perturban a las personas, sino las creencias y pensamientos irracionales que estos eventos desencadenan.

Centrándose en el modelo "ABC" (Acontecimiento, Creencia y Consecuencia) de Ellis, la TREC educa a las personas para que identifiquen, cuestionen y modifiquen sus creencias irracionales en favor de otras más lógicas y adaptativas. Este enfoque no solo se dirige a transformar el patrón de pensamiento disfuncional, sino también a fomentar comportamientos y emociones saludables a través de una reestructuración cognitiva profunda.

El proceso terapéutico de la TREC es dinámico y participativo, iniciando con la identificación de las creencias irracionales del paciente, seguido de un cuestionamiento crítico de estas creencias, y finalizando con la adopción de nuevas perspectivas más racionales y beneficiosas. Este enfoque promueve una autoaceptación incondicional y una mayor tolerancia hacia los demás y las adversidades de la vida, elementos esenciales para alcanzar un bienestar emocional sostenible.

La integración de la TREC con principios de la Inteligencia Emocional amplifica su efectividad, mejorando significativamente la capacidad de los individuos para reconocer y regular sus emociones. La sinergia entre la habilidad para modificar pensamientos irracionales y la competencia para gestionar las emociones enriquece el proceso terapéutico, otorgando a los pacientes herramientas valiosas para enfrentar desafíos emocionales y cognitivos con mayor resiliencia.

La TREC se ha establecido como una metodología efectiva en una amplia gama de contextos y problemáticas, adaptándose con éxito a formatos individuales, grupales y de autoayuda. La incorporación de estrategias de Inteligencia Emocional no solo refuerza la TREC, sino que también proporciona una base sólida para la prevención y tratamiento de trastornos emocionales, destacando su relevancia en la promoción de una salud mental óptima.

La combinación de la TREC con la Inteligencia Emocional representa una estrategia terapéutica integral, capaz de equipar a los individuos con las habilidades cognitivas y emocionales necesarias para navegar por la vida de manera más efectiva y satisfactoria. Este enfoque holístico fortalece el bienestar emocional de las personas, facilitando una vida más equilibrada y plena.

Evidencia de Investigación

La eficacia de la TREC en el tratamiento de trastornos del estado de ánimo ha sido ampliamente respaldada por la investigación científica. Estudios como el de David et al. (2008) han demostrado que la TREC es particularmente efectiva en la reducción de síntomas de ansiedad y depresión, ofreciendo a los pacientes herramientas valiosas para gestionar sus emociones de manera más saludable y adaptativa.

Adicionalmente, un metaanálisis realizado por Engels et al. (1993) confirmó la utilidad de la TREC en el manejo de una variedad de desafíos emocionales y psicológicos, resaltando su capacidad para mejorar significativamente la calidad de vida de los individuos afectados. Este respaldo empírico subraya la versatilidad y la eficacia de la TREC como una intervención psicoterapéutica robusta.

MacInnes (2003) profundizó en los beneficios de la TREC, destacando su papel en la minimización de la angustia emocional y en la promoción de una mayor adaptabilidad emocional en personas con trastornos de salud mental. Esta adaptabilidad es esencial para mejorar la capacidad de los pacientes para afrontar las fluctuaciones en su estado de ánimo y los retos cotidianos.

Investigaciones realizadas en contextos académicos, como el estudio de Gonzales et al. (2004), han revelado que la implementación de la TREC entre estudiantes universitarios no solo mejora su rendimiento académico, sino que también reduce sus niveles de ansiedad. Este hallazgo evidencia la aplicabilidad de la TREC más allá del ámbito clínico, demostrando su utilidad en la mejora del bienestar emocional y el rendimiento en diversas áreas.

Más allá de abordar los síntomas, la TREC se centra en la transformación de la filosofía de vida del paciente, enfatizando el bienestar a largo plazo y la autorrealización. Mediante el cuestionamiento y la reformulación de creencias irracionales, la TREC guía a los individuos hacia una existencia más racional y plena.

La integración de la TREC con la Inteligencia Emocional abre nuevas perspectivas en el campo de la psicoterapia. Aunque la investigación sobre esta sinergia está en sus etapas iniciales, se anticipa que la combinación de estas disciplinas podría potenciar la capacidad de los pacientes para identificar creencias irracionales y gestionar emociones de manera efectiva, complementando y enriqueciendo el proceso terapéutico de la TREC.

En conclusión, la evidencia científica respalda firmemente la TREC como una estrategia eficaz para el manejo de trastornos emocionales, y su integración con la Inteligencia Emocional promete ampliar aún más su eficacia. A medida que se profundice en la investigación de esta integración, se fortalecerán las bases para su aplicación en la práctica clínica, con el objetivo de lograr no solo la remisión de síntomas, sino también el fomento de una vida emocionalmente rica y satisfactoria.

Instrucciones

Identificación de Creencias Irracionales: Método ABC de Albert Ellis

Objetivo

Este ejercicio se inspira en el método ABC de la Terapia Racional Emotiva Conductual, una propuesta innovadora concebida por Albert Ellis. Su propósito esencial radica en facilitar la identificación y transformación de aquellas creencias irracionales que menoscaban el bienestar emocional. A través de una estructura meticulosamente diseñada, este enfoque permite desentrañar cómo presupuestos y convicciones limitantes son la génesis de emociones perturbadoras y comportamientos contraproducentes, abriendo la puerta hacia una comprensión renovada de la interacción entre pensamientos, emociones y acciones.

El itinerario de este método comienza con la Preparación del Entorno, estableciendo un espacio que invita a la introspección y al análisis personal profundo. Seguidamente, la fase de Identificación del Acontecimiento (A) propone reconocer un incidente puntual que haya desencadenado una turbulencia emocional, preparando el terreno para un escrutinio más detallado de las creencias subyacentes. En el Análisis de las Creencias (B), se promueve una exploración crítica de los pensamientos y asunciones ligados al evento en cuestión.

La etapa de Evaluación de las Consecuencias (C) invita a una reflexión profunda sobre cómo estas creencias afectan el estado emocional y la conducta del individuo. El Debate de Creencias Irracionales introduce un momento de confrontación, instando a cuestionar su validez y utilidad. Avanzando hacia la Creación de Nuevas Creencias, se fomenta la articulación de perspectivas alternativas que sean más racionales y constructivas.

En la fase de Visualización de Nuevas Consecuencias, se anima a imaginar el impacto positivo que estas nuevas creencias pueden tener sobre el comportamiento y las emociones. La Práctica y Repetición se erigen como pilares fundamentales para cimentar estos cambios, promoviendo su incorporación efectiva en el día a día del individuo. Mediante el Diario de Progreso, se facilita un seguimiento continuo de la aplicación y efectividad de estas nuevas creencias. Finalmente, la Reflexión y Ajuste Continuo asegura un proceso de autoevaluación constante, permitiendo la recalibración de estrategias conforme sea necesario.

Este método trasciende la simple mejora de la resiliencia y adaptabilidad, invitando a un viaje de autoexploración y crecimiento personal que fundamenta una gestión emocional más efectiva y un bienestar emocional perdurable. Representa una travesía hacia la autorrealización, promoviendo una existencia marcada por una salud emocional robusta y una perspectiva de vida equilibrada y enriquecedora. Este enriquecimiento metodológico no solo es una herramienta valiosa para los profesionales de la salud mental, sino que también se erige como un faro de esperanza y dirección para aquellos en búsqueda de una vida emocional más plena y satisfactoria.

Paso 1: Preparación del Ambiente

En el viaje hacia la comprensión y reconfiguración de nuestras creencias irracionales, el método ABC de Albert Ellis nos invita inicialmente a crear las condiciones óptimas para la introspección y el autoanálisis. Este primer escalón es fundamental para asegurar un proceso de reflexión profunda y eficaz. La elección de un espacio que armonice con nuestras necesidades de concentración y tranquilidad es esencial. Imagine un lugar que, más allá de ser simplemente un área física, se convierta en un santuario personal de serenidad y autoconocimiento.

La creación de este ambiente debe ser intencional, seleccionando un rincón que esté libre de interrupciones y que resuene con una sensación de paz interior. Este podría ser un estudio privado, un espacio dedicado en su hogar para la meditación, o incluso un lugar al aire libre que inspire calma. La personalización de este entorno es clave: considere ajustar la iluminación para que sea suave y acogedora, e incorpore elementos que fomenten un estado de concentración meditativa, como música instrumental suave o sonidos ambientales de la naturaleza.

Es imprescindible equipar este espacio con las herramientas necesarias para su viaje introspectivo, siendo el diario personal de especial relevancia. Este cuaderno se convertirá en el depositario de sus pensamientos, emociones, y las revelaciones que surjan durante el proceso. Documentar tu trayectoria facilita un seguimiento consciente de su evolución y se convierte en una fuente invaluable de autoconocimiento.

La Preparación del Entorno trasciende lo físico para adentrarse en la preparación mental. Al ingresar a este espacio dedicado, hágalo con una intención enfocada y clara hacia su desarrollo emocional y mental. Este acto de compromiso contigo mismo establece el tono para una exploración significativa de sus creencias y emociones, sentando las bases para una transformación profunda. Este primer paso no solo es el inicio de un proceso de cambio, sino también una declaración de su disposición a embarcarte en un viaje de crecimiento y autoconocimiento. Este entorno, cuidadosamente curado, se convierte así en el escenario ideal para el trabajo introspectivo, proporcionando el soporte y la tranquilidad necesarios para un análisis reflexivo y constructivo de su mundo interior.

Paso 2: Identificación de un Acontecimiento (A)

El segundo paso de su viaje introspectivo implica centrar tu atención en la selección de un acontecimiento específico que haya provocado en usted una respuesta emocional significativa. Este evento puede ser reciente o pertenecer al pasado; lo esencial es que elija uno que continúe influyendo en tu estado emocional actual. Utilice el diario personal que preparó en el Paso 1 como herramienta clave en este ejercicio.

Cuando rememore el evento, anímese a describirlo en su diario con la mayor precisión y detalle posible. Concéntrese en aspectos específicos y observables del suceso, evitando, por el momento, incluir interpretaciones personales, emociones o creencias. Describa con exactitud el lugar y momento del acontecimiento, las personas involucradas, las acciones realizadas y cualquier otro elemento concreto y relevante.

En esta fase, es crucial enfocarse exclusivamente en los hechos. Su descripción debe ser objetiva, como si fuera un testigo externo que narra los hechos sin emitir juicios o análisis personales. Este enfoque le proporcionará una perspectiva más clara y precisa del evento, evitando que sus emociones o creencias actuales distorsionen la realidad de lo ocurrido.

La identificación precisa del Acontecimiento (A) es fundamental, ya que sienta las bases para el análisis detallado y reflexivo que llevará a cabo en los pasos subsiguientes. Al registrar este evento en su diario, está creando un punto de referencia crucial para comprender cómo sus creencias y emociones interactúan y ejercen influencia sobre su bienestar emocional.

Una vez completado este paso, habrá identificado un evento significativo que actuará como punto de partida para explorar y modificar aquellas creencias irracionales que podrían estar afectando su estado de ánimo y comportamiento. Este proceso constituye un paso vital en su camino hacia un entendimiento más profundo y una gestión más efectiva de sus emociones.

Ejemplo:

Imagine que, durante varios años, ha trabajado en su empresa con una dedicación y compromiso incansables. Ha puesto especial énfasis en demostrar su competencia profesional y su capacidad para asumir responsabilidades crecientes. Recientemente, se anunció una vacante para liderar un proyecto de gran envergadura. Creyendo que este puesto sería el avance natural en su carrera, se preparaste meticulosamente para la postulación.

Con gran entusiasmo y dedicación, invirtió tiempo en desarrollar propuestas innovadoras y vanguardistas, mostrando claramente su interés y aptitud para asumir este nuevo rol. Finalmente llegó el día de la reunión en la que se anunciaría quién lideraría el proyecto. Sentado en la sala de conferencias, estaba imbuido de expectativas y confianza. Sin embargo, de manera totalmente inesperada, su superior anunció que un colega, quien se había unido recientemente a la empresa y tenía menos experiencia, había sido elegido para dirigir el proyecto. Usted se encontró manteniendo la compostura, mientras internamente lidiabas con sus emociones, observando a sus colegas felicitar al nuevo líder.

Este escenario es un claro ejemplo de un Acontecimiento (A) que podría desencadenar una respuesta emocional significativa. Al describirlo detalladamente en tu diario, se centra en los hechos concretos y observables: la existencia de la vacante, tu exhaustiva preparación para la postulación, la anticipación antes de la reunión y el inesperado anuncio de la selección del líder del proyecto. Esta descripción objetiva y minuciosa le proporciona una base sólida para el análisis posterior de las creencias y emociones asociadas a este acontecimiento, conforme avanza en los siguientes pasos del modelo ABC.

Paso 3: Análisis de las Creencias (B)

Una vez que haya identificado y descrito minuciosamente el acontecimiento en su diario, es momento de abordar el siguiente paso crucial: el análisis de las creencias y pensamientos que emergieron en respuesta a ese evento. Este proceso es clave para comprender cómo sus interpretaciones personales del suceso impactan en tus emociones y conductas.

En esta fase, reflexione profundamente sobre su diálogo interno que se produjo tras el acontecimiento. Es vital prestar especial atención a las creencias subyacentes, en particular aquellas caracterizadas por afirmaciones como "debería", "tengo que" o "necesito". Estos términos suelen ser indicativos de patrones de pensamiento absolutistas o irracionales. Por ejemplo, podrías haber pensado: "Yo merecía ser elegido para ese puesto" o "Es insoportable para mí no ser reconocido en mi trabajo".

Es fundamental examinar estas creencias bajo las categorías establecidas por Albert Ellis en su modelo ABC. Entre estas categorías se encuentran las demandas rígidas (creencias de que ciertas cosas "deben" o "tienen que" ser de una manera específica), la tendencia al catastrofismo (exagerar las consecuencias negativas de un suceso), la baja tolerancia a la frustración (la creencia de que no puedes manejar ciertas situaciones) y la condena global (etiquetar negativamente a una persona o a ti mismo basándose en una sola situación). Estos tipos de creencias son comúnmente irracionales y pueden conducir a respuestas emocionales negativas desproporcionadas.

Para facilitar un análisis más exhaustivo, te animamos a consultar el Anexo 7, el cual ofrece una guía detallada para identificar y clasificar estas creencias irracionales. Al tomar conciencia de estas creencias y comprender cómo distorsionan tu percepción de los eventos, estarás mejor equipado para afrontar y mitigar los trastornos del estado de ánimo. Este paso representa un avance significativo hacia una salud emocional y mental más robusta y equilibrada.

Ejemplo:

Imagina que, al revisar su diálogo interno tras no haber sido elegido para liderar el proyecto, se encuentra con frases como: "Yo debería haber sido la persona elegida para liderar el proyecto; es injusto que no fuera yo", "Mi dedicación y esfuerzo merecen ser reconocidos", "La validación de mi jefe es esencial para afirmar mi profesionalidad y valía". Estas frases son indicativas de pensamientos irracionales que pueden resultar dañinos para su bienestar emocional.

Estos enunciados revelan la presencia de demandas rígidas y una tendencia a catastrofizar la situación, lo que puede intensificar sentimientos de ansiedad, frustración o desvalorización personal. Por ejemplo, la creencia de que "deberías" haber sido el elegido sugiere la existencia de una norma inflexible que, al no cumplirse, provoca sentimientos de injusticia y enfado. Del mismo modo, la necesidad de obtener reconocimiento y validación externos puede llevar a una dependencia insalubre de la aprobación ajena, minando su autoestima y autonomía emocional.

Frente a estas creencias, es crucial no aceptarlas como verdades absolutas, sino más bien desafiarlas y buscar perspectivas más racionales y adaptativas. Por ejemplo, podría reformular el pensamiento "debería haber sido elegido" a algo como "Me hubiera gustado ser elegido, pero reconozco que hay otros factores que pudieron influir en la decisión". Este enfoque le permite honrar sus deseos sin imponer expectativas inflexibles sobre circunstancias que están más allá de su control.

De igual manera, en lugar de depender de la validación de su jefe para afirmar su valía profesional, puede enfocarse en una autoevaluación positiva, reconociendo sus habilidades y logros personales. Esto contribuye a construir una autoestima más robusta y autónoma, menos dependiente de factores externos.

El proceso de cuestionamiento y reformulación de sus creencias irracionales es fundamental para el desarrollo de una mayor salud emocional y bienestar mental. Aprender a identificar y modificar estas creencias le capacita para enfrentar desafíos de una manera más efectiva, reduciendo la angustia emocional y fomentando una respuesta más saludable y adaptativa ante las adversidades.

Paso 4: Evaluación de las Consecuencias (C)

Tras identificar y examinar sus creencias, el siguiente paso es discernir cómo éstas influyen en sus emociones y comportamientos. Dedique un momento para reflexionar profundamente sobre los sentimientos que emergieron a raíz de estas creencias y las acciones que adoptó como respuesta. Este paso implica un análisis minucioso de la relación causa-efecto entre sus convicciones internas y sus reacciones emocionales y conductuales.

Imagine, por ejemplo, las emociones provocadas por la creencia de que "deberías haber sido seleccionado para liderar el proyecto". ¿Sentiste frustración, tristeza, ira o desilusión? Es fundamental observar cómo estas emociones afectaron su comportamiento subsiguiente. ¿Te distanciaste en las reuniones de trabajo, mostraste hostilidad hacia tus colegas o disminuyó tu productividad? Hay que reconocer que cada emoción y acción es una consecuencia directa de sus creencias para comprender la dinámica entre pensamiento y conducta.

Este paso le brinda la oportunidad de ver con claridad cómo sus interpretaciones de los eventos impactan su bienestar emocional y sus interacciones con otros. Al explorar estas consecuencias, podrá identificar patrones de respuesta que pueden ser perjudiciales o inefectivos. Dicha conciencia es crucial para iniciar el cambio en aquellos patrones de pensamiento y comportamiento que no favorecen su bienestar.

Además, mientras reflexiona sobre estas consecuencias, es importante identificar cualquier pensamiento adicional que haya surgido como resultado de sus emociones. Por ejemplo, la frustración por no ser elegido podría haber generado pensamientos de inseguridad o dudas acerca de su competencia profesional. Al ser consciente de estas reacciones en cadena, adquiere la capacidad de desafiar y modificar patrones de pensamiento negativos o irracionales.

En resumen, la evaluación de las consecuencias es un paso crucial para comprender cómo sus creencias afectan tanto su estado emocional como sus acciones. Desarrollar una comprensión más profunda de estas dinámicas le dota de las herramientas necesarias para iniciar cambios positivos en su forma de pensar y actuar, lo que conduce a un manejo más efectivo de los trastornos del estado de ánimo y a un incremento general en su bienestar emocional.

Ejemplo:

Al escuchar la decisión de su jefe, se vio invadido por una sensación de pesadez corporal abrumadora. Emergieron sentimientos de traición y menosprecio, que se tradujeron en una amalgama de frustración, ira y resentimiento, no solo hacia su superior, sino también hacia el recién nombrado líder del proyecto. Este conjunto de emociones tuvo un efecto directo y palpable en su comportamiento laboral en los días subsiguientes.

Comenzó a actuar de forma distante y reservada, con una notable disminución en su motivación habitual. Su participación en reuniones se vio drásticamente reducida, y cada vez que veía al nuevo líder del proyecto, sus sentimientos de resentimiento se intensificaban. Incluso tareas cotidianas, que anteriormente realizaba con facilidad, se convirtieron en desafíos emocionales complicados de afrontar.

Esta respuesta emocional desencadenó una serie de reacciones conductuales. Por ejemplo, es probable que haya evitado activamente oportunidades de colaboración o comunicación efectiva, afectando potencialmente no solo su rendimiento laboral, sino también sus relaciones con colegas y superiores. Este cambio conductual podría haber generado un ambiente de trabajo más tenso y desconectado, tanto para él como para quienes le rodeaban.

Es esencial documentar estas consecuencias emocionales y conductuales en su diario. Al hacerlo, iniciará un proceso de autoconciencia, donde podrá observar claramente cómo sus creencias sobre la situación influyeron en sus emociones y, consecuentemente, cómo estas emociones repercutieron en su comportamiento. Este acto de reconocimiento representa un paso crucial en el proceso de cuestionar y modificar las creencias irracionales, y en la búsqueda de estrategias más constructivas y saludables para gestionar sus respuestas emocionales y conductuales en situaciones similares en el futuro. Este ejercicio de introspección y registro no solo favorece una mejor comprensión personal, sino que también sienta las bases para un desarrollo emocional más resiliente y adaptativo.

Paso 5: Debate de Creencias Irracionales

En este punto crucial de su proceso introspectivo, su tarea consiste en cuestionar y desafiar las creencias irracionales que ha identificado, empleando un enfoque de reflexión crítica y constructiva. Comience este debate interno interrogándose: ¿Existe realmente evidencia que respalde estas creencias? ¿Son estas creencias beneficiosas o perjudiciales para mi bienestar emocional y para la consecución de mis objetivos? (Anexo 8).

Analice cada creencia detalladamente. Evalúe su veracidad y racionalidad. Por ejemplo, frente a la creencia de "Debería haber sido seleccionado para ese puesto", pregúntese: ¿Es esta una expectativa realista? ¿Hay factores fuera de mi control que podrían haber influido en la decisión? Este tipo de interrogantes le ayudará a determinar si está manteniendo una creencia basada en hechos objetivos o en suposiciones sin fundamento.

Reflexione también sobre el impacto de estas creencias en su estado de ánimo y conducta. Considere si están contribuyendo a su progreso o si le están sumiendo en un ciclo de emociones negativas. El objetivo es identificar y reconocer patrones de pensamiento que no solo son irracionales, sino también contraproducentes para su desarrollo.

Al desafiar estas creencias, esfuércese por desarrollar alternativas más racionales y flexibles. En lugar de aferrarse a la idea de que "debería" haber obtenido el puesto, explore la posibilidad de que esta situación pueda representar una oportunidad para crecimiento personal y profesional, tal vez incursionando en nuevas áreas o reforzando habilidades existentes.

Este paso es fundamental para transformar su diálogo interno en uno más saludable y constructivo. Al concluir esta fase, habrá dado un paso significativo hacia la modificación de patrones de pensamiento limitantes y hacia la adopción de una perspectiva más positiva y realista frente a las situaciones que enfrenta. Este enfoque no solo mejora su bienestar emocional, sino que también potencia su capacidad de adaptación y resiliencia ante los desafíos futuros.

Ejemplo:

En este ejemplo, proceda a desafiar la creencia previamente identificada: "Debería haber sido yo quien liderara el proyecto; es injusto que no fuera seleccionado". Inicie este proceso cuestionando la autenticidad y la lógica de tal afirmación. Pregúntese: ¿Existen normas universales que determinen quién debe ser seleccionado para un ascenso? ¿Está esta expectativa fundamentada en hechos objetivos o se origina en una suposición personal?

Para abordar estas cuestiones de manera efectiva, considere revisar las políticas de promoción en su empresa. Analice si su interpretación de estas políticas se alinea con la realidad o si existen elementos que quizás no haya tomado en cuenta. Este análisis le ayudará a discernir si su creencia representa una expectativa realista o si es más bien una proyección de sus propios deseos y ambiciones.

Además, realice una evaluación objetiva de las habilidades y competencias del colega que fue promovido. Reflexione si su perfil profesional cumple con los requisitos del proyecto de una manera que quizás el suyo no lo hace. Este enfoque proporcionará una visión más equilibrada y menos sesgada de la decisión tomada por su jefe.

Es crucial también adoptar una mentalidad más flexible y abierta. Reconozca que el entorno laboral está influenciado por una diversidad de factores y que las decisiones de promoción no siempre coinciden con nuestras expectativas personales. Al aceptar esta realidad, usted podrá transformar su creencia inicial y ver la situación desde una perspectiva más objetiva y desapegada emocionalmente.

Este ejercicio de cuestionamiento crítico es fundamental para desmantelar creencias irracionales y fomentar un enfoque más racional y adaptativo en su vida profesional. Al completar este paso, habrá avanzado significativamente en la mitigación de los impactos negativos que tales creencias irracionales pueden tener en su bienestar emocional, abriendo camino hacia una actitud más saludable y constructiva en su entorno laboral.

Paso 6: Creación de Nuevas Creencias

Una vez que haya confrontado y cuestionado sus creencias irracionales, el próximo paso es formular nuevas afirmaciones o creencias que sean más racionales, realistas y beneficiosas. Este proceso implica una reestructuración consciente de sus pensamientos para que estén en armonía con una valoración objetiva y equitativa de la situación.

Comience por reflexionar sobre cómo puede reinterpretar el evento o circunstancia de una manera que enfatice los aspectos positivos o las enseñanzas obtenidas. Por ejemplo, en vez de aferrarse a la idea de que "debería haber sido yo quien liderara el proyecto; es injusto que no lo fuera", considere adoptar una nueva creencia más adaptativa, como "Aunque no fui elegido para liderar este proyecto, esta situación representa una oportunidad para aprender y avanzar profesionalmente en el futuro".

Es importante que esta nueva creencia sea auténtica y realista para usted, reflejando una comprensión más matizada de la situación. Reconozca que existen múltiples factores que inciden en las decisiones profesionales y que no todas las situaciones se desarrollarán conforme a sus expectativas personales.

Además, procure formular sus nuevas creencias de una manera que promueva la autocompasión y el desarrollo personal. En lugar de concentrarse en lo que no se logró, enfoque su energía en cómo puede utilizar esta experiencia para fortalecer sus habilidades y prepararse mejor para futuras oportunidades.

El propósito de este paso es sustituir creencias limitantes y negativas por otras más saludables y propicias para su bienestar emocional y crecimiento profesional. Al concluir este paso, habrá establecido un conjunto de nuevas creencias constructivas, las cuales le servirán como herramientas valiosas para afrontar situaciones similares en el futuro de manera más efectiva y con una perspectiva más optimista y positiva.

Ejemplo:

Al reemplazar la creencia absolutista de "DEBERÍA haber sido yo la persona elegida para liderar el proyecto" por una más matizada como "ME HUBIESE GUSTADO ser la persona elegida para liderar el proyecto", usted inicia un cambio sustancial en su percepción de la situación. Esta nueva afirmación le permite reconocer su preferencia personal sin presentarla como una exigencia ineludible. Es importante entender que, si bien habría preferido liderar el proyecto, su desarrollo profesional no depende únicamente de este logro en particular. Hay un abanico de oportunidades y senderos a través de los cuales puede brillar y evolucionar en su carrera.

Comience con expandir su perspectiva para apreciar la amplia gama de posibilidades disponibles para destacar y avanzar profesionalmente. Con este nuevo entendimiento, no solo se beneficiará en términos de estado de ánimo, sino que también podrá redirigir su energía hacia la identificación y aprovechamiento de nuevos retos. Asimismo, esta actitud le permitirá adoptar un rol más abierto y colaborativo en el proyecto actual, beneficiando tanto su desempeño individual como sus relaciones con los colegas.

Adopte la visión de que cada situación, incluso las que inicialmente parezcan adversas, representa una oportunidad para enriquecer su experiencia y perfeccionar sus habilidades. Mantenga un enfoque optimista, considerando que cada experiencia, ya sea grande o pequeña, constituye una parte esencial de su crecimiento y desarrollo, tanto en el ámbito profesional como en el personal. Esta actitud no solo previene conflictos innecesarios en el trabajo, sino que también contribuye a fomentar un ambiente laboral más armonioso y productivo.

Este proceso de formulación de nuevas creencias más constructivas y flexibles le preparará para manejar situaciones similares en el futuro con mayor adaptabilidad y resiliencia, lo que a su vez mejorará su bienestar emocional y su habilidad para afrontar retos profesionales de manera más efectiva y saludable.

Paso 7: Visualización de Nuevas Consecuencias

En este paso, se le anima a utilizar su imaginación para anticipar cómo podrían ser sus reacciones emocionales y comportamientos si integrara estas nuevas creencias más adaptativas y realistas en su vida. La finalidad de esta visualización es ayudarle a entender el impacto beneficioso que un cambio en su pensamiento puede tener en su bienestar emocional y su conducta en futuras situaciones similares.

Para llevar a cabo esta práctica, busque un momento de calma para reflexionar. Visualice escenarios parecidos al que describió previamente, pero ahora reaccione desde la perspectiva de sus nuevas creencias. Por ejemplo, si nuevamente se encuentra en una circunstancia donde no es seleccionado para un rol o tarea específica, imagine cómo reaccionaría recordando que cada experiencia, lograda o no, contribuye a su desarrollo profesional. Reflexione sobre cómo esta nueva creencia podría influir en su estado emocional, atenuando sentimientos de frustración y fomentando actitudes de aceptación y motivación para continuar avanzando.

Concéntrese en las emociones positivas que podrían emerger al adoptar esta renovada perspectiva. Podría sentirse más tranquilo, motivado o incluso inspirado para explorar nuevas oportunidades. Visualice también cómo esta actitud positiva puede mejorar sus interacciones con colegas y supervisores, y el posible impacto positivo en su rendimiento laboral.

Este ejercicio de visualización no solo le permite prever reacciones emocionales y conductuales más saludables y adaptativas ante futuros desafíos, sino que también ayuda a internalizar y fortalecer estas nuevas creencias racionales. Al practicar regularmente esta técnica de visualización, estará preparándose mentalmente para afrontar los retos de una manera más constructiva y positiva, lo cual repercutirá favorablemente en su bienestar emocional y en la calidad general de su vida.

Ejemplo:

Imagine que se encuentra en una próxima reunión del proyecto en el cual no fue designado como líder. Con su renovada mentalidad, visualícese participando de manera activa y entusiasta, no desde una postura de resentimiento, sino con un espíritu de apertura y colaboración. En lugar de percibirse como excluido, reconozca esta situación como una oportunidad para aportar de manera significativa.

Visualice cómo su participación constructiva y su entusiasmo pueden transformar positivamente la dinámica del equipo y elevar su propio estado anímico.

En este escenario, visualice cómo al compartir sus ideas y trabajar de forma cooperativa, experimenta una sensación de satisfacción y logro, comprendiendo que existen múltiples formas de progresar en su carrera profesional. Esta actitud positiva y proactiva no solo mejora su bienestar emocional, sino que también puede captar la atención de sus superiores y colegas. Contemple cómo su contribución al proyecto podría abrirle las puertas a futuras oportunidades, destacándolo como un profesional versátil y colaborador.

Además, imagine el impacto de esta nueva perspectiva en sus relaciones laborales. Al interactuar con sus colegas, incluido el nuevo líder del proyecto, desde una posición de colaboración y no de competencia, fortalecerá sus vínculos profesionales. Esto puede dar lugar a un entorno de trabajo más armonioso y productivo, donde se siente valorado y reconocido como parte integral del equipo.

Este ejercicio de visualización es una herramienta poderosa para internalizar su nueva creencia y prepararse mentalmente para aplicarla en situaciones reales. Al practicar esta visualización con regularidad, fortalecerá su habilidad para afrontar desafíos similares en el futuro de una manera más positiva y constructiva, beneficiando no solo su bienestar emocional sino también su desarrollo profesional. Este enfoque le permitirá abordar futuras situaciones con una mayor confianza en sí mismo y una actitud más abierta, lo cual es esencial para un crecimiento continuo y exitoso en su trayectoria laboral.

Paso 8: Práctica y Repetición

La integración efectiva de estas nuevas creencias racionales y constructivas en su vida diaria se logra mediante la práctica constante y consciente. Este proceso implica aplicar estas creencias de manera regular en diversas situaciones, tanto en el ámbito profesional como en el personal, reforzando así su internalización y su impacto positivo en su bienestar emocional.

Comience por ser consciente de las palabras clave en su diálogo interno que señalen patrones de pensamiento absolutistas o irracionales, como "debería", "tengo que" o "necesito". Aunque estas expresiones pueden parecer triviales, son indicativos poderosos de cómo interpreta y responde a las situaciones.

En momentos en que normalmente experimentaría una reacción emocional negativa, hágase consciente de estos términos y reflexione. En vez de pensar en lo que "debería" ser, pregúntese si simplemente "le gustaría" que fuera así. Este cambio sutil en el lenguaje y en la percepción puede tener un impacto notable en su forma de ver y manejar las circunstancias.

Registre las mejoras en su estado emocional y en sus comportamientos como resultado de aplicar estos cambios. Observar cómo se siente y actúa en situaciones donde anteriormente habría reaccionado de forma distinta es esencial. Este seguimiento constante le permitirá reconocer y valorar los beneficios de adoptar un enfoque más racional y constructivo en su vida.

Finalmente, dedíquese a la práctica regular y reflexiva de estas nuevas creencias. Es importante recordar que el cambio sostenido en los patrones de pensamiento y comportamiento requiere tiempo, esfuerzo y constancia. La repetición de este proceso fortalecerá su habilidad para manejar sus emociones de forma efectiva y llevar una vida más equilibrada y satisfactoria. Mantenga un registro de sus avances y desafíos en su diario personal y utilícelo como una herramienta de apoyo para su desarrollo continuo en la gestión emocional. Con el tiempo, estas nuevas creencias y prácticas se convertirán en una parte integral de su enfoque hacia la vida, permitiéndole enfrentar desafíos con mayor confianza y resiliencia.

Ejemplo:

Imagínese que cada mañana, al despertar, se toma un momento para reafirmar su nueva creencia: "Me gustaría ser reconocido en mi trabajo, pero mi valor profesional no depende únicamente de una promoción o un proyecto específico". Visualícese afrontando el día con esta mentalidad, preparándose para cualquier situación laboral con una perspectiva serena y objetiva.

Durante el día, lleve un diario de autoobservación. En situaciones donde anteriormente se habría sentido menospreciado, como en reuniones donde sus aportes no son reconocidos como esperaba, anote sus reacciones emocionales y cómo la nueva creencia le ayuda a manejar la situación de manera más positiva y constructiva.

Al finalizar el día, dedique unos momentos para revisar su diario. Reflexione sobre la aplicación de la nueva creencia en diferentes contextos y evalúe si se sintió más tranquilo y en control. Este ejercicio le permitirá identificar momentos en los que pudo haber revertido a antiguos patrones de pensamiento y le ofrece la oportunidad de considerar cómo podría abordar estas situaciones de manera diferente en el futuro.

Con cada semana que pasa, haga tiempo para revisar su diario y celebrar los progresos, por pequeños que sean. Reconozca que cada paso adelante es un avance en su camino hacia el bienestar emocional.

Gradualmente, comience a aplicar esta creencia en otras áreas de su vida, como en su vida personal, donde también busca reconocimiento y valoración. Descubra cómo este nuevo enfoque de pensamiento le ayuda a sentirse más satisfecho y menos dependiente de la aprobación externa.

Este proceso de práctica y repetición se convierte en un componente esencial de su rutina diaria. Con el tiempo, notará cómo este cambio en su forma de pensar no solo mejora su bienestar emocional, sino que también le permite enfrentar desafíos con mayor facilidad y eficacia. A través de este enfoque constante y reflexivo, se transforma en una persona más resiliente y equilibrada, capaz de manejar las vicisitudes de la vida con una mayor fortaleza y perspectiva positiva.

Paso 9: Diario de Progreso

Ahora que ha comenzado a integrar nuevas creencias racionales y constructivas en su vida, resulta esencial mantener un registro detallado de estos cambios y su impacto. Se le anima a llevar un Diario de Progreso. Éste puede estar integrado en su diario emocional. Este diario se convertirá en una herramienta invaluable para documentar sus experiencias, reflexiones y los ajustes que realice en su camino hacia una gestión emocional más efectiva.

Dedique un momento cada día para escribir en este diario. Puede ser en la mañana, estableciendo sus intenciones para el día, o en la noche, reflexionando sobre los eventos del día. Empiece por registrar situaciones específicas en las que aplicó sus nuevas creencias. Detalle el contexto, cómo reemplazó una creencia irracional por una racional y sus sentimientos al respecto.

Por ejemplo, si se encontró con una situación en el trabajo donde normalmente se habría sentido menospreciado, describa cómo modificó esa percepción por una más equilibrada y qué acciones emprendió como resultado. Anote su respuesta a los comentarios de los colegas y cómo se sintió al final del día al adoptar esta nueva creencia.

Además, documente cómo estas nuevas creencias afectan sus emociones y comportamientos. Observe si hay una disminución en los niveles de estrés o ansiedad. Registre cualquier mejora en sus relaciones interpersonales o en su rendimiento laboral.

Utilice este diario también para identificar áreas de mejora. Si se da cuenta de que en ciertas situaciones recurre a patrones de pensamiento antiguos, anótelo. Reflexione sobre las razones de este retroceso y qué podría hacer diferente en el futuro.

El propósito de este diario no es autojuzgarse, sino proporcionar un medio para observar su progreso y aprender de sus experiencias. Con el tiempo, podrá ver cuánto ha avanzado en la adopción de creencias más saludables y cómo esto ha beneficiado positivamente su vida. Este registro se convertirá en una evidencia valiosa de su evolución hacia una mejor salud emocional y un bienestar incrementado, demostrando el poder de un enfoque reflexivo y consciente en su desarrollo personal y profesional.

Ejemplo:

"Hoy, al cruzar las puertas de cristal de la sala de reuniones, me enfrenté a un desafío que no esperaba. Durante la presentación de mi más reciente propuesta, mi jefe expresó públicamente sus dudas. Normalmente, esto habría desencadenado en mí una mezcla de resentimiento y desánimo. En el pasado, tendía a interpretar estas situaciones como un ataque directo a mi competencia profesional, y las críticas de mi jefe resonaban en mi cabeza como un eco perturbador: 'Debería ser reconocido y valorado, es injusto que no lo sea'. Sin embargo, hoy experimenté las cosas de manera diferente.

Con la intención de transformar mis antiguas creencias, me había preparado mentalmente para situaciones como esta. 'Me gustaría que mi jefe valorara mi idea, pero su desacuerdo no define mi valía', me recordé a mí mismo, buscando adoptar una perspectiva más equilibrada y constructiva. Al recibir la crítica, en lugar de hundirme en la decepción, respiré profundamente y opté por abordar la situación con una mente abierta, preguntando a mi jefe cómo podría mejorar mi propuesta.

La respuesta emocional que experimenté fue reveladora. Aunque inicialmente sentí una oleada de ansiedad y frustración, al aplicar activamente mis nuevas creencias, me encontré progresivamente más sereno y en control. Mi comportamiento también reflejó este cambio: en lugar de mostrarme retraído o defensivo, participé activamente y estuve receptivo a las sugerencias constructivas. Este ajuste en mi actitud no solo me permitió mantener la calma y concentración, sino que también reforzó mi sensación de seguridad y valoración dentro del equipo.

Reflexionando sobre este episodio en mi Diario de Progreso, me doy cuenta de que este nuevo enfoque no solo mejora mi bienestar emocional, sino que también fortalece mis habilidades profesionales y mis relaciones laborales. Comprendo la importancia de mantener una actitud positiva y abierta al feedback, incluso frente a la reacción inicial de sentirme rechazado o subestimado. Esta experiencia me ha enseñado que cada situación, por difícil que sea, representa una oportunidad para crecer y aprender. A medida que continúo documentando mis experiencias y reflexiones, estoy decidido a seguir aplicando estas nuevas creencias, fortaleciendo así mi habilidad para manejar situaciones emocionalmente complejas y contribuyendo a mi desarrollo personal y profesional".

Paso 10: Reflexión y Ajuste Continuo

Al llegar a este punto crucial del ejercicio, es importante dedicarse a la reflexión y al ajuste continuo de las estrategias que ha estado implementando para gestionar sus emociones y estados de ánimo. Este proceso de evaluación continua es fundamental para asegurar que su enfoque se mantenga relevante y efectivo a lo largo del tiempo. La revisión periódica de sus prácticas le permitirá identificar qué aspectos están funcionando eficazmente y cuáles necesitan ser modificados para adaptarse mejor a sus necesidades y situaciones cambiantes.

Establezca un tiempo cada semana para revisar su Diario de Progreso. En él, encontrará un registro detallado de sus experiencias y reflexiones, lo cual es crucial para evaluar el impacto de su nueva mentalidad y prácticas en su bienestar general. Hágase preguntas clave: ¿Están sus nuevas creencias contribuyendo a mejorar su estado de ánimo? ¿Cómo están influenciando estas creencias su comportamiento diario y sus interacciones con los demás? ¿Existe alguna creencia o práctica que necesite ser revisada o sustituida por otra más efectiva?

No tema experimentar con ajustes en su enfoque. Si descubre que una creencia o un patrón de pensamiento sigue siendo un desafío, considere explorarlo desde una nueva perspectiva o buscar apoyo adicional, como la lectura de material relevante, la participación en grupos de apoyo o la consulta con un profesional de la salud mental.

Además de evaluar sus creencias y comportamientos, reflexione sobre el impacto global de este proceso en su salud emocional y mental. Pregúntese: ¿Se siente más equipado para enfrentar desafíos emocionales? ¿Ha notado mejoras en su calidad de vida y en sus relaciones interpersonales? Estas reflexiones le ayudarán a mantener un enfoque claro en su objetivo final de mejorar su bienestar emocional.

Finalmente, recuerde ser paciente y compasivo consigo mismo en este viaje de autodescubrimiento y crecimiento. El desarrollo de la inteligencia emocional y la gestión efectiva de los trastornos del estado de ánimo es un proceso continuo que demanda tiempo, práctica y compromiso. Cada paso que toma en este camino representa un avance hacia una comprensión más profunda y un manejo más eficaz de sus emociones, lo que a su vez le conducirá a una vida más plena y satisfactoria. Tenga en cuenta que cada pequeño cambio y ajuste que realiza constituye un paso importante hacia su bienestar emocional y su crecimiento personal y profesional.

Ejemplo:

Imagine que, después de varias semanas practicando los pasos del modelo ABC de Albert Ellis, decide dedicar un tiempo para evaluar el progreso alcanzado hasta el momento. Se sienta en un lugar tranquilo con su Diario de Progreso, listo para reflexionar sobre su viaje de autodescubrimiento y mejora emocional.

Empieza revisando las anotaciones en su diario, donde ha detallado situaciones específicas, las creencias irracionales que identificó, las nuevas creencias que desarrolló para reemplazarlas, y el impacto de estos cambios en sus emociones y comportamientos. Observa, por ejemplo, una entrada en la que describía una situación laboral donde inicialmente se sintió infravalorado. Luego, se percata de cómo la adopción de nuevas creencias, como "Tengo el potencial para crecer y aprovechar nuevas oportunidades", le ha permitido enfrentar situaciones similares con mayor confianza y una actitud más proactiva.

Reflexiona sobre el efecto que este cambio de percepción ha tenido en su bienestar general. Podría darse cuenta de que ahora se siente menos ansioso frente a los desafíos laborales y más dispuesto a colaborar en proyectos, incluso cuando no ocupa un rol de liderazgo. Es posible que haya notado una reducción en sus niveles de estrés y una mejora en la calidad de su sueño.

A continuación, se pregunta si existen áreas que todavía requieren mejora. ¿Hay situaciones en las que las antiguas creencias irracionales todavía emergen? ¿Cómo podría ajustar su enfoque para abordar estas áreas de manera más efectiva? Quizás decida buscar recursos adicionales, como libros sobre desarrollo personal, o considere la posibilidad de discutir sus desafíos con un terapeuta o un grupo de apoyo.

Al concluir su sesión de reflexión, se siente inspirado por el progreso que ha logrado y tiene una idea clara de los pasos a seguir. Reconoce que el camino hacia la mejora emocional es un proceso continuo y se compromete a seguir evaluando y ajustando su enfoque. Con cada revisión, se hace más competente en el manejo de sus emociones y en la construcción de un bienestar emocional más robusto y sostenible. Este proceso continuo de autoevaluación y ajuste le permite enfrentar desafíos futuros con mayor habilidad y confianza, afianzando su crecimiento personal y profesional.

Conclusión

Resumen y Reflexión

Al finalizar nuestra exploración del Método ABC de Albert Ellis, es momento de reflexionar sobre los avances realizados. Este recorrido ha sido una travesía profunda hacia el autoconocimiento y el entendimiento de nuestras reacciones emocionales ante las situaciones de la vida. Hemos fomentado la introspección y mejorado nuestro manejo emocional.

Iniciamos identificando eventos perturbadores y analizando detenidamente las creencias subyacentes, desafiando aquellas ideas irracionales que comprometen nuestro bienestar emocional. Reconocimos cómo nuestras emociones a menudo derivan de nuestras interpretaciones personales, más que de los eventos mismos.

Cuestionar la validez de creencias irracionales nos ha guiado hacia una perspectiva más objetiva, ajustando nuestras creencias hacia un enfoque más saludable y equilibrado. Implementamos estrategias prácticas como la visualización para consolidar estos cambios, mejorando nuestra respuesta emocional y conductual.

Este viaje ha transformado nuestra percepción y respuesta ante las experiencias, permitiéndonos neutralizar pensamientos disruptivos y establecer un fundamento de creencias racionales que fomentan el bienestar. Es un momento para valorar estos logros, viéndolos como pasos hacia una vida más armoniosa.

Este compromiso con el mejoramiento personal, buscando paz interior y habilidades para afrontar la vida, subraya nuestra dedicación al crecimiento. Este esfuerzo nos acerca a una vida más plena y satisfecha, marcando un avance significativo en nuestro desarrollo personal.

Paso Siete

Introducción a la Terapia Cognitivo Conductual

Introducción al Tema

La Terapia Cognitivo Conductual (TCC) constituye un enfoque psicoterapéutico integral y eficaz dentro del ámbito de la salud mental. Beck (1964) demostró su utilidad en la comprensión y modificación de patrones de pensamiento y comportamiento que contribuyen a trastornos emocionales y psicológicos. Desde su desarrollo en la década de 1960, la TCC se ha fundamentado en la premisa de que las cogniciones, incluidos pensamientos, creencias y actitudes, influyen significativamente en nuestras emociones y comportamientos, así como en nuestra salud mental.

Caracterizada por ser breve y orientada hacia problemas actuales y el presente, la TCC ha demostrado su eficacia a través de investigación empírica, especialmente en el tratamiento de trastornos del estado de ánimo, tales como la depresión y la ansiedad (Hofmann, Asmundson & Beck, 2013). La TCC enfatiza en la identificación y reestructuración de pensamientos automáticos negativos, creencias centrales desadaptativas y esquemas cognitivos distorsionados (Beck, Rush, Shaw & Emery, 1979).

La colaboración terapéutica es fundamental en la TCC, donde terapeuta y paciente trabajan juntos para explorar y desafiar creencias subyacentes, con el objetivo de construir una narrativa más adaptativa (Beck et al., 1979). Técnicas como la exposición gradual, la práctica de habilidades y la resolución de problemas permiten a los pacientes modificar comportamientos disfuncionales, mejorando su calidad de vida (Hofmann & Smits, 2008).

La integración de la Inteligencia Emocional (IE) en la TCC puede potenciar sus beneficios (Salovey & Mayer, 1990). La IE mejora la comprensión y manejo de emociones propias y ajenas, facilitando la regulación emocional y la empatía (Mayer, Roberts & Barsade, 2008), aspectos valiosos en la TCC para identificar emociones y cogniciones problemáticas (Mayer & Salovey, 1997).

Por ejemplo, la autoconsciencia emocional permite reconocer patrones de pensamiento automático y evaluar su precisión y utilidad. La regulación emocional, equipa a los pacientes con estrategias para manejar emociones intensas, reduciendo la vulnerabilidad a distorsiones cognitivas y mejorando la capacidad para afrontar desafíos. La empatía y la competencia social facilitan la construcción de relaciones más sanas y el establecimiento de redes de apoyo, reduciendo el aislamiento frecuente en trastornos del ánimo (Mayer et al., 2008).

Además, la TCC enriquecida con IE puede ser especialmente efectiva en entornos grupales, donde los pacientes practican habilidades de IE socialmente, aprendiendo de otros y proporcionando retroalimentación y apoyo mutuo. Este enfoque no solo fomenta el cambio individual, sino que también promueve un ambiente terapéutico de aprendizaje y crecimiento colectivo (Durlak et al., 2011).

En resumen, la TCC es un enfoque robusto para el tratamiento de trastornos del estado de ánimo, y su enriquecimiento con IE puede resultar en un tratamiento más completo. Esta combinación ofrece a los pacientes herramientas duraderas para la regulación emocional y adaptación conductual, mejorando su capacidad para manejar dificultades presentes y futuras (Greenberg, 2006).

Evidencia de Investigación

La eficacia de la Terapia Cognitivo Conductual en el tratamiento de trastornos del estado de ánimo ha sido ampliamente documentada, incluyendo la depresión mayor, trastorno de ansiedad generalizada, trastorno de pánico, fobia social, y trastorno de estrés postraumático, entre otros. La TCC proporciona herramientas prácticas para que los pacientes mejoren su estado de ánimo y comportamiento en la vida diaria (Hofmann, Asnaani, Vonk, Sawyer & Fang, 2012).

Respaldada por evidencia empírica, la TCC se centra en la investigación sistemática. Hofmann et al. (2012) en su metaanálisis, destacaron la sostenida efectividad a largo plazo de la TCC para varias condiciones de salud mental, proporcionando no solo alivio sintomático sino también promoviendo habilidades de afrontamiento que mejoran la calidad de vida y la funcionalidad general del paciente.

La integración de la Inteligencia Emocional en la TCC representa una innovación que añade una dimensión adicional al tratamiento de los trastornos del estado de ánimo. Al enfocarse en el pensamiento y la conducta, la TCC se beneficia de la inclusión de la IE, posiblemente resultando en una comprensión más profunda de la interacción entre emociones, pensamientos y comportamientos (Zeidner, Matthews & Roberts, 2009).

Incorporar habilidades de IE, como la atención plena, la conciencia emocional y la empatía, dentro del marco de la TCC puede mejorar la capacidad de los individuos para reconocer y regular sus emociones de manera más efectiva. La IE facilita el desafío a patrones de pensamiento negativos y desarrolla una perspectiva más equilibrada y adaptativa de las experiencias (Salovey, Bedell, Detweiler & Mayer, 1999).

En conclusión, la TCC se confirma como un abordaje efectivo para los trastornos del estado de ánimo, y su enriquecimiento mediante la integración de la IE podría constituir un tratamiento más holístico y efectivo para el bienestar emocional y psicológico (Brackett, Rivers & Salovey, 2011). Futuras investigaciones proporcionarán una base más sólida para esta práctica combinada, anticipada con interés en el campo de la salud mental.

Instrucciones

Identificación y Reestructuración
de Distorsiones Cognitivas

Objetivo

Este ejercicio, fundamentado en la Terapia Cognitivo Conductual, se centra en la reestructuración cognitiva. El propósito es guiarle en la identificación de pensamientos automáticos y en el cuestionamiento de las distorsiones cognitivas que afectan su percepción de la realidad, provocando emociones negativas y conductas no deseadas.

A través de un proceso estructurado de diez pasos, aprenderá a reconocer y modificar pensamientos perjudiciales o improductivos por otros más equilibrados y racionales. Este cambio cognitivo busca no solo reducir la tensión emocional, sino también fomentar un bienestar general. Esta técnica es una herramienta efectiva para el desarrollo de habilidades en autogestión emocional y modificación conductual.

Durante este ejercicio, que abarca desde la preparación de un entorno propicio para la reflexión hasta la evaluación y ajuste continuo de su progreso, incrementará su resiliencia y su capacidad para abordar futuros desafíos de forma segura y eficaz. Este proceso le proporcionará un marco para la introspección y estrategias prácticas para implementar cambios positivos y duraderos en su vida cotidiana.

El objetivo último es alcanzar un conocimiento profundo de uno mismo, lo cual contribuirá a mejorar su calidad de vida y enriquecerá sus relaciones interpersonales. Con este enfoque, se busca no solo mitigar síntomas o abordar problemas puntuales, sino también promover el crecimiento personal y una mejora constante en todas las áreas de su existencia.

Paso 1: Preparación del Entorno

Para iniciar efectivamente el proceso de identificación y reestructuración de distorsiones cognitivas, el primer paso indispensable es la creación de un entorno propicio. Este espacio debe ser un santuario de calma y concentración, exento de interrupciones y distracciones. Es ideal seleccionar un lugar en su hogar, como un estudio o un rincón tranquilo, que promueva la introspección y el análisis en profundidad. Este ambiente debe ser acogedor y estimulante para su trabajo interior, facilitando que se sumerja completamente en el proceso de reflexión y autoexamen.

Dentro de este espacio, es vital contar con su diario personal a mano. Este diario se convertirá en un fiel acompañante a lo largo de su viaje, proporcionando un espacio seguro donde registrar pensamientos, observaciones y cualquier percepción reveladora que surja durante el ejercicio. Un diario es más que un mero cuaderno; se transforma en una herramienta poderosa para documentar su progreso, reflexionar sobre sus experiencias y llevar un registro concreto de su evolución emocional y cognitiva.

Al preparar su entorno, también es importante considerar elementos que potencien su concentración y bienestar. Esto puede incluir una iluminación adecuada, una silla confortable y posiblemente elementos personales que le inspiren, como una planta, una obra de arte o música suave de fondo, siempre que esto contribuya a su enfoque. El objetivo es crear un santuario personal en el que se sienta seguro, confortable y completamente preparado para emprender un trabajo de gran significado y transformación.

Este entorno preparado actúa como un catalizador para el proceso de autoanálisis y crecimiento personal. Al dedicar un espacio físico y mental para su desarrollo, establece una base sólida para el trabajo introspectivo que realizará. Este es un paso esencial para abordar y reformular las distorsiones cognitivas de manera efectiva, allanando el camino hacia un mayor autoconocimiento y bienestar emocional.

Paso 2: Identificación de Emociones

En este crucial paso de su proceso terapéutico, dedíquese a la introspección para identificar y nombrar las emociones que está experimentando. Esta fase es esencial para establecer la relación entre sus sentimientos y las situaciones específicas que los desencadenan. Inicie preguntándose: "¿Qué emociones estoy sintiendo actualmente?" y "¿Cómo se manifiestan estas emociones físicamente en mi cuerpo?". Es vital observar cada emoción y sensación corporal asociada sin emitir juicios o intentar modificarlas. Simplemente acéptelas tal como emergen en su conciencia.

Anote en su diario personal todas las emociones que identifique, incluyendo detalles como su intensidad, duración y los pensamientos asociados. Este registro no solo promueve una comprensión más profunda de su estado emocional, sino que también es clave para reconocer patrones y desencadenantes emocionales recurrentes.

Si le resulta complicado nombrar o comprender sus emociones, puede ser útil consultar el Anexo 3, que proporciona una guía detallada sobre las emociones y sus características. Este recurso le ayudará a diferenciar entre emociones parecidas y a entender mejor la complejidad de su experiencia emocional. También se le invita a consultar el Anexo 9.

La identificación precisa de sus emociones es un paso crucial en el proceso de reestructuración de distorsiones cognitivas. Al comprender claramente qué siente y por qué, estará más capacitado para analizar cómo sus pensamientos y creencias impactan en su estado emocional y comportamiento. Este nivel de autoconocimiento es fundamental en la Terapia Cognitivo Conductual y sienta las bases para los siguientes pasos de su tratamiento.

Este proceso de identificación de emociones le permite no solo reconocer y entender mejor sus propias reacciones emocionales, sino también prepararse para el próximo paso de explorar y desafiar las creencias y pensamientos que están detrás de estas emociones. Al hacerlo, abre el camino hacia una mayor comprensión de sí mismo y hacia el desarrollo de estrategias más saludables para manejar sus respuestas emocionales, lo que es vital para su crecimiento y bienestar emocional.

Ejemplo:

Imagine que recientemente ha enfrentado un desafío en su trabajo: un proyecto en el que invirtió considerable tiempo y esfuerzo fue cancelado inesperadamente. Este es un momento oportuno para reflexionar sobre sus emociones. Usted identifica que se siente "frustrado y decepcionado". Sin embargo, es crucial profundizar más allá de la simple identificación de estas emociones. Note cómo estas emociones se manifiestan en su cuerpo: quizás experimente una sensación de opresión en el pecho y una tensión notable en sus hombros.

Para un análisis más detallado, resulta útil cuantificar estas sensaciones. Podría asignar una puntuación del uno al cinco a la intensidad de su malestar físico y emocional. En su diario personal, registre estas emociones y sensaciones físicas con un valor numérico. Por ejemplo: "Experimento una opresión en el pecho que calificaría con un 4 en intensidad, y la tensión en mis hombros es un 3".

Además, reflexione sobre el grado de confort o malestar que le generan estas sensaciones. Pregúntese: "¿Qué tan agradables o desagradables encuentro estas sensaciones físicas y emocionales?" y asigne una puntuación similar. Esto le ayudará a obtener una comprensión más clara de cómo estas emociones impactan en su bienestar general. Por ejemplo, podría decir: "La frustración que experimento es bastante desagradable, la calificaría con un 4 en términos de desagrado".

El registro de estas observaciones es un paso esencial en el proceso de identificación y reestructuración de distorsiones cognitivas. Al documentar estas experiencias, establece un vínculo claro entre las emociones sentidas y las reacciones físicas. Este ejercicio es crucial para comenzar a entender cómo sus pensamientos y emociones están interconectados y cómo afectan a su estado de ánimo y comportamiento. Este nivel de autoconciencia es vital para abordar y modificar patrones de pensamiento que puedan estar contribuyendo a respuestas emocionales negativas, lo que a su vez es un paso importante en su viaje hacia una mejor gestión emocional y un mayor bienestar.

Paso 3: Registro de Pensamientos Automáticos

En esta fase del ejercicio, es imprescindible que dedique tiempo a la identificación y el registro de los pensamientos automáticos que emergen en su mente. Estos pensamientos son reacciones espontáneas e inmediatas a situaciones concretas, especialmente aquellas que desencadenan emociones intensas. A menudo surgen tan rápidamente y de manera tan sutil que pasan desapercibidos, pero tienen un impacto significativo en nuestro estado emocional y en nuestras reacciones conductuales.

Para implementar este paso, siempre que se enfrente a una situación que provoque una respuesta emocional, haga una pausa para observar los pensamientos que surgen en su mente. Estos pensamientos pueden ser breves o fugaces, pero es esencial capturarlos tal como se manifiestan. Pueden ser juicios, suposiciones, predicciones o cualquier otro tipo de pensamiento espontáneo.

Anote estos pensamientos en su diario personal lo más fielmente posible. Es crucial que los registre exactamente como los experimenta, sin intentar alterarlos o juzgarlos por su aparente falta de importancia o por su carácter incómodo. Incluso aquellos pensamientos que puedan parecer menores o triviales pueden proporcionar insights valiosos sobre sus patrones de pensamiento.

Por ejemplo, si después de una reunión de trabajo se siente particularmente ansioso, preste atención y anote los pensamientos que cruzan por su mente. Podrían ser reflexiones como: "Seguro que mi presentación no fue lo suficientemente buena" o "Probablemente creen que no soy adecuado para el proyecto". Estos pensamientos automáticos son un reflejo de sus creencias subyacentes y son fundamentales para comprender cómo se forman sus emociones y comportamientos.

Este paso es vital en el proceso de identificar y reestructurar distorsiones cognitivas. Al tomar conciencia de estos pensamientos automáticos, inicia el proceso de entender cómo sus percepciones y creencias afectan su experiencia emocional y conductual. Este registro meticuloso es el preámbulo para los siguientes pasos de análisis y modificación de estas respuestas automáticas, permitiéndole abordarlos de manera más consciente y sistemática. A través de este ejercicio, se está equipando con las herramientas necesarias para desentrañar y transformar las creencias que limitan su bienestar emocional, avanzando así hacia una mayor comprensión y manejo de sus emociones y reacciones.

Ejemplo:

En relación con una reciente discusión que tuvo con un ser querido, es fundamental que se tome un tiempo para reflexionar y documentar los pensamientos automáticos que surgieron durante o después de esa interacción. Estos pensamientos, que son reacciones espontáneas a las emociones experimentadas, pueden proporcionar una comprensión profunda de sus patrones habituales de pensamiento.

Por ejemplo, después del desacuerdo, quizás tuvo pensamientos como: "Siempre fallo en hacerme entender", "Me siento infravalorado por los demás" o "Siempre termino siendo el culpable en estas situaciones". Estos pensamientos son indicativos de creencias subyacentes que podrían estar impulsando sus emociones negativas y su manera de reaccionar ante la situación.

Es esencial que registre estos pensamientos de forma honesta y detallada en su diario personal. Procure capturar la esencia exacta de cada pensamiento, manteniendo su forma original y su carga emocional. La precisión en este registro es clave para una comprensión cabal de sus procesos mentales internos.

Además de anotar estos pensamientos, reflexione sobre sus sensaciones físicas y emocionales en ese momento. ¿Experimentaba tensión en alguna parte de su cuerpo? ¿Sentía alguna sensación física como calor o frío? ¿Cuál era el grado de intensidad de su emoción? Al correlacionar estos pensamientos con las respuestas físicas y emocionales, obtendrá una visión más completa de cómo ciertas situaciones desencadenan patrones específicos de pensamiento y reacción emocional.

Este paso constituye un elemento crucial en el proceso de identificar y reestructurar distorsiones cognitivas. Al reconocer y comprender estos pensamientos automáticos y su influencia en su estado de ánimo y comportamiento, se prepara para analizar y modificar estas respuestas en las siguientes etapas del ejercicio. Este conocimiento le equipa mejor para abordar y aliviar los trastornos del estado de ánimo mediante técnicas de Terapia Cognitivo Conductual, avanzando así hacia una mejor gestión emocional y un mayor bienestar. Este registro detallado de pensamientos automáticos es un paso esencial hacia la toma de conciencia y el cambio de patrones de pensamiento que pueden estar limitando su felicidad y eficacia en las relaciones personales y en otros aspectos de su vida.

Paso 4: Detección de Distorsiones Cognitivas

En este paso crucial del ejercicio, usted se enfoca en confrontar y desentrañar las distorsiones cognitivas que se han infiltrado en sus pensamientos automáticos. Estas distorsiones son patrones de pensamiento erróneos que distorsionan su percepción de la realidad, a menudo de manera ilógica o exagerada, y son una fuente común de emociones y comportamientos negativos. Su tarea en este proceso de introspección es examinar minuciosamente los pensamientos que ha registrado anteriormente, buscando patrones que indiquen una percepción distorsionada de la realidad.

Uno de estos patrones es la personalización, donde uno puede atribuirse la responsabilidad de situaciones completamente fuera de su control. Por ejemplo, si piensa que un leve desacuerdo con un amigo es totalmente su culpa, está personalizando la situación. Un patrón común relacionado es el pensamiento dicotómico, también conocido como pensamiento de todo o nada. En este caso, las situaciones se ven en términos absolutos: algo es completamente bueno o malo, sin espacio para matices o grises. Este tipo de pensamiento a menudo conduce a conclusiones extremas y poco realistas sobre uno mismo y los demás.

Otro patrón importante es la sobre-generalización, donde un solo evento negativo se toma como un patrón interminable de fracaso y decepción. Por ejemplo, si después de un mal día en el trabajo concluye que siempre es incompetente, está sobre-generalizando a partir de una instancia única. También está la filtración mental, que implica centrarse solo en los aspectos negativos de una situación, ignorando los positivos o neutrales. Esto conduce a una visión desequilibrada de los eventos y refuerza los sentimientos de desesperanza y negatividad.

Finalmente, la catastrofización es una distorsión en la que se anticipa el peor escenario posible, a menudo sin una base realista. Esta tendencia a imaginar el peor de los casos aumenta innecesariamente la ansiedad y el estrés. Su objetivo en este paso es identificar y marcar estos patrones en su diario personal, al lado de los pensamientos automáticos que ha registrado. Esta identificación es el primer paso hacia la desarticulación de estas distorsiones y su reemplazo por pensamientos más equilibrados y realistas.

Se le recomienda consultar el Anexo 10 para dar con una información más detallada de las distorsiones cognitivas. El Anexo 2, por otro lado, es una escala que puede ayudarle a tener una estimación de cuales distorsiones pueden estar presente en usted.

Ejemplo:

Continuando con el proceso de introspección y análisis que hemos iniciado, ahora nos enfocamos en la reciente situación de desacuerdo para examinar detenidamente los pensamientos registrados. Al hacerlo, usted comenzará a identificar patrones de pensamiento que podrían estar distorsionando su percepción de la realidad.

Tomemos, por ejemplo, la afirmación "Creo que nunca consigo hacerme entender". Este pensamiento puede revelar una tendencia clara hacia la sobre-generalización. Aquí, el uso de la palabra "nunca" indica cómo un evento específico y posiblemente aislado se ha extrapolado para abarcar todas las situaciones de comunicación posibles. Este tipo de pensamiento absoluto, aunque común, puede afectar significativamente su estado mental y emocional, llevándolo a una visión sesgada y negativamente distorsionada de sus habilidades comunicativas.

Otra posible reflexión que pudo haber surgido en su mente durante este ejercicio es "Soy el responsable de todos los malentendidos". Esta declaración sugiere personalización, donde se asume irracionalmente toda la culpa, sin considerar otros factores o circunstancias que pueden haber contribuido al malentendido. La utilización de un término absoluto como "todos" es un claro indicador de una percepción distorsionada y absolutista de la situación.

Estos ejemplos de pensamientos automáticos y las distorsiones cognitivas asociadas son fundamentales para comprender cómo interpretamos y reaccionamos a las situaciones cotidianas. Al tomar conciencia de estas distorsiones y trabajar activamente en reconocerlas y cuestionarlas, empezará a notar una reducción en la influencia negativa que ejercen en su bienestar emocional. Este paso es vital para sentar las bases para la reestructuración de estos pensamientos, lo cual abordaremos en los pasos siguientes de este ejercicio. Este proceso le llevará a una visión más realista y equilibrada de sus interacciones y de su propia persona, marcando un avance significativo en su camino hacia una mejor gestión emocional y un mayor autoconocimiento.

Paso 5: Desafío de Pensamientos Automáticos

En este momento crucial del ejercicio, con los pensamientos automáticos ya identificados y las distorsiones cognitivas reconocidas, se abre paso a una etapa crítica: el desafío de estos pensamientos. Este paso es fundamental, ya que implica un cuestionamiento activo y consciente de la validez y utilidad de las ideas y percepciones que surgen automáticamente en su mente.

Para iniciar este proceso, adopte una actitud de indagación profunda, similar a la de un detective en busca de la verdad. Emplee el método socrático (Anexo 8), una técnica que consiste en hacerse preguntas reflexivas y profundas, para analizar cada pensamiento. Interrogue cada idea cuestionando su veracidad y funcionalidad. Ante un pensamiento como "nunca consigo hacerme entender", pregúntese: ¿Existen pruebas concretas que respalden esta afirmación? ¿Recuerda situaciones en las que efectivamente se hizo entender con éxito? Este tipo de interrogantes le ayudará a determinar si sus pensamientos están basados en la realidad o si son meras generalizaciones o exageraciones.

Reflexione también sobre la utilidad de estos pensamientos. Evalúe si contribuyen a sus objetivos o bienestar personal. ¿Hay maneras más lógicas o constructivas de interpretar la situación? Por ejemplo, en vez de creer que es completamente responsable de un malentendido, podría considerar que la comunicación es un proceso bidireccional influenciado también por factores externos.

Este proceso es crucial para reducir el impacto negativo que las distorsiones cognitivas tienen en su bienestar emocional. Al cuestionar y reevaluar estos pensamientos, comenzará a notar una disminución en la influencia que ejercen sobre su estado de ánimo y comportamiento. Este paso es preparatorio para el siguiente, donde se enfocará en la reestructuración activa de estos pensamientos, transformándolos en ideas más racionales y beneficiosas para su salud emocional y mental. Este procedimiento no solo mejora su bienestar emocional, sino que también le brinda herramientas efectivas para manejar de manera más saludable las situaciones cotidianas y los desafíos emocionales, marcando un avance significativo en su camino hacia el autoconocimiento y la mejora personal.

Ejemplo:

Continuando con el escenario de la discusión previamente mencionada, ahora nos adentramos en una fase crucial: la aplicación de un análisis crítico a los pensamientos automáticos identificados. Este proceso es vital para transformar su manera de interpretar y reaccionar ante situaciones cargadas emocionalmente.

En esta situación particular, donde se siente frustrado y desilusionado tras un desacuerdo, inicie cuestionando la veracidad y utilidad de sus pensamientos inmediatos. Por ejemplo, un pensamiento común podría ser: "Nunca consigo hacerme entender en discusiones". Ante este pensamiento, plantéese cuestiones críticas como: "¿En realidad nunca logro comunicarme efectivamente, o hay ocasiones en las que mi comunicación ha sido exitosa?". Busque ejemplos concretos de situaciones pasadas donde logró expresarse de manera clara y fue comprendido, desafiando así la idea de que se trata de una generalización excesiva.

Otro pensamiento que podría surgir es: "Siempre soy el culpable en los desacuerdos". Frente a esta afirmación, reflexione profundamente: "¿Qué evidencias tengo que desmientan la noción de que siempre soy el responsable en los desacuerdos?". Al cuestionar esta idea, comience a reconocer momentos en los que el desacuerdo no fue enteramente su culpa o situaciones en las que la responsabilidad fue compartida.

Además, examine la funcionalidad de estos pensamientos. Pregúntese: "¿Qué beneficio obtengo de sentirme de esta manera?". Evalúe si este pensamiento contribuye a su bienestar o si lo sumerge en un ciclo de negatividad y desesperanza. Este tipo de reflexiones son clave para determinar si estos pensamientos son realmente útiles o si simplemente perpetúan emociones y comportamientos negativos.

Este ejercicio de introspección y cuestionamiento es fundamental para desafiar y, con el tiempo, modificar las distorsiones cognitivas que influyen en su percepción y reacción ante situaciones difíciles. Al llevar a cabo este análisis, comienza a encaminarse hacia una perspectiva más equilibrada y objetiva de las circunstancias, estableciendo así las bases para la reestructuración de pensamientos que se explorará en las etapas siguientes del ejercicio. Este proceso es un paso esencial en su camino hacia una mejor comprensión y manejo de sus emociones, permitiéndole abordar las situaciones desafiantes de la vida con una mentalidad más saludable y constructiva.

Paso 6: Reestructuración de Pensamientos

En esta fase del proceso, el enfoque se dirige hacia la transformación de los pensamientos automáticos distorsionados en otros más equilibrados y realistas. Este paso de reestructuración es fundamental para cambiar la forma en que interpreta y reacciona a las situaciones que comúnmente le generan estrés o ansiedad.

Tras identificar y cuestionar sus pensamientos automáticos, el paso siguiente consiste en desarrollar alternativas más racionales y equilibradas. Estos nuevos pensamientos deben estar basados en una evaluación objetiva y matizada de la situación, en lugar de depender de suposiciones o generalizaciones excesivas.

Por ejemplo, si su pensamiento automático era "Nunca consigo hacerme entender en discusiones", una posible reestructuración sería: "Aunque a veces encuentro dificultades para comunicarme en discusiones, hay ocasiones en que logro expresar mis puntos de vista eficazmente". Esta nueva perspectiva reconoce tanto los desafíos como los éxitos en la comunicación, brindando un enfoque más balanceado.

Igualmente, frente a un pensamiento como "Siempre soy el culpable en los desacuerdos", podría reformularlo a: "Aunque en algunas situaciones puedo contribuir al desacuerdo, no siempre soy el único responsable y hay ocasiones en que la responsabilidad es compartida". Este enfoque más matizado le permite reconocer la complejidad de las interacciones humanas y reduce la tendencia a una personalización excesiva.

La clave de este paso es desafiar los patrones de pensamiento limitantes y reemplazarlos por otros que reflejen una comprensión más realista y matizada de sus experiencias. Al registrar y reflexionar sobre estos pensamientos alternativos, comienza a cuestionar y cambiar la narrativa interna que ha estado alimentando emociones y comportamientos negativos.

Este proceso de reestructuración cognitiva no es un acto único, sino una práctica continua de autoobservación y ajuste. Con el tiempo y la práctica constante, estos nuevos patrones de pensamiento se arraigarán y se volverán más naturales y automáticos, facilitándole el manejo de situaciones desafiantes de manera más efectiva y con un mayor sentido de control y bienestar. Esta transformación gradual de sus pensamientos contribuirá significativamente a mejorar su salud emocional y mental, permitiéndole abordar la vida con una nueva perspectiva más constructiva y positiva.

Ejemplo:

Continuando con el proceso de reestructuración de pensamientos, abordamos el pensamiento automático "Creo que nunca consigo hacerme entender" y consideramos su reformulación. En vez de enfocarnos en términos absolutos y negativos, es fundamental adoptar una perspectiva más equilibrada y realista. Una posible reestructuración de este pensamiento sería: "Aunque en algunas ocasiones tengo dificultades para comunicarme, existen muchas veces en que he logrado expresar mis ideas de forma clara y he sido comprendido. El desacuerdo de hoy no define mi capacidad comunicativa en su totalidad. Además, si realmente necesito mejorar mi comunicación, puedo considerarlo como una oportunidad de desarrollo en lugar de una falla personal insuperable".

Este enfoque nos permite reconocer que, si bien el incidente reciente fue un desafío, no es un reflejo completo de nuestras habilidades comunicativas. Al reconocer los éxitos pasados en la comunicación, se refuerza la idea de que somos capaces de expresarnos efectivamente. Además, al contemplar la posibilidad de mejorar, nos enfocamos en el crecimiento personal en lugar de la autocrítica destructiva. Este tipo de pensamiento nos ayuda a manejar situaciones similares en el futuro con mayor confianza y menos estrés.

Al adoptar esta perspectiva renovada, comenzamos a ver los contratiempos como oportunidades para aprender y crecer, en lugar de como pruebas de incapacidad. Este enfoque positivo y proactivo no solo mejora nuestro estado de ánimo, sino que también incrementa nuestra resiliencia frente a futuros desafíos de comunicación. Registrar estos pensamientos reestructurados en un diario personal ayuda a internalizar y reforzar este nuevo patrón de pensamiento más constructivo y realista. A través de este ejercicio continuo, se fortalece la capacidad para cambiar la narrativa interna, lo que tiene un efecto transformador en cómo percibimos y respondemos a las situaciones de la vida, promoviendo un bienestar emocional más sólido y duradero.

Paso 7: Análisis de Creencias Centrales

El séptimo paso de este ejercicio representa un proceso profundo y revelador: el análisis de sus creencias centrales. Estas creencias son los cimientos sobre los cuales se construye su estructura de pensamiento y tienen una influencia profunda en cómo ve el mundo, cómo se percibe a sí mismo y cómo interactúa con otros. Estas creencias, a menudo formadas en la niñez o en etapas tempranas de la vida, pueden permanecer sin ser examinadas durante muchos años, e incluso décadas.

Para iniciar este análisis, reflexione sobre los pensamientos automáticos que ha identificado en los pasos previos. Interrogue su mente: "¿Qué creencias sobre mí mismo, los demás y el mundo respaldan estos pensamientos?". Por ejemplo, si un pensamiento recurrente es "nunca hago nada bien", es posible que esté arraigado en una creencia central de inadecuación o fracaso.

Tras identificar estas creencias centrales, es crucial evaluar su impacto en su vida. Considere si son realistas, si contribuyen a su crecimiento y avance, o si lo mantienen atrapado en patrones de pensamiento y comportamiento negativos. Frecuentemente, las creencias centrales son exageradas y absolutistas, como "siempre debo ser perfecto" o "no soy lo suficientemente bueno", y pueden conducir a emociones como ansiedad, tristeza o ira.

Una vez que ha identificado estas creencias centrales, reflexione sobre si son beneficiosas para usted o si necesitan ser ajustadas. Este ajuste no implica necesariamente un cambio radical en su forma de pensar, sino más bien una modificación de estas creencias para hacerlas más matizadas y realistas. Por ejemplo, en vez de aferrarse al pensamiento "nunca hago nada bien", podría adaptarlo a "aunque a veces cometo errores, hay muchas ocasiones en las que he tenido éxito".

Este proceso de análisis y ajuste de las creencias centrales es crucial en la Terapia Cognitivo Conductual, ya que ofrece una base más saludable y realista para sus pensamientos y comportamientos. Al enfrentar y modificar estas creencias profundamente arraigadas, comenzará a experimentar cambios significativos en su estado emocional y en su reacción a situaciones cotidianas. Este paso no solo es un avance hacia una mejor salud emocional, sino que también representa un cambio fundamental en la percepción de sí mismo y del mundo, conduciendo a una vida más plena y satisfactoria.

Ejemplo:

Consideremos la creencia surgida a raíz de la discusión mencionada anteriormente: "Si no consigo que los demás me comprendan, eso es indicativo de mi insuficiencia en la comunicación". Esta creencia sugiere que su valor y competencia se miden exclusivamente por cómo los demás perciben y entienden sus mensajes, lo que puede generar sentimientos constantes de fracaso e inadecuación.

Para abordar esta creencia central, es fundamental reconocer que la comunicación es un proceso bidireccional y que su éxito no depende únicamente de usted. Además, la habilidad para comunicarse eficazmente no define su valor integral como persona. Este reconocimiento constituye el primer paso hacia la reestructuración de su creencia de manera más equilibrada y realista.

Una alternativa más saludable y constructiva a esta creencia podría ser: "Aunque valoro la comunicación efectiva y me esfuerzo por ser claro, soy consciente de que a veces pueden surgir malentendidos. Estos momentos son oportunidades para aprender y mejorar; no definen mi valía total como persona o comunicador". Esta nueva perspectiva le permite valorar el esfuerzo y la mejora continua, sin juzgarse severamente por cada interacción que no resulte como esperaba.

Al transformar esta creencia central, se promueve una visión más compasiva y realista de sí mismo, aliviando la presión de tener que ser "perfecto" en cada interacción. Además, esta reestructuración estimula una actitud de aprendizaje y crecimiento, en vez de un enfoque de autocastigo por los errores o malentendidos en la comunicación.

Este proceso de revisión y ajuste de creencias centrales es esencial para cambiar la forma en que interpreta y responde a las situaciones de su vida. Al adoptar creencias más realistas y menos críticas, comienza a experimentar un aumento en su bienestar emocional y una mejora en su calidad de vida. Este enfoque no solo le permite enfrentar los desafíos de la comunicación con más confianza y resiliencia, sino que también le ayuda a desarrollar relaciones más saludables y satisfactorias, tanto en lo personal como en lo profesional.

Paso 8: Desarrollo de Afirmaciones Positivas

El siguiente paso en su camino hacia una mejor gestión emocional y cognitiva implica el desarrollo de afirmaciones positivas. Este paso es esencial para consolidar los cambios cognitivos que ha estado implementando. Las afirmaciones positivas son enunciados que reflejan aspectos constructivos y realistas sobre usted mismo y su entorno, fomentando el fortalecimiento de una mentalidad más equilibrada y optimista.

Para iniciar este proceso, reflexione sobre las nuevas creencias y pensamientos que ha desarrollado en los pasos anteriores. Considere los aspectos positivos de estos pensamientos renovados. ¿Cómo puede transformarlos en afirmaciones que fortalezcan su autoestima y confianza? Es crucial que estas afirmaciones sean realistas y se basen en hechos concretos o en su potencial de crecimiento personal y profesional.

Redacte afirmaciones que estén en sintonía con su objetivo de mejorar la comunicación y el manejo emocional. Una afirmación puede ser: "Soy capaz de comunicar mis ideas de manera clara y estoy abierto a aprender y mejorar constantemente". Esta declaración no solo reconoce su habilidad actual, sino que también enfatiza su disposición al crecimiento y al aprendizaje continuo.

Otra posible afirmación es: "Acepto que no siempre tengo control sobre las reacciones de los demás, pero puedo gestionar mis propias respuestas de manera positiva y constructiva". Esta afirmación le recuerda que, aunque no puede controlar todas las situaciones, tiene el poder de manejar sus propias reacciones de manera efectiva y saludable.

Integre estas afirmaciones en su rutina diaria. Dedicar unos minutos cada mañana para repetirlas o recurrir a ellas en momentos de duda o inseguridad puede ser de gran ayuda. Puede anotarlas en su diario, colocarlas en notas adhesivas en lugares que frecuentemente vea, o incluso decirlas en voz alta frente al espejo.

El poder de las afirmaciones positivas reside en su capacidad de reestructurar progresivamente su diálogo interno hacia una perspectiva más positiva y fortalecedora. A medida que las internaliza, comenzará a observar un cambio notable en su autoconciencia y confianza. Este cambio le capacitará para enfrentar los desafíos de la vida con una mentalidad más equilibrada, resiliente y optimista, llevando a una mejor calidad de vida y a relaciones más saludables y satisfactorias.

Ejemplo:

Tras haber trabajado en la reestructuración de sus pensamientos y creencias, ha llegado el momento de fortalecer este cambio cognitivo mediante el desarrollo de afirmaciones positivas. Estas afirmaciones son declaraciones poderosas que sirven para consolidar y reforzar los cambios en su forma de pensar, contribuyendo a una visión más equilibrada y optimista de usted mismo y de su entorno.

Considere la situación en la que se sintió frustrado por no ser comprendido en una discusión. A partir de esta experiencia, puede crear afirmaciones positivas que reflejen su habilidad para comunicarse efectivamente y su disposición para mejorar. Por ejemplo, podría afirmar: "Aunque no siempre logro hacerme entender, reconozco que soy un buen comunicador y estoy trabajando activamente para mejorar mis habilidades en este ámbito". Esta afirmación no solo muestra un enfoque positivo, sino también una actitud proactiva hacia el aprendizaje y el desarrollo continuos.

Otra afirmación valiosa podría ser: "Entiendo que las diferencias de opinión son parte natural de las interacciones humanas y estoy aprendiendo a gestionarlas con serenidad y claridad". Esta declaración le recuerda que los desacuerdos no son inherentemente negativos y que puede manejarlos de manera constructiva.

Integre estas afirmaciones en su rutina diaria. Puede recitarlas durante sus momentos de reflexión matutina, anotarlas en su diario, o repetirlas mentalmente en situaciones de estrés o incertidumbre. Estas afirmaciones funcionan como anclajes mentales, reafirmando sus fortalezas y su capacidad para afrontar y superar los desafíos.

Al continuar practicando estas afirmaciones, observará un cambio en su diálogo interno, que se tornará más positivo y afirmativo. Este cambio le dotará de mayor confianza y control al enfrentar situaciones difíciles. El propósito de estas afirmaciones es reforzar los cambios cognitivos en los que ha estado trabajando, impulsándolo a construir una mentalidad más resiliente y optimista. Este proceso es un paso importante hacia la mejora de su bienestar emocional y mental, permitiéndole abordar la vida con una nueva perspectiva más positiva y segura.

Paso 9: Estrategias de Cambio Conductual

El noveno paso de este ejercicio se enfoca en la implementación de estrategias de cambio conductual, una fase clave para materializar en su comportamiento diario las nuevas perspectivas cognitivas que ha desarrollado. El propósito es identificar y modificar aquellos patrones de acción que han estado alimentando sus pensamientos automáticos negativos.

Comience evaluando los comportamientos actuales que desea cambiar. Reflexione sobre acciones específicas que realizó cuando se sintió frustrado o incomprendido durante la discusión mencionada anteriormente. Identifique aquellas conductas que podrían haber contribuido a un resultado negativo o que no reflejaron adecuadamente su intención o sentimientos reales.

Una vez identificados estos comportamientos, elabore un plan de acción con medidas concretas. Por ejemplo, si suele reaccionar de forma impulsiva en situaciones de desacuerdo, una estrategia efectiva podría ser implementar una pausa reflexiva antes de responder. Esta pausa le daría tiempo para procesar sus pensamientos y emociones, permitiéndole reaccionar de una manera más medida y considerada.

Practicar la comunicación asertiva es otra estrategia valiosa. Si tiende a minimizar sus puntos de vista o evita expresar su opinión para eludir conflictos, propóngase compartir sus pensamientos de manera clara y respetuosa en futuras conversaciones. Este cambio conductual reforzará su nueva creencia de que posee el derecho y la capacidad de expresarse eficazmente.

Considere también la adopción de técnicas de relajación o mindfulness para manejar mejor las emociones intensas en momentos de estrés. Estas prácticas pueden ser cruciales para mantener la calma y la claridad en situaciones desafiantes, favoreciendo respuestas más equilibradas y racionales.

Documente estos cambios en su comportamiento en su diario personal. Registre las situaciones en las que ha aplicado estas nuevas estrategias y reflexione sobre los resultados obtenidos. Este seguimiento le permitirá observar el progreso concreto en su proceso de automejora y realizar ajustes cuando sea necesario. Es importante recordar que el cambio conductual es un proceso gradual que requiere práctica y paciencia. Con el tiempo, estos nuevos comportamientos se integrarán naturalmente en su repertorio de respuestas, lo que le ayudará a enfrentar desafíos futuros de una manera más saludable y efectiva. Este paso es esencial no solo para mejorar su bienestar emocional, sino también para fomentar relaciones más saludables y satisfactorias en todos los ámbitos de su vida.

Ejemplo:

En este paso, centrado en la implementación de estrategias de cambio conductual, se propone aplicar acciones y comportamientos concretos que reflejen y refuercen la nueva perspectiva cognitiva desarrollada en los pasos anteriores. El objetivo es modificar aquellas conductas que han estado alimentando pensamientos automáticos negativos y afectando su bienestar emocional.

Visualice una situación en la que se sienta incomprendido durante una conversación. En lugar de reaccionar impulsivamente o retraerse, comprométase a mejorar sus habilidades comunicativas. Una estrategia efectiva es la práctica de la escucha activa. Esto implica prestar atención plena a su interlocutor, sin interrupciones, y demostrar comprensión. Una técnica útil para esto es parafrasear lo escuchado, confirmando así su entendimiento.

Otro aspecto importante es el desarrollo de la habilidad para expresar sus opiniones de manera asertiva. La asertividad involucra una comunicación clara y directa, respetando tanto sus derechos como los de los demás. Resulta beneficioso preparar con anticipación lo que desea comunicar, especialmente en situaciones potencialmente difíciles.

Adicionalmente, es valioso solicitar retroalimentación sobre cómo se percibe su comunicación. Indague con sus interlocutores si han comprendido sus puntos de vista y si hay aspectos que podría haber expresado de manera más clara. Este paso demuestra una actitud abierta al aprendizaje y mejora la calidad de la interacción.

Establecer la práctica de pedir aclaraciones también es crucial. Si tiene dudas sobre el mensaje del otro o sospecha de posibles malentendidos, no dude en solicitar más información. Esta actitud puede prevenir problemas de comunicación y fortalecer las relaciones interpersonales.

Finalmente, registre en su diario personal los avances que logra con estas estrategias. Reflexione sobre cómo estas tácticas están influyendo en su bienestar emocional y en sus relaciones. Esta autoevaluación continua le permitirá ajustar y mejorar sus habilidades comunicativas de manera efectiva. Esta atención consciente a la mejora de sus habilidades de comunicación no solo contribuirá a su desarrollo personal y profesional, sino que también mejorará significativamente sus interacciones diarias, llevando a relaciones más enriquecedoras y satisfactorias.

Paso 10: Evaluación y Ajuste del Progreso

La evaluación y el ajuste continuos son fundamentales en su proceso de transformación cognitiva y conductual. Es importante dedicar regularmente entre 10 y 15 minutos para reflexionar sobre el impacto que los cambios en su pensamiento y comportamiento están teniendo en sus emociones y en su vida diaria. Estos momentos de introspección son cruciales para valorar los avances logrados y para identificar áreas que aún requieren mejoras.

Durante estas sesiones de reflexión, plantéese preguntas clave como: "¿De qué manera han influenciado los cambios en mi pensamiento en mis emociones y acciones?", "¿He notado mejoras en mi bienestar emocional o en mis relaciones interpersonales?", "¿Existen patrones de pensamiento o comportamiento que necesito seguir abordando?". Registrar estas observaciones en su diario personal proporciona una visión invaluable de su proceso de cambio y desarrollo personal.

Además, esté dispuesto a ajustar sus estrategias basándose en sus observaciones. Si descubre que ciertos pensamientos negativos persisten, considere explorar nuevas técnicas de reestructuración cognitiva o enfocarse más en las creencias centrales. Igualmente, si detecta comportamientos que siguen siendo un reto, explore nuevas estrategias de cambio conductual o busque enfoques alternativos para manejar estas situaciones.

Esta etapa también es una oportunidad para reconocer y celebrar sus logros. Valore los esfuerzos realizados y los progresos alcanzados, por pequeños que sean. Cada paso adelante es un avance significativo en su camino hacia una mejor salud mental y bienestar emocional.

Por último, mantenga una actitud abierta y flexible hacia el proceso de cambio. El desarrollo personal es un viaje continuo con espacio siempre para el crecimiento y la mejora. Su dedicación a la autoevaluación y al ajuste constante le asegura una evolución continua hacia una vida más enriquecedora y satisfactoria. Este compromiso con el crecimiento personal no solo le ayudará a enfrentar desafíos futuros con mayor eficacia, sino que también enriquecerá todos los aspectos de su vida, brindándole mayor claridad, confianza y tranquilidad en su camino hacia el autoconocimiento y la autorrealización.

Ejemplo:

Al concluir cada semana, reserve un momento para reflexionar sobre las ocasiones en las que ha puesto en práctica sus habilidades comunicativas recientemente mejoradas. Examine situaciones específicas donde aplicó estas técnicas y evalúe si logró una reducción en los malentendidos o un incremento en la claridad de sus interacciones. Plantéese preguntas como: "¿Cómo me sentí al expresar mis pensamientos de manera más efectiva? ¿Observé algún cambio en la forma en que los demás reaccionaron cuando comuniqué mis ideas claramente?".

Registre estas experiencias en su diario, describiendo tanto los éxitos como los desafíos que enfrentó. Esta práctica es crucial para identificar patrones y áreas donde su comunicación aún puede mejorar. Por ejemplo, si nota que todavía tiene dificultades en ciertos contextos, considere estrategias adicionales para fortalecer sus habilidades comunicativas. Estas podrían incluir la participación en talleres o seminarios especializados, la búsqueda de retroalimentación constructiva de colegas, amigos o familiares, o incluso la consulta con un profesional en comunicación o terapia.

Reconocer y celebrar sus avances es importante, pero también lo es ser honesto consigo mismo acerca de los aspectos que requieren más atención y trabajo. Mantenga una actitud de aprendizaje constante y esté dispuesto a adaptar sus estrategias según sea necesario. Por ejemplo, si descubre que ciertas técnicas no son tan efectivas como esperaba, sea proactivo en explorar alternativas o en ajustar su método actual.

La meta es el progreso continuo, no la perfección. Reconocer y valorar incluso los pequeños logros es vital para mantenerse motivado y comprometido con su proceso de cambio. Al mismo tiempo, estar abierto a la retroalimentación y considerar la asesoría profesional cuando sea necesario puede ofrecerle valiosos recursos adicionales para su crecimiento personal y profesional. Este enfoque balanceado y reflexivo le permitirá evolucionar en su habilidad de comunicación y en su bienestar emocional general, abriendo camino hacia relaciones más efectivas y satisfactorias tanto en el ámbito personal como en el profesional.

Conclusión

Resumen y Reflexión

Concluyendo este proceso basado en la Terapia Cognitivo Conductual, hemos logrado un progreso notable en autoconocimiento y autorregulación emocional, identificando y modificando patrones de pensamiento que afectaban nuestro bienestar.

El ejercicio comenzó con la identificación de emociones y sus expresiones físicas, evitando emitir juicios. Este análisis permitió clarificar los pensamientos automáticos y su impacto en nuestra percepción, sometiéndolos a un examen crítico para evaluar su validez.

Durante este viaje, se abordaron y reformularon distorsiones cognitivas como la sobre-generalización y el pensamiento dicotómico, ajustando las interpretaciones hacia una visión más realista. También se revisaron creencias fundamentales para alinearlas con un desarrollo personal auténtico y positivo.

Se implementaron estrategias conductuales, mejorando la comunicación y clarificando interacciones, reforzando la evolución personal y la calidad de las relaciones. La reflexión continua ha permitido evaluar la efectividad de estos cambios, mejorando la comprensión y conexión con el entorno.

Este camino de transformación cognitiva y conductual no solo ha enriquecido la vida individual, sino que también ha fortalecido habilidades para interactuar de manera más efectiva, marcando el paso hacia un bienestar más completo y satisfactorio.

Paso Ocho

"Terapia Cognitiva Emotiva Conductual":
Una Nueva Propuesta

Introducción al Tema

La "Terapia Cognitiva Emotiva Conductual" (TCEC) emerge como una propuesta experimental en el ámbito de la psicoterapia, fusionando aspectos de la Terapia Cognitivo Conductual, la Terapia Racional Emotiva Conductual y los principios de la Inteligencia Emocional. Esta integración teórica y práctica proporciona un enfoque renovado y ampliado para el tratamiento del estrés, ansiedad y depresión.

La TCEC se basa en la premisa de que los procesos cognitivos ejercen una influencia determinante en la regulación emocional y el comportamiento, concepto compartido tanto por la TCC como por la TREC (Beck, 1976; Ellis, 1957). Este enfoque se distingue por su hincapié en la reestructuración cognitiva, enriquecida con una comprensión ampliada de las emociones y su impacto en el bienestar interno y la capacidad para regular emociones (Greenberger & Padesky, 1995). La TCEC promueve una intervención holística que, mediante la integración de la IE, mejora la habilidad de los pacientes para identificar, entender, y expresar sus emociones de manera efectiva, complementando la reestructuración cognitiva (Goleman, 1995).

Este enfoque innovador subraya la importancia de la autoaceptación incondicional y la compasión hacia sí mismo y hacia los demás, aspectos cruciales para una salud mental óptima (Ellis, 2005). Además, la TCEC pone énfasis en el desarrollo de la empatía como recurso para enriquecer la comprensión interpersonal y la sensibilidad hacia los estados emocionales ajenos, lo cual, a su vez, refuerza las relaciones interpersonales y el apoyo social. Asimismo, proporciona a los pacientes estrategias para el autoanálisis y la autocorrección, promoviendo la resiliencia y la autonomía (Werner, 2012).

En resumen, la Terapia Cognitiva Emotiva Conductual marca un progreso en el abordaje de los trastornos del ánimo. Al unir las habilidades de Inteligencia Emocional con los principios fundamentales de la TCC y la TREC, la TCEC se establece como una metodología terapéutica eficaz para inducir cambios emocionales, cognitivos y conductuales duraderos. Esta integración no solo facilita el alivio de síntomas a corto plazo, sino que también fomenta un bienestar emocional a largo plazo y una vida más plena (David, 2016).

Evidencia de Investigación

La Terapia Cognitivo Emotivo Conductual se apoya en una sólida base científica que demuestra la interrelación entre procesos cognitivos, emocionales y conductuales en la psicopatología y la salud mental. Las teorías fundamentales de Beck (1976) y Ellis (1962) han establecido que los pensamientos, emociones y comportamientos están intrínsecamente vinculados, sirviendo como pilares para la TCC y TREC, respectivamente. Estas teorías sostienen que las respuestas emocionales y los patrones de comportamiento son influenciados significativamente por los pensamientos automáticos y las creencias, ya sean racionales o irracionales.

Beck propuso que son las interpretaciones personales de los eventos, más que los eventos mismos, los que determinan las respuestas emocionales y conductuales. Ellis, por otro lado, destacó que las emociones perturbadoras se originan no de las situaciones adversas directamente, sino de las creencias irracionales sobre dichas situaciones.

Por otro lado, Gross y John (2003) investigaron la conexión entre cognición y emoción en su Modelo de Procesos de Regulación Emocional, demostrando cómo las estrategias de regulación emocional, como la reevaluación cognitiva y la supresión expresiva, afectan la experiencia y respuesta emocional. Los estudios que siguen este modelo han confirmado que las distorsiones cognitivas pueden exacerbar la intensidad y duración de las emociones negativas, conduciendo a comportamientos maladaptativos.

En otro orden de ideas, la neurociencia cognitiva ha aportado evidencia sobre la base neural de la interacción entre pensamientos y emociones. Investigaciones con técnicas de imagenología cerebral han revelado que la reevaluación cognitiva activa áreas prefrontales que modulan la actividad de regiones límbicas encargadas de generar emociones (Ochsner et al., 2012).

Existe un consenso científico sobre la eficacia de la TCC y la TREC en el tratamiento de trastornos del estado de ánimo, como la depresión y la ansiedad, corroborado en metaanálisis y revisiones sistemáticas (Hofmann et al., 2012). Este consenso refuerza las bases de esta nueva propuesta. Se ha reconocido que las distorsiones cognitivas juegan un papel crucial en la regulación emocional y contribuyen a diversos trastornos mentales. La investigación subraya que intervenir en los patrones cognitivos disfuncionales, que pueden desencadenar o mantener estados emocionales negativos, es beneficioso para el alivio sintomático y la mejora de la funcionalidad en los individuos afectados (Clark & Beck, 2010).

Los estudios controlados y aleatorizados han mostrado que modificar creencias irracionales y reestructurar pensamientos negativos facilita cambios positivos tanto en emociones como en comportamientos. Estos cambios se traducen en una reducción de los síntomas de depresión y ansiedad y un incremento en la calidad de vida y bienestar emocional. Por tanto, la TCC y la TREC se consideran intervenciones primordiales para el tratamiento de estos trastornos. Al combinar estas terapias con estrategias de Inteligencia Emocional, se podrían potenciar aún más las intervenciones dirigidas a mejorar la adaptación psicosocial y prevenir trastornos del ánimo, y esto es lo que se busca con la TCEC.

Instrucciones

Integración de la TCEC en el Abordaje
de los Trastornos del Ánimo

Objetivo

El ejercicio que se propone a continuación introduce un enfoque innovador en el campo de la salud mental: la Terapia Cognitiva Emotiva Conductual. Esta metodología terapéutica se fundamenta en el principio de que nuestros procesos cognitivos, es decir, los pensamientos y creencias que inundan nuestra mente juegan un papel crucial en cómo experimentamos y gestionamos nuestras emociones y comportamientos.

El núcleo de este ejercicio es la reestructuración cognitiva, cuyo objetivo es aumentar la conciencia sobre los pensamientos automáticos que surgen ante diversas situaciones y confrontar las distorsiones cognitivas que distorsionan nuestra percepción de la realidad, provocando emociones negativas no deseadas. A través de este proceso, usted aprenderá a identificar y modificar pensamientos perjudiciales o improductivos por otros más equilibrados y racionales, lo cual es esencial para reducir la tensión emocional y mejorar el bienestar general. Sin embargo, el aspecto clave de esta nueva propuesta es la integración de habilidades de Inteligencia Emocional. Al fusionar la identificación, comprensión y gestión de las emociones (IE), con la detección de pensamientos automáticos y distorsiones cognitivas (TCC), siguiendo la estructura del modelo ABC de Albert Ellis (TREC), se espera que el proceso terapéutico sea más eficaz y efectivo.

Al comprometerse activamente con este ejercicio, desarrollará habilidades clave en la autogestión emocional y en la modificación de comportamientos. Cada fase de la Terapia Cognitiva Emotiva Conductual, desde la identificación de emociones hasta la reflexión y el ajuste constante, le guiará hacia una comprensión más profunda de sus emociones, pensamientos y acciones. Este proceso le ayudará a construir una base sólida para una vida emocional saludable y para promover relaciones interpersonales más satisfactorias y enriquecedoras.

Paso 1: Reconocimiento Emocional

El primer paso en la Terapia Cognitiva Emotiva Conductual es el Reconocimiento Emocional, una fase clave para identificar y aceptar las emociones actuales. Tomemos, por ejemplo, una situación generadora de ansiedad social.

En este paso, el enfoque se centra en identificar no solo la emoción principal, como la ansiedad, sino también sus matices y manifestaciones específicas en usted. Este análisis requiere introspección, observando tanto las respuestas físicas como cognitivas asociadas a estas emociones en contextos sociales específicos, como una reunión o una presentación en público.

En este momento, es importante detenerse para reflexionar profundamente sobre su experiencia interna. Con su diario personal a su lado, utilice herramientas como el medidor emocional (detallado en el Anexo 9) para calificar y entender mejor la intensidad y el carácter de su ansiedad. Plantéese preguntas como: "¿Cómo se manifiesta esta ansiedad en mi cuerpo físicamente? ¿Qué pensamientos automáticos emergen ante la idea de interactuar en un entorno social o hablar en público?"

Registre en su diario estas observaciones con detalle, incluyendo cualquier sensación física (como tensión muscular, sudoración o palpitaciones) y pensamientos específicos que surjan. Este proceso de autoexploración es esencial para desarrollar una mayor conciencia emocional y cognitiva, lo que facilita el proceso de cambio y adaptación en las etapas posteriores de la terapia. Este paso inicial es fundamental para establecer una base sólida sobre la cual se construirán las intervenciones posteriores, permitiéndole afrontar de manera más efectiva y consciente los desafíos emocionales y cognitivos que se presenten.

Ejemplo:

En el contexto de la Terapia Cognitiva Emotiva Conductual, el ejemplo de Reconocimiento Emocional puede ilustrarse claramente en una situación como entrar a una reunión social, un escenario común que a menudo desencadena ansiedad. Imagine que se encuentra en esta situación y comienza a notar los signos físicos de ansiedad: su respiración se acelera, su corazón palpita con más fuerza y sus manos empiezan a temblar levemente. Estas señales son indicativos físicos claros de ansiedad. Simultáneamente, es importante prestar atención a sus pensamientos. Puede que esté anticipando críticas o juicios negativos de los demás, manifestando pensamientos derrotistas o negativos.

En este punto, el paso esencial es reconocer y etiquetar estas reacciones por lo que son: manifestaciones de ansiedad ante una situación de interacción social. En su diario personal, es importante describir detalladamente estas sensaciones y pensamientos. Por ejemplo, podría escribir: "Al aproximarme a la reunión, noto que mi corazón late más rápido y mi respiración se torna superficial. Mis manos tiemblan ligeramente. Mentalmente, me preocupa la posibilidad de ser juzgado o percibido como poco interesante por los demás".

Este acto de reconocimiento y descripción minuciosa es un paso crucial hacia la comprensión y el manejo de sus emociones. Al hacerlo, no solo identifica las emociones y sensaciones físicas, sino que también comienza a comprender la relación entre la situación específica, sus pensamientos automáticos y las respuestas emocionales. Esta conciencia es un pilar en la Terapia Cognitivo Emotivo Conductual, ya que establece la base para las etapas posteriores del tratamiento, enfocadas en la regulación emocional y la reestructuración cognitiva.

Este nivel de autoconocimiento es clave para abordar de manera más efectiva los retos emocionales y cognitivos que surgen en contextos sociales, preparándolo para los próximos pasos hacia el bienestar emocional y la adaptación conductual. Con este enfoque, se empieza a desarrollar una comprensión más profunda de cómo las emociones interactúan con los pensamientos y conductas, y se establece un camino claro para la intervención y el cambio positivo.

Paso 2: Identificación de Pensamientos Automáticos y Distorsiones Cognitivas

Tras el primer paso de reconocimiento emocional en la Terapia Cognitivo Emotivo Conductual, el enfoque se traslada a los pensamientos automáticos, que son reacciones instantáneas y a menudo no examinadas que suelen distorsionar la realidad. Estos pensamientos suelen ser críticos y negativos, y pueden estar llenos de distorsiones cognitivas. Estas distorsiones son errores en el procesamiento de la información que pueden conducir a interpretaciones erróneas y exacerbación de emociones negativas como la ansiedad.

Es crucial en la terapia identificar y analizar estas distorsiones cognitivas. Entre las más comunes se encuentran el "pensamiento de todo o nada", que implica ver las situaciones de manera absoluta sin matices; el "catastrofismo", que lleva a anticipar el peor escenario posible; y la "sobre-generalización", que implica extrapolar una experiencia negativa a todas las situaciones similares. Estas distorsiones están detalladas en el Anexo 10 para su referencia.

Al registrar sus pensamientos en el diario personal, es esencial evaluar su precisión y utilidad. Considere si estos pensamientos se basan en hechos reales o están influenciados por temores infundados; ¿estos le traen algún beneficio o solo problemas? Además, identifique cualquier distorsión cognitiva específica. Por ejemplo, si después de una interacción social incómoda piensa "siempre soy torpe en reuniones", puede estar "sobre-generalizando", basándose en un único evento.

El reconocimiento y análisis de estos pensamientos automáticos y distorsiones cognitivas son pasos cruciales en el proceso terapéutico. Al identificarlos, se comienza a desvelar cómo los pensamientos influyen en las emociones y comportamientos, y a su vez, cómo estos afectan la percepción de las situaciones. Este paso es fundamental para la reestructuración cognitiva y la regulación emocional, elementos clave de la TCEC. Este proceso le ayudará a transformar su visión del mundo y su interacción con él hacia una manera más equilibrada y saludable, mejorando así su bienestar emocional y su capacidad para manejar situaciones desafiantes de manera más efectiva.

Ejemplo:

En el contexto de la Terapia Cognitiva Emotiva Conductual, consideremos el ejemplo del evento social y el momento en que debe iniciar una conversación. Surge un pensamiento automático: "Si me equivoco al hablar, todos pensarán que soy incompetente". Este pensamiento es un ejemplo típico de "catastrofismo, una distorsión cognitiva en la que se anticipa un juicio negativo extremo por parte de otros debido a un error, aunque no haya evidencias concretas que apoyen esta suposición.

El siguiente paso esencial es cuestionar este pensamiento automático. Reflexione sobre la realidad de esta afirmación. ¿Un error en la conversación realmente lo define como incompetente ante todos los presentes? Considere que es probable que otros también hayan cometido errores al hablar y no se les haya considerado incompetentes. Recuerde situaciones en las que haya presenciado errores de otros en contextos similares. ¿Realmente los consideró incompetentes, o fue más comprensivo, entendiendo que equivocarse es humano?

Esta introspección es crucial para identificar el carácter irreal de la distorsión cognitiva y comenzar a cuestionar la veracidad y utilidad de estos pensamientos automáticos. Al reconocer que su percepción de la reacción de los demás ante un error es probablemente exagerada y no se basa en la realidad, da un paso esencial para cambiar la forma en que se percibe a sí mismo y cómo interactúa en su entorno social.

El proceso de identificar pensamientos automáticos y distorsiones cognitivas es un acto de autoconciencia fundamental en la Terapia Cognitiva Emotiva Conductual. Con práctica constante, no solo se logra un pensamiento más preciso y ajustado a la realidad, sino también una notable reducción de la ansiedad social. Este ejercicio de reflexión interna abre el camino hacia una reestructuración cognitiva más profunda, permitiendo un manejo más saludable de las emociones y situaciones estresantes, y contribuyendo a una interacción social más relajada y confiada. Esta capacidad para desafiar y modificar pensamientos automáticos negativos es clave para desarrollar una perspectiva más equilibrada y constructiva de las interacciones sociales y de uno mismo.

Paso 3: Desentrañamiento de Creencias Nucleares

El tercer paso es el análisis detallado de las creencias nucleares. Éstas son convicciones fundamentales arraigadas que forman la base de cómo se percibe a sí mismo, a los demás y al mundo. Establecidas generalmente en etapas tempranas de la vida, estas creencias pueden influir significativamente en la interpretación de las experiencias y situaciones cotidianas, a menudo sin ser cuestionadas.

Estas creencias nucleares suelen ser absolutas, rígidas y globales. Pueden manifestarse en forma de imperativos críticos y punitivos, como "debo", "tengo que", o en etiquetas inflexibles sobre uno mismo, tales como "soy un fracaso", "soy inadecuado" o "nadie me quiere". Para progresar en su desarrollo personal y emocional, es crucial interrogar y evaluar estas creencias profundamente arraigadas.

Es importante reflexionar sobre el origen de estas creencias. Considere si se originaron en experiencias pasadas o fueron inculcadas por figuras de autoridad o la sociedad. Es esencial identificar su origen y cuestionar la validez de estas creencias a la luz de las evidencias actuales. Evalúe si estas visiones absolutistas y rígidas están pasando por alto los matices y la complejidad de su realidad actual, así como su capacidad para cambiar y adaptarse.

Este paso es crucial, ya que cuestionar y comprender el origen y la influencia de las creencias nucleares abre el camino para su transformación. A través de este proceso, puede comenzar a percibir y experimentar el mundo, a los demás y a sí mismo de una forma más matizada y realista. Este análisis es esencial para lograr una vida emocional más saludable y equilibrada.

La revisión de estas creencias nucleares es un momento clave en su viaje de transformación holística, permitiéndole redefinir su identidad y su relación con el mundo de una forma más adaptativa y positiva. Con este paso, se establece un camino hacia una mayor comprensión y aceptación de sí mismo, lo que es fundamental para un bienestar emocional y psicológico duradero y profundo.

Ejemplo:

Este ejemplo implica una introspección profunda para cuestionar y comprender las creencias fundamentales que subyacen a los pensamientos automáticos y que influyen en cómo percibimos el mundo y a nosotros mismos. Este paso requiere un examen detallado de las convicciones que han formado nuestra autopercepción y nuestras interacciones con el entorno.

Tomemos, por ejemplo, una creencia nuclear como: "Si no soy absolutamente elocuente y carismático en eventos sociales, entonces no soy valioso ni merezco respeto". Es importante reflexionar sobre el origen de esta creencia. Tal vez durante su infancia o adolescencia, figuras de autoridad enfatizaron excesivamente la importancia de causar una buena impresión y el peso del juicio social. O quizás una experiencia humillante en la escuela, como una presentación fallida, dejó una huella negativa en su autoestima.

El siguiente paso es cuestionar la validez actual de esta creencia. Pregúntese si realmente es necesario ser siempre el más elocuente para ser valorado y respetado. Recuerde momentos en su vida donde ha sido apreciado y aceptado por ser simplemente usted mismo, sin necesidad de cumplir con expectativas de elocuencia y carisma.

Este proceso de cuestionamiento ayuda a comprender que su valor como persona no depende de cumplir con expectativas irrealistas de comportamiento social. Usted es más que sus errores pasados o los juicios de los demás. Reconocer esto puede aliviar la ansiedad asociada con las interacciones sociales y permitirle abordar estas situaciones con una perspectiva más realista y menos crítica. Al entender que su valor no está condicionado a la perfección en las interacciones sociales, puede comenzar a liberarse de estas expectativas opresivas y vivir de una manera más auténtica y libre.

Este paso es crucial en la Terapia Cognitiva Emotiva Conductual, ya que promueve una transformación significativa en la autopercepción y en la forma de interactuar con el mundo. Al desentrañar y remodelar estas creencias nucleares, se abre la puerta a un mayor bienestar emocional, una mayor confianza en uno mismo y relaciones más saludables y auténticas. Este proceso de autoexploración y cambio cognitivo es un paso vital hacia un crecimiento personal profundo y significativo.

Paso 4: Revisión de la Experiencia Emocional

El cuarto paso en la Terapia Cognitiva Emotiva Conductual, dedicado a la "Revisión de la Experiencia Emocional", implica un análisis minucioso de cómo experimentamos, interpretamos y expresamos nuestras emociones. Este paso es vital para comprender la interrelación entre emociones, pensamientos y comportamientos.

Tras haber examinado las creencias nucleares que influyen en su conducta y percepciones, resulta crucial reflexionar sobre el impacto de estas creencias en su experiencia emocional. La experiencia emocional interna abarca las sensaciones, emociones y sentimientos que emergen en respuesta a sus pensamientos y creencias. Estas emociones internas son clave, ya que brindan información esencial sobre cómo estas creencias afectan su bienestar emocional y psicológico.

Para profundizar en este paso, vuelva a considerar la situación de ansiedad social previamente analizada. Reflexione sobre cómo sus creencias subyacentes han moldeado su nivel de ansiedad, su estado anímico general y su disposición a participar en situaciones sociales. Evalúe si la ansiedad que experimenta es proporcional a la realidad de la situación, o si está magnificada por creencias infundadas sobre su valía y habilidades.

Contemple, además, cómo estas creencias y emociones se manifiestan en su comportamiento. ¿Tiene tendencia a evitar ciertas situaciones sociales a causa de estas creencias? ¿De qué manera expresa sus emociones en estos contextos? Estas reflexiones le permitirán entender mejor la interacción entre sus pensamientos, emociones y acciones, y le ayudarán a identificar áreas de oportunidad para mejorar su salud emocional. Recuerde que cada experiencia pasada deja una marca emocional que a veces dejamos por alto.

Mediante este análisis, podrá descubrir patrones emocionales que quizás no había reconocido anteriormente, pero que tienen un rol significativo en su vida cotidiana. Este entendimiento es un componente esencial en la TCEC, pues no solo le facilita abordar y transformar sus pensamientos y creencias, sino también mejorar su relación con sus emociones y cómo estas influyen en sus acciones. Este paso representa un avance clave en su desarrollo emocional y cognitivo, proporcionándole las herramientas necesarias para una gestión emocional más efectiva y un bienestar integral.

Ejemplo:

Imagine enfrentarse a situaciones sociales que activan emociones negativas, originadas por las creencias nucleares que ha identificado previamente. Suponga que una de estas creencias es la necesidad de ser extremadamente elocuente para ganar aceptación y respeto. Esta creencia puede generar una presión interna significativa, manifestándose como ansiedad. En casos extremos, esta ansiedad podría ser tan intensa que le lleve a evitar interacciones sociales, perpetuando así un ciclo de ansiedad y evitación.

En este paso crucial, se le anima a evaluar la proporcionalidad de su ansiedad con la realidad de la situación. Reflexione si realmente es razonable sentirse tan abrumado por la presión de ser elocuente. Al analizar sus emociones internas, podría descubrir que la anticipación ansiosa a un evento social disminuye al cuestionar la validez de sus creencias nucleares. Al desafiar la noción de que debe ser siempre el centro de atención o la persona más carismática, puede empezar a experimentar interacciones sociales más genuinas y gratificantes.

Este proceso introspectivo le ayuda a comprender mejor cómo sus creencias afectan sus emociones y conductas. Al reconocer que las situaciones sociales no requieren una elocuencia excepcional para ser gratificantes, comienza a experimentar una disminución de su ansiedad. Este paso es fundamental para iniciar una transformación en su respuesta emocional, otorgándole la capacidad de regular de manera más efectiva sus emociones y reducir la ansiedad innecesaria. Este cambio beneficia no solo su bienestar emocional, sino que también enriquece su habilidad para interactuar socialmente de una forma más relajada y auténtica, lo que a su vez contribuye a una experiencia social más satisfactoria y enriquecedora.

Paso 5: Implementación del Modelo ABC

Comience identificando un evento específico (A), como un encuentro social o una presentación pública, que haya provocado

crucial para el desarrollo de una mayor adaptabilidad y bienestar emocional.

Paso 7: Cultivo de Autocompasión y Empatía

El séptimo paso en la Terapia Cognitiva Emotiva Conductual representa un punto crucial en el desarrollo personal y emocional, centrado en fomentar la autocompasión y la empatía. Este enfoque es esencial para aprender a tratarse a uno mismo con gentileza y entendimiento, así como para desarrollar la habilidad de empatizar con otros.

Durante este paso, se enfatiza la importancia de adoptar una actitud compasiva hacia uno mismo, especialmente en situaciones de dificultad o error. La autocompasión implica entender que los desafíos y los errores son parte de la experiencia humana común y no definen el valor personal. Se promueve la idea de responder a las propias dificultades con la misma empatía y consideración que se tendría hacia un amigo cercano, en vez de caer en la autocrítica destructiva o en la valoración negativa de uno mismo.

Para incorporar la autocompasión en la vida diaria, resulta efectivo practicar el diálogo interno en un tono amable y reconfortante, particularmente en momentos desafiantes. El uso de afirmaciones positivas y recordatorios de la humanidad compartida contribuyen a fomentar esta actitud. La autocompasión no solo mejora la relación consigo mismo, sino que también refuerza la capacidad de afrontar dificultades de forma más efectiva.

En paralelo, este paso también se enfoca en cultivar la empatía, tanto hacia uno mismo como hacia los demás. La empatía involucra un esfuerzo consciente para comprender y compartir los sentimientos de otras personas, lo que lleva a relaciones más profundas y una comunicación interpersonal más efectiva. Al esforzarse por ver las situaciones desde la perspectiva de otros y entender sus emociones y reacciones, se fortalece la capacidad de conexión significativa.

La empatía hacia uno mismo es igualmente importante, consistiendo en reconocer y validar las propias emociones, permitiéndose experimentarlas sin juzgarlas como buenas o malas. Esta práctica conduce a una comprensión emocional más profunda y a la aceptación de las experiencias internas.

Para cultivar la autocompasión y la empatía, se recomienda la práctica de la escritura reflexiva en un diario, dedicando tiempo diariamente para contemplar las experiencias desde una perspectiva compasiva. La meditación de autocompasión, con meditaciones guiadas que fomentan un enfoque compasivo hacia uno mismo, es otra herramienta valiosa. Además, realizar ejercicios de perspectiva, que impliquen entender las situaciones desde diferentes puntos de vista, puede ser muy útil para mejorar la empatía.

Este paso es vital en la Terapia Cognitiva Emotiva Conductual, ya que vincula la comprensión emocional con las habilidades cognitivas y conductuales. Al integrar la autocompasión y la empatía en su vida, no solo mejora su relación consigo mismo y con los demás, sino que también sienta las bases para un bienestar emocional duradero. El cultivo de estos elementos refleja un compromiso con un crecimiento personal holístico y sostenible.

Ejemplo:

El ejemplo proporcionado para el séptimo paso en la Terapia Cognitiva Emotiva Conductual, dedicado al "Cultivo de Autocompasión y Empatía", ilustra cómo estas habilidades esenciales pueden ser aplicadas efectivamente en situaciones de ansiedad social.

Imagínese preparándose para asistir a un evento social, una circunstancia que comúnmente despierta ansiedad y nerviosismo. En este contexto, el primer paso es aplicar la autocompasión. Esto implica reconocer y aceptar que sentir ansiedad antes de un evento social es una respuesta humana normal. En lugar de castigarse o sentirse avergonzado por estos sentimientos, se trata de aceptarlos como parte de la experiencia humana compartida.

Luego, emplee la empatía hacia usted mismo para fomentar un diálogo interno amable y comprensivo, similar al que tendría con un amigo en una situación semejante. En vez de reprocharse por los nervios o la presión de comportarse de una manera específica, recuérdese que su autenticidad es lo más valioso y que su valor personal no está ligado a cómo se presenta en situaciones sociales.

Un ejemplo de este diálogo interno podría ser: "Es comprensible sentirme nervioso; no necesito ser perfecto ni el centro de atención para ser valorado o disfrutar de la interacción con otros. Con ser yo mismo y mostrar mi verdadera personalidad es más que suficiente. Todos estamos en un proceso continuo de aprendizaje y desarrollo en nuestras habilidades sociales, y eso incluye aprender a manejar la ansiedad".

Este enfoque de auto-diálogo no solo mitiga la ansiedad y la presión previas al evento, sino que también provee una herramienta valiosa para manejar situaciones similares en el futuro. La práctica de la autocompasión y la empatía se convierten en pilares emocionales, dotándolo de la habilidad de afrontar desafíos con mayor bondad hacia sí mismo y, por ende, con una fortaleza emocional reforzada. Esta práctica le permite asistir al evento con una mentalidad más relajada y abierta, lo cual disminuye la ansiedad y posibilita una mejor experiencia.

Paso 8: Formulación de Nuevas Creencias y Comportamientos

El avance en la Terapia Cognitiva Emotiva Conductual que representa este paso es fundamental en su proceso de autodesarrollo. Al haber enfrentado y reformulado creencias irracionales, y al haber desarrollado autocompasión y empatía, ahora se encuentra en una posición óptima para establecer y adoptar creencias más realistas y racionales. Estas nuevas creencias serán la base para fomentar comportamientos más saludables y constructivos, que estarán en armonía con su entendimiento emocional y cognitivo más profundo.

La creación de estas nuevas creencias requiere una introspección cuidadosa y una revisión de los pensamientos anteriores que afectaban negativamente sus emociones y conductas. Este proceso representa un paso significativo hacia la redefinición de su diálogo interno, ahora basado en una comprensión más empática y profunda de sus propias necesidades y limitaciones. Usted está aprendiendo a ver sus experiencias con una perspectiva más matizada y compasiva, alejándose de los patrones de pensamiento restrictivos y obsoletos.

Este cambio no solo implica una transformación en su forma de pensar, sino también en su comportamiento. Con nuevas creencias fortalecidas, estará mejor equipado para manejar situaciones desafiantes de una manera más positiva y eficaz. Por ejemplo, al reemplazar la creencia limitante de "necesitar ser perfecto en eventos sociales para ser valorado" con una más saludable como "es natural cometer errores y puedo ser apreciado por mi autenticidad", fomentará un enfoque más sano y relajado en sus interacciones sociales. Este cambio en sus creencias influirá de manera beneficiosa en sus acciones, permitiéndole enfrentar las situaciones sociales con mayor confianza y menos ansiedad.

En resumen, este paso es crucial para afianzar un cambio positivo y duradero en su vida. Al integrar nuevas creencias y comportamientos, no solo mejora su bienestar emocional y mental, sino que también se fortalece para enfrentar futuras situaciones con mayor resiliencia y efectividad. Este progreso en la terapia marca un hito en su camino hacia una vida más plena y satisfactoria.

Ejemplo:

La reformulación de creencias y comportamientos en la Terapia Cognitiva Emotiva Conductual es un proceso clave, especialmente al abordar la ansiedad social. Al adoptar nuevas perspectivas, basadas en un entendimiento cognitivo y emocional más profundo, se prepara para interactuar en situaciones sociales de un modo más sano y constructivo.

En lugar de mantener la creencia de que debe ser el centro de atención para ser valorado, decide adoptar una visión más realista y beneficiosa. Ahora cree que cada interacción social es una oportunidad para conectar genuinamente con otros, dejando de lado exigencias personales desproporcionadas. Esta renovada creencia le facilita acudir a eventos sociales con una mentalidad más abierta y libre de presiones.

Se recuerda a sí mismo: "No necesito cumplir con las expectativas ajenas para justificar mi presencia. Prefiero centrarme en disfrutar del momento, interactuar con naturalidad y abrirme a la experiencia, sin la necesidad de comportarme de una manera específica".

En términos de comportamiento, esta nueva actitud se manifiesta en acciones concretas. Inicia conversaciones sin la carga de tener que ser ingenioso o excepcionalmente atractivo, permitiéndose ser auténtico, escuchando activamente y respondiendo con sinceridad. Incluso se da la libertad de apartarse cuando lo considere necesario, priorizando su bienestar sobre las convenciones sociales.

Este cambio en su mentalidad no solo le permite enfrentar las interacciones sociales con más calma y seguridad, sino también disfrutar más de estos momentos. Al alinear sus creencias con comportamientos que reflejan su verdadero ser y sus valores personales, logra una mayor coherencia y autenticidad en sus interacciones. Este enfoque no solo mejora su experiencia en situaciones sociales, sino que también enriquece su bienestar general. Con cada paso en esta dirección, fortalece su capacidad para vivir de manera más plena y satisfactoria.

Paso 9: Integración de Habilidades de IE y TCC en la Vida Diaria

Este paso se enfoca en la integración y práctica cotidiana de habilidades de Inteligencia Emocional y Terapia Cognitivo Conductual.

Este es un momento crucial en su desarrollo personal, donde aplica activamente lo aprendido para reforzar cambios positivos en su vida diaria.

Comience reflexionando sobre cómo sus nuevas habilidades pueden influir en situaciones cotidianas. Por ejemplo, en contextos sociales que antes generaban ansiedad, aplique técnicas de reestructuración cognitiva y regulación emocional. Vea cada interacción social como una oportunidad para practicar habilidades como la escucha activa y la expresión asertiva, mejorando así su gestión emocional.

En momentos de estrés o desafío, enfóquese en reemplazar pensamientos negativos por otros más equilibrados y constructivos. Por ejemplo, ante un reto laboral, en lugar de pensar "esto es imposible", adopte la actitud de "esto es un desafío, pero tengo las habilidades necesarias para enfrentarlo".

Integre la autocompasión en su vida diaria. En situaciones difíciles o tras cometer errores, háblese con amabilidad y comprensión, en lugar de caer en la autocrítica. Acepte los errores como parte del aprendizaje y crecimiento humano.

Practique la empatía hacia usted mismo y hacia los demás. En sus interacciones, esfuércese por entender los sentimientos y perspectivas de otras personas, mejorando así sus relaciones interpersonales.

Mantenga un registro en su diario personal de sus experiencias y reflexiones. Este registro le ayudará a rastrear su progreso, identificar áreas de mejora y celebrar sus éxitos.

La práctica constante de estas habilidades en su vida diaria es clave para una transformación emocional y conductual duradera. Con cada paso que da, se acerca más a una vida donde sus emociones y pensamientos le apoyan en la búsqueda de un equilibrio y bienestar personal.

Ejemplo:

Al enfrentar una situación habitual en el trabajo, como una reunión importante con colegas, puede aplicar las herramientas adquiridas en la Terapia Cognitiva Emotiva Conductual para transformar su experiencia. Anteriormente, estas reuniones podrían haber generado un alto grado de ansiedad, preocupación por cómo sería percibido y temor a expresar sus ideas. Ahora, con un enfoque renovado, su abordaje será diferente.

Comience aceptando y reconociendo sus emociones. Cuando sienta la ansiedad emergente, deténgase un momento para realizar respiraciones profundas, acogiendo esa emoción como una reacción humana normal ante la anticipación de un evento significativo.

A continuación, desafíe sus pensamientos automáticos negativos mediante la reestructuración cognitiva. Transforme pensamientos como "Voy a cometer un error y todos me juzgarán" en "Todos en la reunión están enfocados en los temas a tratar, no en juzgarme. Mis ideas son valiosas y merecen ser compartidas".

Centrándose en su educación emocional, reconozca que la ansiedad es una señal de la importancia que tiene el evento para usted, y que es natural sentir cierto nerviosismo. Utilice esta energía como motivación para una preparación más sólida, en lugar de dejar que le paralice.

Durante la reunión, aplique habilidades de Inteligencia Emocional como la escucha activa y la empatía. Esto no solo mejorará su comunicación con los colegas, sino que también ayudará a disminuir su ansiedad, al enfocarse más en la conversación y menos en sí mismo.

Después de la reunión, dedique tiempo a reflexionar sobre la experiencia. Evalúe cómo se sintió al implementar estas nuevas habilidades y si notó mejoras en su manejo de la ansiedad y en su capacidad para participar de manera efectiva.

Este proceso ilustra la integración práctica de las habilidades de IE y TCC en su vida diaria. A medida que continúe practicándolas, estas técnicas se volverán más naturales y eficaces, permitiéndole manejar emociones y pensamientos desafiantes en diversas situaciones con mayor facilidad, promoviendo así su crecimiento personal y profesional continuo.

Paso 10: Reflexión Postación y Ajuste Continuo

La reflexión postación representa un componente vital en su proceso de desarrollo a través de la Terapia Cognitiva Emotiva Conductual. Este paso se centra en una evaluación introspectiva y detallada de sus recientes experiencias, adoptando una perspectiva tanto crítica como compasiva. Este análisis le proporcionará una comprensión profunda de la interacción entre sus emociones, pensamientos y acciones, y le ofrecerá valiosas lecciones para el futuro.

En este momento de reflexión, es importante considerar no solo los éxitos y los aspectos positivos de su experiencia, sino también identificar y reconocer las áreas que necesitan mejorar. Por ejemplo, puede reflexionar sobre cómo manejó la ansiedad en un evento social reciente. Evalúe la efectividad de sus nuevas estrategias de pensamiento y comportamiento. Pregúntese cómo influenciaron en su nivel de comodidad y participación en el evento, y si contribuyeron a alcanzar sus metas personales y emocionales.

Este proceso de autoevaluación es un ejercicio dinámico de ajuste y recalibración. Le permite modificar y mejorar sus estrategias personales y técnicas de afrontamiento para situaciones similares en el futuro. Analice detenidamente las respuestas emocionales que surgieron y determine si las técnicas de regulación emocional y reestructuración cognitiva que aplicó fueron apropiadas y eficaces. Reflexione sobre los momentos en que su reacción fue diferente a lo esperado y considere qué podría hacer de manera diferente en el futuro para obtener resultados más alineados con sus objetivos personales.

Además, contemple cómo estas nuevas formas de pensar y actuar se alinean con sus valores y metas a largo plazo. Evalúe si está avanzando hacia la versión de sí mismo que desea ser y qué ajustes podría implementar para garantizar que sus acciones reflejen de manera más precisa sus creencias y valores renovados.

Finalmente, este paso de reflexión postación y ajuste continuo es crucial para consolidar los cambios que ha realizado y para asegurar que la transformación experimentada a través de la TCEC sea duradera y significativa. Al dedicar tiempo regularmente a esta reflexión introspectiva, fortalecerá su habilidad para abordar de manera proactiva y consciente los desafíos emocionales y cognitivos, avanzando así en su camino hacia el crecimiento personal y el bienestar emocional.

Ejemplo:

La reflexión postación que realizó después de su participación en un evento social constituye un paso crucial en su proceso de desarrollo personal a través de la Terapia Cognitivo Emotivo Conductual. A pesar de enfrentarse a una sensación inicial de ansiedad, aplicó la nueva creencia que ha integrado en su vida: su objetivo era simplemente estar presente y disfrutar la experiencia. Esta mentalidad le facilitó abordar la situación con una actitud más relajada y abierta, lo que aumentó su capacidad para disfrutar genuinamente de las interacciones y del entorno.

Durante su reflexión, identificó que, aunque la ansiedad no desapareció por completo, fue capaz de manejarla de manera efectiva. Esta gestión le permitió sentirse menos presionado y más en control de la situación. Sin embargo, también reconoció momentos en los que la duda y la inseguridad intentaron aflorar, llevándole a retirarse o a no participar en conversaciones potencialmente enriquecedoras. Esta consciencia se convierte en una valiosa oportunidad para ajustar su enfoque en situaciones futuras.

Con base en estas reflexiones, comienza a planificar cómo podría mejorar aún más la gestión de su ansiedad y su participación en futuros eventos sociales. Considera desafíos como iniciar al menos una conversación con alguien nuevo o prepararse con temas de conversación de antemano para aumentar su confianza. Este proceso de reflexión postación y ajuste continuo es esencial en la TCEC, ya que le proporciona una oportunidad para aprender de sus experiencias, ajustar sus estrategias y tácticas de afrontamiento, y seguir avanzando en su desarrollo personal y emocional. La aplicación consciente de estas lecciones le permitirá abordar situaciones similares en el futuro con una mayor confianza y menor ansiedad, contribuyendo a su crecimiento personal y al logro de un bienestar emocional más profundo y sostenible.

Conclusión

Resumen y Reflexión

Finalizando el programa de Terapia Cognitiva Emotiva Conductual, se ha logrado una transformación notable, fusionando técnicas de Terapia Cognitivo Conductual, Terapia Racional Emotiva Conductual y elementos de Inteligencia Emocional, avanzando en el tratamiento de trastornos emocionales.

Este método terapéutico ha permitido identificar y modificar pensamientos y creencias limitantes, mejorando la regulación emocional. A lo largo del programa, se han desarrollado habilidades para una gestión emocional constructiva y una narrativa interna positiva, incrementando el bienestar y la resiliencia.

Elementos como la autoaceptación incondicional y la empatía han fortalecido el bienestar mental y las relaciones, ampliando la red de apoyo social. La TCEC ha equipado para el autodiagnóstico y autocorrección, favoreciendo la autonomía en el manejo de desafíos emocionales futuros y promoviendo cambios cognitivos y conductuales sostenibles.

En resumen, la TCEC ha enriquecido la vida con mayor autoconocimiento y adaptabilidad emocional. Los principios y habilidades adquiridos son esenciales para afrontar retos actuales y futuros, marcando un compromiso con el crecimiento personal y la habilidad para manejar la complejidad emocional.

Paso Nueve

Consolidación de Aprendizaje
y Hábitos Saludables

Introducción al Tema

Este capítulo se centra en consolidar los aprendizajes y conocimientos adquiridos previamente, enfatizando la creación y mantenimiento de hábitos saludables que promuevan la salud mental y la resiliencia. Se busca integrar efectivamente estas habilidades y conocimientos en la vida cotidiana para fomentar un bienestar emocional y psicológico sostenible y duradero.

La consolidación del aprendizaje, un proceso clave en la psicología educativa y del desarrollo, implica integrar nuevos conocimientos y experiencias en la memoria a largo plazo (Schacter, Gilbert, Wegner, & Nock, 2018). Este proceso es fundamental para que las habilidades y conocimientos se conviertan en parte del repertorio conductual y cognitivo del individuo, permitiendo su aplicación efectiva en diversas situaciones de la vida.

Desde una perspectiva neurocientífica, la consolidación del aprendizaje conlleva la reorganización y el fortalecimiento de las conexiones neuronales en el cerebro, facilitados por la repetición y práctica constante (Dudai, Karni, & Born, 2015). Así, reiterar y practicar habilidades aprendidas, como la regulación emocional y la atención plena, promueve su internalización y automatización.

Formar hábitos saludables es crucial en el manejo de los trastornos del estado de ánimo. Definidos como comportamientos automáticos desencadenados por señales contextuales, estos hábitos tienen un impacto significativo en la salud mental y física (Wood & Rünger, 2016). La práctica regular de ejercicio físico, por ejemplo, ha demostrado ser eficaz en la reducción de síntomas de depresión y ansiedad, posiblemente debido a su influencia en la regulación de neurotransmisores y mejora de la autoestima (Schuch et al., 2016).

Implementar rutinas de atención plena y meditación también puede mejorar la regulación emocional, disminuir la reactividad al estrés y aumentar la conciencia y aceptación de experiencias emocionales (Guendelman, Medeiros, & Rampes, 2017). Estas prácticas fomentan una actitud de observación y no juicio hacia pensamientos y emociones, esencial para manejar trastornos del estado de ánimo.

En resumen, la consolidación de aprendizajes y la formación de hábitos saludables son fundamentales para promover la salud mental y la resiliencia. Integrar estas prácticas en la vida cotidiana facilita el manejo efectivo de trastornos del estado de ánimo y promueve un bienestar duradero. La aplicación constante de estas habilidades y conocimientos puede resultar en cambios significativos en la estructura y función cerebral, mejorando la calidad de vida y satisfacción personal.

Evidencia de Investigación

La formación y consolidación de hábitos saludables desempeñan un papel crucial en el tratamiento y manejo de trastornos del ánimo como la depresión y la ansiedad. Investigaciones recientes han evidenciado que adoptar hábitos como la actividad física regular, una dieta balanceada y la práctica de mindfulness puede impactar positivamente en la salud mental (Kvam, Kleppe, Nordhus, & Hovland, 2016).

Un estudio en el "American Journal of Psychiatry" indica que incluso una hora semanal de ejercicio puede prevenir entre el 12% y el 17% de los casos de depresión (Harvey et al., 2018). El ejercicio estimula la liberación de endorfinas, conocidas como hormonas del bienestar, y regula neurotransmisores vinculados a la depresión y la ansiedad, como la serotonina y la norepinefrina.

Asimismo, una dieta rica en frutas, verduras, cereales integrales y ácidos grasos omega-3 se ha asociado con un menor riesgo de síntomas depresivos. Un estudio en "BMC Medicine" reveló que las intervenciones dietéticas pueden ser efectivas en el tratamiento de la depresión mayor (Jacka et al., 2017).

La meditación mindfulness ha demostrado ser efectiva en la reducción de la ansiedad y la depresión. Una investigación en "JAMA Internal Medicine" mostró que esta práctica puede disminuir los síntomas de ansiedad y depresión de manera clínicamente significativa (Goyal et al., 2014).

La consolidación del aprendizaje, desde una perspectiva neuronal, implica el fortalecimiento de conexiones neuronales mediante repetición y práctica. Durante el aprendizaje, ciertas rutas neuronales se activan en el cerebro. La repetición y práctica fortalecen estas rutas, consolidando el aprendizaje de la memoria a corto plazo a la memoria a largo plazo (Dudai, Karni, & Born, 2015).

Este proceso se beneficia del sistema de recompensa cerebral, que libera dopamina, crucial en la motivación y el placer. La dopamina no solo mejora el ánimo, sino también refuerza las conexiones neuronales relacionadas con el aprendizaje (Schultz, 2016).

Por lo tanto, la consolidación de hábitos saludables y la creación de nuevas rutas neuronales a través del aprendizaje activo presentan métodos prometedores para el tratamiento y manejo de trastornos del ánimo. Estas estrategias no solo ofrecen alivio sintomático, sino que también promueven cambios duraderos en el cerebro, potenciando una mejora sostenida en la salud mental y el bienestar en general.

Instrucciones

Reflexión del Aprendizaje
y Creación de Hábito Saludables

Objetivo

El objetivo principal de este ejercicio es guiarlo en una reflexión detallada sobre las habilidades de inteligencia emocional, identificación de creencias y reestructuración cognitiva adquiridas en capítulos previos. Se enfoca en cómo aplicar estos conocimientos para formar hábitos cotidianos que promuevan su salud mental y aumenten su resiliencia emocional, elementos cruciales para el manejo efectivo de trastornos del ánimo y el fomento de un bienestar duradero.

La consolidación del aprendizaje, un proceso neural esencial para la formación de la memoria a largo plazo, fortalece las conexiones sinápticas en el cerebro, facilitando la incorporación de conocimientos y habilidades en la vida diaria. Dudai, Karni y Born (2015) destacan la importancia de la repetición y la reflexión en este proceso, lo que permite que las habilidades aprendidas se integren en su repertorio conductual.

Al finalizar este ejercicio, habrá logrado no solo adquirir conocimientos útiles para la gestión de la salud mental, sino también desarrollar una serie de hábitos diarios que sostienen su bienestar emocional y mental. La práctica constante de estas técnicas proporciona herramientas para abordar de manera proactiva los trastornos del ánimo y cultivar un estado de bienestar más firme y perdurable.

Este proceso de aprendizaje y crecimiento continuos es esencial para reforzar su capacidad de adaptación y manejo emocional, lo que contribuye significativamente a una vida más rica y satisfactoria. Integrar estas habilidades en su rutina diaria no solo mejora su salud mental, sino también su bienestar general, preparándolo para enfrentar los desafíos de la vida con mayor confianza y estabilidad.

Paso 1: Revisión y Reflexión de Aprendizaje

Este paso inicial en su trayectoria hacia un bienestar emocional reforzado constituye una invitación a la introspección profunda sobre los conocimientos adquiridos en inteligencia emocional y terapias conductuales. Este proceso incluye la reflexión sobre el desarrollo de habilidades sociales, la práctica de autocompasión, el ejercicio de la asertividad y la incorporación de hábitos saludables en la vida diaria. Representa un momento crucial para meditar sobre la integración de estos conocimientos esenciales en su cotidianidad y evaluar el impacto significativo que han tenido en su estado emocional y mental.

Comience revisando los conceptos fundamentales y las anotaciones acumuladas en su diario personal. Este ejercicio no solo profundiza su comprensión de los temas abordados, sino que también le proporciona una visión global de cómo estas habilidades han sido implementadas en su vida, resaltando tanto los cambios positivos realizados como los desafíos enfrentados. Este es un momento para reconocer sus progresos, reflexionar sobre las dificultades y considerar ajustes para optimizar la aplicación de estos aprendizajes en el futuro.

Se le insta a evaluar críticamente tanto sus éxitos como los obstáculos encontrados. Reflexione sobre las instancias en que ha aplicado con éxito las habilidades aprendidas, así como en aquellas situaciones donde encontró dificultades. Este análisis le ayudará a identificar áreas específicas para mejorar y ajustar su enfoque para aplicaciones futuras.

Este paso es fundamental no solo para valorar el avance logrado, sino también para planificar proactivamente su desarrollo continuo. Al dedicar tiempo a esta reflexión, usted se compromete con un proceso constante de mejora personal, esencial para reforzar su salud emocional y mental. Este compromiso con su crecimiento personal y emocional establece una base sólida para futuros éxitos en su camino hacia una vida más equilibrada y plena.

Ejemplo:

Imagine que durante la semana has utilizado tu diario personal para detallar sus pensamientos y emociones, especialmente en momentos de estrés o desafío. Esta introspección le permitió identificar los pensamientos automáticos y las creencias irracionales que influyen en su comportamiento y bienestar emocional. Descubrió, por ejemplo, que ciertas ideas recurrentes sobre su rendimiento laboral provienen de creencias infundadas sobre sus capacidades, más que de hechos concretos.

Este ejercicio de reflexión también le reveló dificultades para conectar directamente sus emociones intensas con esas creencias subyacentes. Aunque registró situaciones que desencadenaron fuertes respuestas emocionales en su diario, trazar un vínculo claro hacia una creencia específica resultó complejo. Este hallazgo es crucial porque señala áreas para una exploración más profunda, mejorando su comprensión y manejo de estas dinámicas.

Ante esto, considere invertir más tiempo en la autoexploración y, si lo consideras necesario, buscar apoyo adicional a través de terapia o asesoramiento. Esto le ayudará a alcanzar una comprensión más detallada de sus creencias fundamentales y su impacto en sus emociones y comportamientos.

Este proceso de evaluación y reflexión es esencial para su desarrollo continuo en inteligencia emocional y estrategias de afrontamiento. No solo le ofrece la oportunidad de reconocer y apreciar sus progresos, sino que también le motiva a planificar de manera proactiva su evolución personal y emocional. Al comprometerte con esta práctica, está estableciendo las bases para una mayor autoconciencia y una vida emocional más balanceada y enriquecida, marcando un punto de inflexión en su camino hacia el bienestar emocional y mental.

Paso 2: Implementación de Objetivos SMART

El establecimiento de objetivos es un pilar fundamental en el camino hacia el enriquecimiento del bienestar emocional y la integración efectiva de aprendizajes clave, especialmente en áreas como la inteligencia emocional y las terapias conductuales. Adoptar el método SMART (específicos, medibles, alcanzables, relevantes, y temporales) para definir sus metas no solo proporciona un marco organizado para sus ambiciones, sino que también facilita una evaluación precisa de sus avances.

Este momento es propicio para discernir en qué aspectos de su vida la aplicación de estos conocimientos sería más beneficiosa. Podría, por ejemplo, establecer el propósito de mejorar su manejo emocional bajo presión, optimizar sus habilidades de resolución de conflictos, o instituir una práctica constante de mindfulness para atenuar el estrés diario.

Para cada meta que establezcas, es crucial detallar con precisión sus intenciones, garantizando que sean cuantificables para un seguimiento efectivo de su evolución. Asegura que sus objetivos sean realistas, adaptados a sus recursos y habilidades presentes, y verifica su pertinencia para su bienestar integral. Además, define plazos específicos para su consecución, manteniendo así un rumbo y motivación claros.

Con sus metas SMART ya delineadas, esboza pasos concretos y estrategias incrementales que le encaminen hacia su logro. Este método le mantendrá motivado y permitirá ajustar sus tácticas a medida que progresa en su desarrollo personal.

Iniciar este proceso de definición de objetivos significa comprometerse con un crecimiento incesante. La especificidad y la metodología detrás de sus objetivos SMART serán catalizadores de mejoras significativas en su bienestar emocional y en su habilidad para afrontar retos, aumentando su resiliencia y fortaleciendo su salud mental de manera duradera. Ahora es el momento de convertir sus aprendizajes en acciones significativas que reflejen su dedicación a una existencia más satisfactoria y armoniosa.

Ejemplo:

Al reflexionar sobre sus registros diarios, se ha dado cuenta de la importancia de documentar sus pensamientos y emociones para detectar tendencias negativas. No obstante, identifica una oportunidad de mejora en la organización de estas reflexiones. Por ello, se propone un objetivo específico: "Me comprometeré a dedicar 10 minutos adicionales cada noche, durante las próximas dos semanas, para organizar mis anotaciones en el diario, clasificando mis pensamientos y emociones en categorías bien definidas".

Adicionalmente, reconoces que profundizar en la identificación de sus creencias fundamentales aún presenta desafíos. Para enfrentar esto, establece otro objetivo SMART: "Asignaré 15 minutos diarios para identificar, al menos una vez a la semana, una creencia nuclear, relacionándola con los acontecimientos del día y su vinculación con mis convicciones más arraigadas". Para asegurar el progreso en este ámbito, se plantea la posibilidad de concertar una sesión mensual con un especialista en psicología o consejería.

Estos objetivos, definidos por su especificidad, medibilidad, alcance, relevancia y temporalidad, están pensados para ser incorporados efectivamente en su rutina cotidiana. Su implementación marcará un avance significativo en su capacidad de manejo consciente de la salud mental. Con plazos definidos y medidas prácticas, se dirige hacia una práctica constante que no solo fomentará su desarrollo personal y emocional, sino que también consolidará su bienestar de manera comprensiva y perdurable. Esta estrategia le facilitará mantener su camino de autoexploración y autogestión emocional, estableciendo rutinas beneficiosas que apoyarán su bienestar a largo plazo.

Paso 3: Planificación de Hábitos Saludables

La etapa de "Planificación de Hábitos Saludables" es fundamental en su ruta hacia el bienestar emocional. Este paso implica definir prácticas cotidianas que benefician tanto el cuerpo como la mente y el espíritu. Comience reflexionando sobre los conocimientos adquiridos, especialmente en el ámbito de la inteligencia emocional y las técnicas de manejo del estrés que has aprendido.

Iniciar la planificación efectiva de hábitos saludables requiere seleccionar actividades específicas que desee adoptar regularmente. Esto podría abarcar desde adoptar una alimentación balanceada, practicar ejercicio físico de manera constante, hasta asegurar un sueño reparador. Cada uno de estos aspectos es crucial para equilibrar su estado de ánimo y cultivar la resiliencia emocional, fortaleciendo su capacidad para superar los retos diarios y mejorando su bienestar mental a largo plazo.

Para que estos cambios sean perdurables, establezca objetivos claros y realistas. Aplique el método SMART para definir metas específicas, como "Dedicaré 30 minutos diarios a caminar, cinco días a la semana" o "Practicaré meditación por 10 minutos todas las mañanas". Elija actividades que le resulten gratificantes y que tengan un significado personal, lo que incrementará la probabilidad de que se conviertan en parte integral de su vida. Incluya también en su plan prácticas de mindfulness y técnicas de relajación. Estas estrategias le conectarán contigo mismo a un nivel profundo, promoviendo un estado de consciencia que facilitará la identificación y gestión de sus emociones de manera más efectiva. La atención plena y la meditación no solo disminuyen el estrés, sino que también generan una sensación de calma y bienestar en tu día a día.

Adoptar estos hábitos saludables debe ser un proceso gradual. Avance a su ritmo, valorando cada paso, por menor que sea. Este enfoque paciente y autocompasivo hacia el cambio establecerá una base sólida para su salud emocional y física, permitiéndole vivir de manera más armónica y satisfactoria.

Ejemplo:

Después de reflexionar sobre sus aprendizajes en inteligencia emocional y terapias conductuales, decide emprender acciones concretas para fomentar su bienestar emocional, comprometiéndose con el desarrollo de hábitos saludables. Este paso hacia el autocuidado implica realizar ajustes significativos en su rutina diaria, buscando una armonía que beneficie tanto a su mente como a su cuerpo.

Inicialmente, elige adoptar una dieta más saludable, reconociendo el impacto directo de la nutrición en su ánimo y nivel de energía. Se propone a enriquecer sus comidas con una diversidad de frutas y verduras, y decides disminuir el consumo de alimentos procesados y azúcares, organizando sus menús semanales cada domingo.

Reconociendo el valor del ejercicio físico para su salud mental, se comprometes a practicar actividades que le generen placer, como caminatas, yoga o natación, mínimo tres veces a la semana. Este compromiso no solo beneficia su estado físico, sino que también se convierte en una estrategia eficaz para manejar el estrés y elevar su bienestar general a largo plazo.

El descanso adecuado emerge como otro pilar esencial de su plan. Para promover un sueño reparador, implemente una rutina nocturna que incluye limitar la exposición a pantallas antes de dormir, preparar un ambiente tranquilo en su habitación y establecer horarios regulares de sueño.

Además, decide integrar la práctica del mindfulness y la meditación en su cotidianidad, asignando momentos específicos para ejercitar la atención plena, como al despertar o previo a las comidas, favoreciendo así una conexión constante con el presente y la disminución de la ansiedad.

Durante este proceso, utilice su diario personal para documentar tanto sus progresos como los desafíos enfrentados, reflexionando sobre el impacto de estos hábitos en su humor y salud emocional. Este seguimiento se revela como una herramienta clave para evaluar la efectividad de los cambios realizados y realizar los ajustes necesarios.

Tras unas semanas, constatas el efecto beneficioso de integrar estos hábitos saludables en su vida. Notará un aumento en su energía y equilibrio, así como una mayor capacidad para afrontar los desafíos diarios con fortaleza emocional. Este cambio subraya la importancia de un enfoque integral hacia el bienestar, donde el cuidado simultáneo del cuerpo y la mente es esencial para lograr una salud emocional plena.

Paso 4: Integración de la Práctica Mindfulness

La incorporación de la práctica de mindfulness en su rutina diaria se destaca como un paso esencial hacia el enriquecimiento de su bienestar emocional y el desarrollo de una resiliencia perdurable ante las adversidades. Esta técnica, que promueve la conciencia plena del momento presente, le dota de la capacidad para observar sus pensamientos, emociones y sensaciones físicas desde un punto de vista imparcial, evitando juicios apresurados. Más allá de disminuir el estrés y mejorar la concentración, el mindfulness fomenta una relación más armoniosa y compasiva con uno mismo.

Al adoptar el mindfulness, se inicia un profundo cambio en cómo percibe sus procesos mentales y emocionales. Este avance se basa en la habilidad para reconocer y aceptar sus vivencias internas sin una identificación total con ellas, facilitando así una reacción más equilibrada y consciente ante los desafíos diarios. A través de la atención plena, se aprende a desenredar el entramado de pensamientos automáticos y a abordar las emociones desafiantes con serenidad y entendimiento, previniendo la reactividad excesiva o la represión de sentimientos.

Para integrar el mindfulness en su vida, puede empezar con prácticas simples y directas. Consagre unos minutos cada mañana para enfocarse en su respiración, apreciando cada inhalación y exhalación como una oportunidad para anclar su atención en el ahora. Aplique la atención plena en actividades cotidianas, como comer o caminar, prestando completa atención a las sensaciones y experiencias del momento. Estos ejercicios, por breves que sean, actúan como potentes recordatorios de su capacidad para mantenerse centrado y consciente durante el día.

El mindfulness también promueve la autocompasión y la aceptación, virtudes cruciales para manejar las fluctuaciones emocionales con cuidado y benevolencia hacia sí mismo. Al cultivar un espacio de observación sin crítica, se facilita la tarea de identificar y modificar las creencias limitantes, fortaleciendo su habilidad para adaptarse y florecer frente a los desafíos de la vida.

Con la práctica continua del mindfulness, notará sus efectos transformadores: una reducción en el estrés, una claridad mental incrementada y un bienestar emocional fortalecido. Este método le permite abordar la vida con mayor tranquilidad, lucidez y seguridad, estableciendo el mindfulness como un soporte vital en su camino hacia un existir pleno y balanceado.

Ejemplo:

Al reconocer el impacto transformador del mindfulness, decide hacer de esta práctica una parte integral de su vida diaria, con el objetivo de reforzar su bienestar mental y emocional. Este compromiso comienza cada mañana, dedicando de 10 a 15 minutos a la meditación enfocada en la respiración, en un lugar tranquilo donde pueda estar sin distracciones. Este momento de serenidad matinal se transforma en un pilar fundamental para comenzar el día, proporcionándole una base de paz y concentración que lo prepara para afrontar con serenidad cualquier desafío.

Motivado por los efectos positivos de estas sesiones matutinas, decide ampliar la práctica del mindfulness a otros momentos críticos del día. Introduce breves pausas conscientes durante el almuerzo y establece un ritual de meditación antes de acostarse. Estos intervalos de mindfulness le brindan oportunidades para reconectar con el momento presente, disminuyendo significativamente la inclinación hacia la rumiación y la ansiedad. A medida que continúa con esta práctica, su valoración del ahora se profundiza, enriqueciendo su experiencia cotidiana con una sensación de paz y satisfacción más intensas.

La incorporación habitual del mindfulness en su rutina no solo eleva su habilidad para gestionar el estrés y las emociones complejas, sino que también fomenta un ambiente propicio para el crecimiento personal y emocional. Al adoptar la atención plena como una costumbre diaria, no solamente se enfrenta a la vida con mayor calma y claridad, sino que también estimula una transformación significativa en su bienestar integral. Este compromiso con la práctica consciente se convierte en un recurso de fortaleza y bienestar, marcando un cambio sustancial en su capacidad para disfrutar de una existencia plena y resiliente.

Paso 5: Implementación de Ejercicio y Nutrición

La integración de una rutina de ejercicio y hábitos alimenticios saludables es fundamental para el bienestar general, afectando de manera positiva tanto la salud física como la mental. La práctica regular de actividad física y una dieta equilibrada son pilares esenciales para mantener un estado emocional equilibrado y promover una buena salud psicológica.

La actividad física desempeña un papel crucial en la mejora del estado de ánimo, gracias a la liberación de endorfinas, conocidas como las "hormonas de la felicidad". Estas sustancias químicas naturales del cerebro son capaces de reducir la percepción del dolor y generar sensaciones de bienestar y alegría. La importancia del ejercicio se extiende a la prevención y mitigación de síntomas asociados a la depresión y la ansiedad, ofreciendo un método eficaz para mejorar la calidad de vida.

Paralelamente, mantener una dieta rica y balanceada es vital para el correcto funcionamiento cerebral y el manejo emocional. Alimentos ricos en nutrientes, como frutas, verduras, proteínas magras, granos integrales y ácidos grasos (Omega-3), contribuyen significativamente a mejorar la concentración, aumentar la claridad mental y estabilizar los estados de ánimo. Una nutrición adecuada es, por lo tanto, un componente clave para fortalecer la salud mental y fomentar el equilibrio emocional.

La implementación consciente de estos elementos en la vida diaria no solo representa una estrategia efectiva para el manejo del estrés y el aumento de la energía, sino que también promueve un estilo de vida más saludable y gratificante. Al adoptar prácticas de ejercicio y nutrición saludable, se invierte en la salud física y emocional, sentando las bases para un bienestar integral y duradero.

Este enfoque holístico hacia el cuidado personal subraya la interrelación entre la salud física y mental, alentándolo a comprometerse con un estilo de vida que beneficie tanto el cuerpo como la mente. Al integrar rutinas de ejercicio y patrones alimenticios saludables en su cotidianidad, usted se embarca en un viaje hacia una vida más equilibrada, enriquecida y plena, estableciendo un compromiso profundo con su bienestar personal.

Ejemplo:

Al decidir activamente mejorar su bienestar integral, usted reconoce la importancia fundamental de la nutrición y el ejercicio en la salud mental. Siguiendo el consejo de un nutricionista, introduce probióticos en su desayuno, basándose en evidencias que vinculan una salud intestinal óptima con estados de ánimo más positivos y una reducción de la ansiedad.

Adicionalmente, reformula su cena para incluir opciones más ligeras y ricas en nutrientes, excluyendo carbohidratos complejos para favorecer un ciclo de sueño saludable. Este ajuste dietético es estratégico para mejorar la calidad de su descanso nocturno, un pilar para la estabilidad emocional y una gestión eficaz del estrés.

En paralelo, se compromete con una rutina de ejercicios diseñada según sus gustos y metas personales. Prefiere actividades que disfruta, como correr al aire libre o nadar, y planifica sesiones de entrenamiento tres veces a la semana. Este compromiso no solo fortalece su condición física, sino que también mejora su autoestima y contribuye a su satisfacción personal.

Los efectos de esta doble estrategia pronto se hacen evidentes. Experimenta un aumento notable en su energía diaria, una mayor estabilidad emocional y un sueño más reparador. Los ajustes realizados en su dieta y régimen de ejercicios se revelan como pilares fundamentales para su salud emocional, demostrando la influencia positiva que los cambios de estilo de vida pueden tener en el bienestar general.

Al integrar estos hábitos saludables en su vida, usted está sentando las bases para un bienestar mental y físico duradero, subrayando la relevancia de un enfoque holístico en el autocuidado. La adopción consciente de una nutrición adecuada y la actividad física regular se confirman como tácticas eficaces para aumentar su resiliencia emocional y cultivar un estilo de vida más equilibrado y pleno.

Paso 6: Diario de Gratitud

El cultivo de un diario de gratitud se presenta como una práctica poderosamente transformadora, destinada a fomentar un espíritu de agradecimiento hacia los elementos positivos de la existencia. Dedicar tiempo diariamente a reflexionar y anotar en un diario los progresos realizados en la adopción de hábitos saludables y en el avance de las habilidades de inteligencia emocional, así como expresar gratitud por las pequeñas y grandes bendiciones de cada día, se convierte en una valiosa herramienta para el enriquecimiento emocional.

Investigaciones en psicología positiva han confirmado que la gratitud aporta numerosos beneficios para el bienestar emocional, como un incremento en la sensación de felicidad, una reducción del estrés y un fortalecimiento de la autoestima. Concentrarse en los aspectos valiosos y positivos de la vida facilita un cambio de enfoque, de lo que falta a lo que abunda, transformando la percepción del mundo y mejorando las interacciones con él.

El acto de escribir en un diario de gratitud promueve una reflexión profunda sobre los logros personales y los placeres cotidianos, incentivando a apreciar tanto los grandes éxitos como los instantes de dicha. Esta práctica de reconocimiento y agradecimiento cultiva una mentalidad optimista y satisfecha, contribuyendo significativamente a un bienestar emocional en el presente y sentando las bases para una futura realización más plena.

Integrar la gratitud en su rutina diaria emerge como un método efectivo para adoptar una perspectiva más positiva de la vida y valorar sus experiencias y avances. Al comprometerse con la gratitud de manera regular, no solo mejora su día a día, sino que también fortalece su salud mental, consolidando el agradecimiento como un pilar esencial para un equilibrio emocional enriquecedor y duradero.

Ejemplo:

Imagínese que, de forma rutinaria, después de revisar su diario personal, se toma de 10 a 15 minutos cada día para escribir en su diario de gratitud y progreso. Este momento se dedica a iluminar los aspectos positivos del día, como mantener la calma ante un reto laboral o dedicar tiempo a su práctica de mindfulness. Luego, se enfoca en expresar gratitud por las bendiciones de la vida, ya sea por su salud, familia, amigos, o incluso por los pequeños instantes de alegría diarios.

Además, este tiempo le permite valorar sus propias cualidades y celebrar sus logros, apreciando sus esfuerzos y victorias, sin importar su tamaño. Este ejercicio nocturno se convierte en un ritual clave, ayudándole a terminar el día con positividad, lo que contribuye significativamente a su bienestar y felicidad global.

Con la incorporación constante de esta práctica en su vida diaria, observa una transformación notable en su percepción del mundo. Adopta una actitud más optimista, se vuelve más consciente de los regalos de la vida y más compasivo consigo mismo. La gratitud y el reconocimiento de sus progresos nutren su autoestima y mejoran su capacidad para afrontar las dificultades con optimismo y resiliencia. Este hábito de agradecer se erige como un soporte esencial de su estabilidad emocional, proporcionándole una base robusta para una salud mental y emocional duradera y enriquecida.

Paso 7: Fortalecimiento de Conexiones Sociales

En este paso trascendental hacia una salud mental y emocional óptima, usted se enfoca en reforzar sus conexiones sociales, fundamentales para su bienestar. Las relaciones significativas le brindan soporte, comprensión y una valiosa sensación de pertenencia. La capacidad para forjar y sustentar estos lazos depende de una comunicación eficiente y una desarrollada inteligencia emocional, habilidades en las que ha estado trabajando conscientemente.

Inicie evaluando su red de relaciones actuales, distinguiendo las que aportan valor a su vida y aquellas áreas susceptibles de mejora. Puede ser que desee fortalecer la conexión con ciertos amigos, familiares o incluso colegas. Es crucial reconocer que cada relación exige esfuerzo y compromiso para su desarrollo y mantenimiento.

Luego, elabore un plan para perfeccionar sus habilidades comunicativas, abarcando técnicas de escucha activa, la articulación clara y respetuosa de sus ideas y sentimientos, y la disposición para comprender las perspectivas ajenas. Estas capacidades son vitales para establecer interacciones profundas y genuinas.

Comprométase también a destinar tiempo de manera regular para cultivar estas relaciones, ya sea mediante reuniones, llamadas o mensajes. La clave reside en la intencionalidad de estas interacciones, buscando siempre reforzar el vínculo.

Para ampliar su red de apoyo, participe en grupos o actividades que resuenan con sus intereses o valores, encontrando así comunidades afines. Estas nuevas relaciones no solo diversifican su entorno social, sino que también ofrecen apoyo adicional cuando sea necesario.

Finalmente, la práctica de la gratitud y el reconocimiento juega un papel crucial en sus relaciones. Valorar y agradecer a las personas en su vida profundiza las conexiones y promueve un entorno de soporte recíproco. Celebrar los éxitos de otros y estar presente en momentos difíciles son acciones que solidifican estos lazos.

Este esfuerzo por fortalecer sus conexiones sociales es una inversión invaluable en su salud mental y bienestar emocional. Desarrollando y manteniendo relaciones significativas, enriquece su vida social y construye una red de apoyo fundamental para superar adversidades. Cada interacción le acerca más a un bienestar emocional equilibrado, aumentando su resiliencia emocional ante los retos de la vida.

Ejemplo:

Después de reconocer la trascendencia de robustecer sus vínculos sociales, decide emprender acciones concretas para perfeccionar sus destrezas comunicativas y ampliar su círculo de soporte. Usted es consciente de que, a pesar de los avances personales y en la administración emocional que ha logrado, una red de relaciones fortalecidas constituye un pilar esencial para su equilibrio emocional.

Con este propósito, establece una meta puntual: iniciar diálogos significativos con al menos dos personas de su círculo cercano semanalmente. Esta iniciativa podría enfocarse tanto en colegas con quienes anhela mejorar lazos como en amigos o familiares con los que ha perdido contacto. El objetivo es trascender los intercambios superficiales, indagando en temas de mutuo interés que propicien un lazo más profundo.

Simultáneamente, decide participar en un grupo o asociación alineado con sus aficiones o intereses, como puede ser un club de lectura, un colectivo de senderismo o un taller de arte. Esta involucración no solo le posibilita conocer individuos con afinidades compartidas, sino que también representa un escenario propicio para ejercitar sus competencias comunicacionales y forjar vínculos en un contexto amigable y solidario.

Comprometiéndose a cultivar relaciones auténticas y sustanciales, adopte la escucha activa en cada conversación, procurando entender genuinamente las perspectivas y sentimientos ajenos. Esto implica realizar preguntas abiertas, replicar lo entendido y demostrar empatía.

Adicionalmente, establezca una rutina para mantener y nutrir estos lazos. Esto puede traducirse en organizar llamadas periódicas con seres queridos distantes o agendar encuentros mensuales con los nuevos amigos del grupo al que se ha integrado. La finalidad es garantizar el desarrollo y la consolidación de estas relaciones.

Al poner en marcha estas estrategias, percibe cómo su red de apoyo se diversifica y sus habilidades para interactuar se enriquecen. Esta mayor conexión y comprensión mutua refuerza su capacidad para afrontar adversidades, ofreciéndole un sentido de comunidad y contribuyendo de manera significativa a su estabilidad emocional.

Este compromiso con el enriquecimiento de sus vínculos sociales no solo embellece su existencia con relaciones valiosas, sino que también edifica una estructura de soporte crucial para los momentos difíciles, elevando su bienestar mental y emocional. Este enfoque consciente hacia la interacción social demuestra ser fundamental para una vida emocionalmente rica y equilibrada.

Paso 8: Gestión del Tiempo y Reducción del Estrés

El dominio efectivo del tiempo y la disminución del estrés constituyen pilares esenciales para sostener un balance saludable en su vida, incidiendo positivamente en su bienestar tanto mental como físico. Este paso se enfoca en proporcionarte estrategias prácticas para una organización óptima de su tiempo, lo cual le facilitará concentrarse en aspectos fundamentales de su vida mientras minimizas los niveles de estrés que podrían mermar su salud emocional.

Inicie este proceso realizando una evaluación precisa de cómo gestionas su tiempo actualmente. Distinga aquellas actividades que drenan su energía sin ofrecer beneficios reales o le desvían de sus metas personales. Este análisis de autoconocimiento revelará oportunidades para reajustar su distribución del tiempo y optimizar su energía hacia actividades más fructíferas.

Tras esta introspección, aprenda a priorizar sus actividades basándose en su relevancia y urgencia, aplicando técnicas como la matriz de Eisenhower. Este método le orientará a enfocarse en tareas cruciales para su crecimiento personal y profesional, garantizando que invierta su tiempo en lo genuinamente trascendental.

Integrar descansos conscientes durante el día es fundamental para el autocuidado y la atenuación del estrés. Estos intervalos pueden abarcar desde ejercicios breves de atención plena y técnicas de respiración hasta momentos de tranquilidad para reconectar consigo mismo. Programe estas pausas, sobre todo en momentos de alta carga laboral o estrés, permitiéndose revitalizar su mente y mantener una perspectiva serena.

Para una administración del tiempo duradera y efectiva, elabore un cronograma semanal que incorpore sus obligaciones esenciales, así como periodos dedicados al ejercicio, una alimentación balanceada, descanso adecuado, y actividades que le produzcan gozo y satisfacción. El desafío radica en hallar un equilibrio que respalde sus aspiraciones personales y laborales, sin comprometer su salud mental y física.

Evalúe periódicamente el impacto de estas técnicas de gestión del tiempo y mitigación del estrés en su cotidianidad. Ajuste su planificación según necesidades para perpetuar su bienestar. Al adherirse a este método, no solo elevará su productividad y eficiencia, sino que también robustecerás su resiliencia emocional, posicionándose de manera óptima ante los retos vitales con un enfoque positivo y proactivo. Este compromiso holístico con su desarrollo le habilitará para disfrutar de una existencia enriquecedora y equilibrada, con el bienestar y la armonía como fieles aliados.

Ejemplo:

Tras profundizar en la inteligencia emocional y la reestructuración cognitiva, decide aplicar estos conocimientos para abordar el desafío de optimizar la gestión del tiempo y disminuir el estrés. Usted es consciente de que gran parte de su ansiedad se origina en la sensación de estar permanentemente contra reloj, abrumado por múltiples tareas.

Inicie este proceso evaluando detalladamente sus actividades y compromisos semanales, distinguiendo entre aquellos esenciales y los susceptibles de ser delegados o descartados. Este análisis le brinda una visión clara de su distribución temporal, evidenciando áreas de posible mejora o exceso de responsabilidades.

Con base en este entendimiento, defina un objetivo SMART puntual: "Destinaré dos horas cada domingo por la tarde para la planificación semanal, asegurando una distribución equilibrada del tiempo entre trabajo, descanso, ejercicio y autocuidado". Esta meta, claramente definida, medible, realista, pertinente y temporalmente delimitada, le ofrece un marco para su seguimiento y ajuste continuo.

Para facilitar la desconexión y el autocuidado, incorpore pausas de mindfulness de cinco minutos al inicio de la jornada laboral, durante el almuerzo y previo al sueño. Estos breves interludios promueven una desconexión momentánea de las presiones cotidianas, enfocándose en el presente y disminuyendo el acumulado de estrés.

Esta estrategia resulta en una mejora notable en su manejo del estrés y su capacidad para concentrarse y mantener la calma frente a los retos diarios. La gestión activa de su tiempo y la integración de técnicas de relajación no solo elevan su eficiencia y satisfacción personal, sino que también robustecen su resiliencia emocional, ofreciéndole un enfoque de vida más controlado y equilibrado.

Adoptar conscientemente estas prácticas en su día a día le dota de herramientas esenciales para transitar la vida con mayor soltura y confianza. Este compromiso consigo mismo le revela el valor de la autoeficacia y cómo ajustes menores en sus rutinas pueden generar un impacto sustancial en su bienestar integral.

Paso 9: Evaluación Continua y Ajuste de Metas

La evaluación y ajuste constantes de sus metas son esenciales en el trayecto hacia un estado emocional y mental óptimo. Esta práctica no solo facilita el seguimiento de su avance, sino que también ilumina la necesidad de modificaciones para mantener el rumbo hacia sus aspiraciones. La autoevaluación regular emerge como una herramienta invaluable, permitiéndole reflexionar sobre sus avances, celebrar sus logros y recalibrar en áreas menos desarrolladas o donde los enfoques previos han sido menos efectivos.

Inicie este proceso reservando un tiempo semanal para revisar sus metas establecidas, analizando con honestidad su progreso en cada una. Interrogue sus acciones y su alineación con estos objetivos, identificando tanto los logros como los obstáculos que han surgido. Esta introspección le ayudará a discernir sus áreas de fortaleza y aquellas donde los desvíos del plan inicial requieren de su atención.

Este ejercicio de evaluación también le brinda la flexibilidad de reajustar sus metas en función de los cambios vitales que experimente. Es posible que algunas metas pierdan relevancia o que nuevas prioridades emerjan, reflejando su evolución personal y los retos superados. Adaptar sus objetivos es un reflejo de crecimiento y le mantiene enfocado en lo que verdaderamente contribuye a tu bienestar.

Dedique tiempo a contemplar cómo las competencias de Inteligencia Emocional que ha cultivado influyen en su cotidianidad. Examine los cambios percibidos en la gestión del estrés y en sus relaciones, evaluando la efectividad de las habilidades aprendidas. Estas reflexiones le permitirán apreciar el impacto real de sus esfuerzos y ajustar sus estrategias conforme sea necesario.

Es crucial mantener una mentalidad abierta y adaptable, reconociendo que el cambio es inherente al crecimiento. Aceptar esta dinámica le equipará para afrontar los imprevistos con resiliencia, enfocándose más en la constancia y adaptabilidad que en la velocidad de sus logros.

Comprometiéndose con una evaluación y ajuste continuos de sus metas, refuerza su dedicación al autodesarrollo y al mejoramiento de su bienestar emocional. Este proceso garantiza que permanezcas fiel a sus valores y aspiraciones, conduciéndole hacia una existencia enriquecida por el aprendizaje y el crecimiento sostenidos.

Ejemplo:

Tras meses de dedicación a su programa personalizado de 10 pasos para el mejoramiento del bienestar emocional y mental, decide emprender una reflexión detallada para evaluar y posiblemente recalibrar sus metas. Este momento de introspección es crucial para analizar el camino recorrido hacia los objetivos que se ha fijado al comienzo de este viaje.

En un ambiente sereno, abre tu diario, donde ha registrado meticulosamente sus aspiraciones y progresos. Inicie un examen profundo de cada objetivo, cuestionando su avance, los desafíos enfrentados y las soluciones halladas. También contemple cómo las nuevas situaciones que han surgido podrían influir en la redefinición de sus metas.

Observe logros destacados en algunas áreas, como la implementación efectiva de la atención plena y el enriquecimiento de sus relaciones personales. Sin embargo, identifique que la gestión del tiempo y el control del estrés aún representan desafíos significativos, revelando la necesidad de una metodología más concreta para abordar estas metas.

Con base en esta introspección, se propone objetivos renovados y realistas, como aplicar el cuadrante de Eisenhower para priorizar tareas, distinguiendo lo urgente de lo verdaderamente importante. Se compromete a dedicar tiempo diariamente para actividades que promuevan su autocuidado y alivien el estrés.

Esta evaluación le lleva a una comprensión más profunda de la importancia de la adaptabilidad en su crecimiento personal. Opte por realizar chequeos mensuales de sus avances, permitiéndole ajustar sus planes de forma dinámica y asegurar un progreso continuo hacia su bienestar.

La práctica de revisar y ajustar sus metas se convierte en un componente esencial de su compromiso con el autodesarrollo. Al concluir este ejercicio, se sentirá revitalizado, con un plan claro para avanzar hacia un estado de equilibrio emocional y salud mental, subrayando el valor de la flexibilidad y la adaptación como pilares fundamentales en su desarrollo personal.

Paso 10: Celebración de Logros y Reflexión Final

Al culminar este trascendental viaje de desarrollo personal y emocional, usted se encuentra en el umbral del último paso: la Celebración de Logros y Reflexión Profunda. Este momento señala una significativa pausa, brindándole la ocasión de contemplar retrospectivamente y valorar cada logro obtenido. Durante este programa de 10 pasos, usted ha emprendido un esfuerzo consciente por enriquecer su bienestar emocional y afinar sus destrezas en Inteligencia Emocional, y ha llegado el instante de reconocer y honrar dicha dedicación.

Inicie esta fase rememorando su travesía. Reflexione acerca de los obstáculos superados y la manera en que triunfó sobre ellos. Evoque aquellos instantes de incertidumbre y el modo en que halló la determinación para perseverar. Cada uno de estos episodios constituye una prueba irrefutable de su evolución y fortaleza.

Abra su diario para plasmar sus triunfos. No solo se enfoques en los logros más destacados, sino también en aquellas victorias menores que, en su conjunto, han conformado la esencia de su avance. Quizás ha instaurado y sostenido hábitos benéficos, cultivado sus relaciones interpersonales o descubierto estrategias más eficaces para el manejo del estrés. Cada éxito, por menor que sea, es digno de celebración.

Luego, medite sobre las lecciones personales aprendidas. Interrogue qué creencias has transformado y cómo se ha modificado su comprensión sobre la inteligencia emocional y su integración en su vida cotidiana. Estas introspecciones le permitirán apreciar la profundidad del cambio que ha experimentado.

Tras reconocer sus conquistas, formule propósitos para su crecimiento futuro. Reflexione sobre las maneras en que puedes seguir aplicando las habilidades y conocimientos adquiridos ante nuevos retos y aspiraciones. La conmemoración de sus éxitos no solo marca una conclusión, sino también el inicio de su continua evolución emocional y personal.

Por último, comparta sus vivencias. Dialogue con amigos, familiares o grupos de soporte acerca de su recorrido. El acto de compartir no solo consolida tus propios logros, sino que también puede servir de inspiración y aliento para otros en sus respectivas búsquedas de bienestar emocional.

Este paso de Celebración de Logros y Reflexión Profunda le invita a mirar hacia atrás con agradecimiento, hacia dentro con reconocimiento y hacia adelante con optimismo. Sirve como recordatorio de que el crecimiento personal es un periplo incesante, donde cada avance merece ser festejado.

Conclusión

Resumen y Reflexión

Al finalizar este capítulo, se ubica en un momento clave para su salud emocional y resiliencia. Es vital llevar a la práctica diaria lo aprendido, desarrollando hábitos que sustenten y mejoren su bienestar mental. Este esfuerzo no solo salvaguarda su salud emocional, sino que es crucial para su crecimiento personal continuo.

Ha avanzado significativamente, desde reflexionar y establecer metas hasta practicar mindfulness y adoptar un estilo de vida saludable. Ha sabido apreciar cada progreso, preparándose para futuros desafíos con autocompasión y gratitud.

La importancia de este capítulo radica en su capacidad para sostener y expandir los logros obtenidos. Integrando estas prácticas en su rutina, promueve no solo el bienestar presente sino también un desarrollo personal perdurable y profundo. Con mayor claridad y optimismo, celebra logros cotidianos y cultiva gratitud por lo simple.

Este proceso representa una transformación integral. La fusión de inteligencia emocional, mindfulness y un estilo de vida saludable mejora su bienestar. Importante es la creación de una vida donde la salud mental y emocional son prioritarias.

Recuerde, el camino hacia la resiliencia y el bienestar emocional es continuo, con desafíos que ahora puede enfrentar con confianza. Celebre sus éxitos y encare el futuro con esperanza. Su compromiso demuestra su fortaleza y aspiración por una vida enriquecida.

Paso Diez

Mantenimiento de Cambios
y Prevención de Recaídas

Introducción al Tema

Este capítulo se centra en un aspecto crítico del tratamiento y manejo de los trastornos del estado de ánimo: cómo preservar los cambios positivos alcanzados y prevenir posibles recaídas. En el proceso de recuperación y mejora del bienestar mental, no es suficiente con lograr avances; resulta imperativo mantener estos progresos y prepararse para enfrentar futuros desafíos.

La conservación de los cambios positivos constituye una tarea dinámica y permanente, que demanda un compromiso ininterrumpido y una capacidad de adaptación ante nuevas circunstancias y vivencias. Este capítulo propone estrategias prácticas y efectivas para incorporar en el día a día, con el objetivo de reforzar la salud mental y emocional de manera sostenida y disminuir el riesgo de recaídas.

Abordaremos técnicas como el monitoreo constante de emociones y pensamientos, crucial para identificar tempranamente cualquier indicio de alarma y actuar preventivamente. Asimismo, se analizará la relevancia de elaborar un plan personalizado para afrontar situaciones adversas, incluyendo métodos de afrontamiento adaptativos y estrategias de resolución de problemas.

Un elemento fundamental será el énfasis en la importancia de las redes de apoyo y su promoción. Poseer un sistema de soporte efectivo, ya sea mediante relaciones personales, grupos de apoyo o profesionales en salud mental, es vital en el proceso de mantenimiento y prevención de recaídas. Además, se examinará la importancia del autocuidado, tales como la práctica regular de ejercicio, una alimentación equilibrada y técnicas de relajación, subrayando su influencia positiva en el estado emocional y mental.

Al concluir este capítulo, el lector habrá obtenido una comprensión ampliada sobre cómo conservar los logros obtenidos y estará mejor preparado para gestionar desafíos futuros, facilitando así el camino hacia una vida emocionalmente más plena y equilibrada.

Evidencia de Investigación

La investigación en el campo de la psicología clínica y la terapia conductual ha subrayado la crucial importancia del mantenimiento de cambios conductuales y emocionales positivos en el abordaje de trastornos del estado de ánimo. Moore et al. (2016) resaltan que la prevención de recaídas reviste tanta importancia como el tratamiento inicial.

El monitoreo continuo emerge como una estrategia clave en este ámbito. Para muchos individuos, el seguimiento regular de patrones de pensamiento y comportamiento mediante diarios personales o aplicaciones de salud mental se torna esencial. Esta técnica facilita una observación constante de los estados de ánimo y las respuestas emocionales, permitiendo la identificación precoz de señales de una posible recaída y habilitando intervenciones en momentos oportunos.

Adicionalmente, la preparación para afrontar situaciones desafiantes ocupa un lugar primordial. La elaboración de planes de acción y estrategias de afrontamiento, particularmente para circunstancias que históricamente han desencadenado respuestas emocionales adversas, se muestra crucial. Según Roemer y Orsillo (2019), herramientas como la atención plena y la terapia cognitivo-conductual representan recursos valiosos para anticiparse y gestionar situaciones estresantes.

La relevancia de las redes de apoyo no puede subestimarse. La participación en grupos de apoyo o la consolidación de una red robusta de soporte social, como señalan Johnson et al. (2011), resulta fundamental en la preservación de la salud mental. Estos grupos proporcionan un entorno seguro para el intercambio de experiencias y la recepción de apoyo.

Por último, las estrategias de autocuidado, incluyendo la práctica regular de ejercicio, una alimentación balanceada y técnicas de relajación, se destacan como elementos vitales. Estas prácticas minimizan el estrés y favorecen el bienestar general, desempeñando un papel importante en la prevención de recaídas y en el mantenimiento del equilibrio emocional.

En conclusión, un enfoque comprensivo que integra la vigilancia continua, la preparación ante desafíos, el soporte social y el autocuidado es fundamental en la prevención de recaídas y en la conservación de la salud mental queda claramente evidenciada.

Instrucciones

Estrategias de Afrontamiento
y Preparación para Desafíos Futuros

Objetivo

El objetivo de este ejercicio es desarrollar y reforzar su capacidad para sostener cambios positivos de forma duradera y elaborar un plan de acción integral para prevenir recaídas en el contexto de los trastornos del estado de ánimo. Este ejercicio trasciende la mera consolidación de las mejoras logradas, enfocándose en la implementación proactiva de estrategias ante futuros desafíos emocionales y psicológicos.

A lo largo de los capítulos previos, se han adquirido diversas herramientas y habilidades, incluidas técnicas de manejo del estrés, prácticas de mindfulness y estrategias de afrontamiento cognitivo-conductual. El desafío consiste en integrar estas habilidades en su vida cotidiana de tal manera que se conviertan en parte de su comportamiento habitual, estableciendo así una base firme para el bienestar emocional a largo plazo.

Es fundamental aprender a reconocer y valorar los cambios positivos realizados, no solo como logros aislados, sino como elementos de un proceso continuo de crecimiento y desarrollo personal. Esto implica la capacidad para identificar y celebrar sus éxitos y ver los contratiempos como oportunidades de aprendizaje.

Elaborar un plan de acción para prevenir recaídas es un aspecto clave de este ejercicio. Dicho plan debe ser personalizado, considerando sus circunstancias particulares, desafíos y necesidades. Debe contemplar estrategias específicas para detectar y manejar señales tempranas de estrés, ansiedad o depresión, y definir acciones proactivas para abordar situaciones potencialmente desencadenantes.

Asimismo, se enfatiza la importancia de desarrollar y sostener una red de apoyo eficaz, promoviendo relaciones significativas con familiares, amigos y profesionales de la salud mental que puedan brindar apoyo y comprensión cuando sea necesario.

Finalmente, este ejercicio busca empoderarlo para que asuma un rol activo en el cuidado de su salud mental y bienestar emocional. Al concluir este ejercicio, no solo habrá fortalecido su capacidad para mantener los cambios positivos, sino que también dispondrá de un conjunto de estrategias personalizadas para prevenir recaídas y afrontar futuros desafíos con confianza y resiliencia.

Paso 1: Incorporación de Evaluación Continua

La integración de una evaluación constante en su ruta hacia el bienestar emocional constituye un elemento clave para conservar y potenciar los avances alcanzados en su salud mental. Este método le habilita para monitorear de cerca su evolución y reconocer de inmediato cualquier indicio de retroceso, permitiendo la implementación de correcciones adecuadas en sus métodos de enfrentamiento.

La consulta periódica con un profesional de la salud mental es un componente esencial de esta dinámica, brindándole una valoración experta que enriquece sus autoexámenes. Estas interacciones le proveen de perspectivas objetivas acerca de su condición emocional, facilitando la identificación de tendencias o retos particulares que puedan demandar atención especializada.

El empleo de instrumentos de autoevaluación, como el Inventario de Depresión de Beck y el Inventario de Ansiedad de Beck (ambos disponibles en internet), contribuye a obtener una visión precisa de sus niveles de ansiedad y estado de ánimo. Aunque estos recursos no sustituyen la evaluación profesional, resultan beneficiosos para el autoseguimiento y la introspección.

Incorporar la evaluación continua desde el inicio es crucial para forjar un enfoque comprensivo dirigido a la prevención de recaídas. Este enfoque le capacita no solo para preservar las mejoras logradas, sino también para anticiparle proactivamente a posibles obstáculos emocionales y psicológicos futuros. Al adoptar estas medidas en su cotidianidad, refuerzas su habilidad para manejar de manera óptima su salud mental, asegurando un avance constante hacia un estado de bienestar y fortaleza emocional duraderos.

Ejemplo:

La adopción de una evaluación continua en su recorrido hacia la recuperación y el sostenimiento de su salud mental constituye una táctica esencial para garantizar un avance duradero y evitar eventuales retrocesos. Imagine que, tras enfrentarse a periodos de ansiedad y depresión, elige dedicarse con fervor a su bienestar emocional, adoptando una postura proactiva hacia la autoevaluación y el monitoreo constante de su estado emocional.

Este compromiso se concreta mediante citas periódicas con un psicólogo, las cuales le ofrecen un entorno confiable para examinar sus emociones, retos y progresos. Estos encuentros le proporcionan una comprensión más profunda de sus patrones mentales y conductuales, brindándole tácticas personalizadas para el manejo del estrés y la ampliación de su capacidad de recuperación.

Paralelamente, opte por enriquecer estas consultas con el uso periódico del Inventario de Depresión de Beck. Esta herramienta de autoevaluación le facilita el seguimiento de sus estados depresivos cada dos semanas. Aunque usted es consciente de que este recurso no reemplaza la guía profesional, actúa como un complemento valioso para ejercer un control activo sobre su salud emocional, dándole la posibilidad de detectar y responder a cualquier indicio preocupante con mayor prontitud.

Este mecanismo de evaluación constante se erige como un soporte clave en su proceso de mejoría, no solo permitiéndole conservar los logros obtenidos sino también preparándole para abordar futuros retos emocionales con una seguridad y eficiencia renovadas. Las sesiones con su psicólogo, junto al autocontrol sistemático, le capacitan para encarar un proceso de evolución ininterrumpido, en el cual cada avance se celebra y cada obstáculo se transforma en una ocasión para aprender y avanzar.

Paso 2: Identificación de Señales de Alerta

El reconocimiento temprano de las señales de alarma asociadas al estrés, la ansiedad y la depresión constituye un elemento vital en la preservación de su bienestar mental. Frecuentemente, estos indicadores preliminares, tales como trastornos del sueño, una mayor irritabilidad o una pérdida de interés en actividades previamente placenteras, pueden ser subestimados por su aparente insignificancia. No obstante, la capacidad para identificar estos síntomas en sus etapas iniciales le habilita para afrontarlos activamente, previniendo su escalada.

Este aspecto del proceso enfatiza la necesidad de cultivar una autoconciencia detallada que le permita percibir variaciones sutiles tanto en su bienestar emocional como físico. Al estar alerta a estas señales tempranas, dispones de una oportunidad privilegiada para implementar medidas preventivas y gestionarlas eficazmente antes de que evolucionen.

La construcción de un plan de acción adaptado a sus circunstancias personales, que incorpore estrategias variadas – desde técnicas de relajación y mindfulness hasta actividad física regular y una dieta equilibrada, complementadas con apoyo psicológico cuando se requiera –, es esencial para responder a estas señales.

La detección adecuada de estas señales y la ejecución de un plan de acción personal son pasos indispensables hacia una administración eficaz de su salud mental. Este enfoque preventivo no solamente facilita el alivio temprano de los síntomas, sino que también amplía su capacidad para manejar futuros retos emocionales, cimentando así un fundamento robusto para su estabilidad emocional duradera.

Ejemplo:

La anticipación y reconocimiento de las señales de advertencia son fundamentales para prevenir la intensificación del estrés, la ansiedad o la depresión. Suponga que ha comenzado a percibir cambios sutiles en su humor, tales como una irritabilidad creciente o problemas para concentrarse, los cuales impactan negativamente tanto en sus relaciones interpersonales como en su desempeño laboral. Al principio, es posible que minimice estos síntomas, considerándolos meramente como resultado del cansancio o estrés pasajero. No obstante, al adentrarse en la autoevaluación, identifica estos indicadores como señales tempranas de ansiedad.

Decidido a abordar estos síntomas proactivamente, implementa una serie de estrategias dirigidas a fortalecer su salud mental y física. Introduce prácticas de mindfulness en su rutina diaria, dedicando tiempo cada mañana a la meditación para promover la serenidad y concentración antes de enfrentar el día. Consciente del impacto positivo del ejercicio en la salud mental, se inscribe en clases de natación dos veces a la semana, buscando tanto la actividad física como un momento para aclarar su mente.

Además, con el objetivo de mejorar su estado de ánimo, revisa y ajusta su dieta para incluir alimentos ricos en omega-3 y antioxidantes, reconocidos por sus beneficios para la salud mental. También establece una rutina de sueño más rigurosa, procurando obtener el descanso necesario para una recuperación óptima.

Tras varias semanas, nota mejorías significativas en su manejo del estrés y una disminución en la irritabilidad y las dificultades de concentración. Estos avances positivos refuerzan su dedicación al autocuidado y le motivan a continuar monitoreando su salud emocional, ajustando su plan de acción según sea necesario para enfrentar desafíos futuros. Este abordaje holístico no solo mejora su bienestar presente, sino que también sienta las bases para un manejo efectivo de situaciones estresantes a futuro, robusteciendo su resiliencia emocional y social.

Paso 3: Planear Estrategias de Afrontamiento

El desarrollo y personalización de estrategias de afrontamiento constituyen el tercer paso esencial en su proceso hacia la recuperación y fortalecimiento emocional. Este paso es vital para manejar con eficacia el estrés, la ansiedad o la depresión, y crucial para prevenir futuras recaídas. La configuración de estas estrategias abarca desde la regulación del sueño y la alimentación hasta la inclusión de actividades que fomentan el bienestar emocional y físico, adaptándose a sus necesidades y situación personal.

La personalización de sus métodos de afrontamiento puede beneficiarse enormemente de la orientación de un profesional de salud mental. Este puede ofrecerle técnicas específicas de la Terapia Racional Emotiva Conductual y la Terapia Cognitivo-Conductual, centradas en la reestructuración cognitiva, para desafiar y modificar pensamientos y creencias irracionales que influyen en su estado emocional.

Adaptar sus estrategias de afrontamiento no solo aborda los síntomas de manera más efectiva, sino que también promueve prácticas duraderas que mejoran su bienestar a largo plazo. La aplicación consciente y regular de estas técnicas demuestra un compromiso sólido con su salud mental y emocional, dotándole de herramientas para afrontar los desafíos futuros con mayor resiliencia.

Este paso requiere una reflexión continua y la flexibilidad para ajustar sus estrategias según sea necesario, lo que subraya la importancia de este compromiso para el mantenimiento de su salud emocional y la prevención de recaídas. Al personalizar las estrategias de afrontamiento a sus necesidades específicas, se empodera para manejar de manera efectiva el estrés y los retos emocionales, estableciendo así una base firme para un futuro más saludable y equilibrado.

Ejemplo:

Tras reconocer señales preocupantes en su bienestar emocional y físico, usted decide adoptar medidas específicas para desarrollar métodos de afrontamiento eficaces. Entendiendo el papel crucial del descanso, el ejercicio y una alimentación balanceada en la gestión de su salud emocional, formula un plan minucioso para incorporar estas prácticas en su día a día.

Inicialmente, se enfoca en superar las dificultades para dormir que han afectado adversamente su ánimo. Opta por instaurar una rutina nocturna propicia para el descanso, incluyendo la desconexión de dispositivos electrónicos una hora antes de dormir y la realización de actividades relajantes, tales como la meditación o la lectura. Igualmente, ajusta el ambiente de su dormitorio para optimizar las condiciones de descanso, regulando aspectos como la iluminación, el sonido y la temperatura.

Paralelamente, valora la importancia del ejercicio regular para su bienestar mental y decide incluir actividades físicas que le resulten placenteras, como pasear al aire libre o nadar, en su agenda semanal. Este compromiso no solo favorece su sueño, sino que también eleva su sensación general de bienestar y energía.

Con el apoyo de un nutricionista, elabora un régimen alimenticio enfocado en consumir alimentos que fomenten una buena disposición anímica y niveles óptimos de energía, al tiempo que limita la ingesta de cafeína y azúcares, especialmente en horas de la tarde. Este enfoque integral en su alimentación le brinda un mayor equilibrio y reduce su vulnerabilidad a los altibajos emocionales.

La aplicación de estas estrategias de afrontamiento conduce a mejoras palpables en su calidad de vida. Los dolores de cabeza disminuyen, su energía y capacidad de concentración se incrementan y experimenta un notable ascenso en su estado de ánimo. Este enfoque proactivo y personalizado hacia la gestión del estrés y la ansiedad no solo le capacita para afrontar las vicisitudes cotidianas con mayor solvencia, sino que también establece una base firme para el mantenimiento de su bienestar emocional en el largo plazo.

Paso 4: Crear una Red de Apoyo

El cuarto paso de este programa se centra en la creación y el fortalecimiento de una red de apoyo social, un pilar fundamental para la salud mental y emocional. Este paso subraya la relevancia de cultivar relaciones significativas con familiares, amigos y profesionales que puedan brindarle apoyo, comprensión y consuelo durante los momentos difíciles.

Construir una red de apoyo no se limita a estar rodeado de gente; implica establecer conexiones profundas con aquellos que comprenden y respetan su camino hacia la recuperación, proporcionándole un entorno seguro donde pueda expresar sus sentimientos y experiencias sin temor al juicio. Estos vínculos, cimentados en la confianza y la empatía, se transforman en una fuente invaluable de confort y estímulo, potenciando su capacidad para superar adversidades con mayor fortaleza.

Para edificar una red de soporte efectiva, es crucial su participación en comunidades o agrupaciones con intereses afines o que atraviesen circunstancias similares. Esta integración le permite no solo recibir apoyo, sino también ofrecerlo, generando un sentido de propósito y pertenencia. La implicación en terapias de grupo o reuniones de apoyo le facilita acceder a recursos adicionales y obtener nuevas perspectivas sobre el manejo del estrés, la ansiedad y la depresión.

Este paso resalta la importancia de mantener una actitud abierta y receptiva hacia el establecimiento de nuevas relaciones y el fortalecimiento de las ya existentes. Al cuidar estas conexiones, usted crea una red de soporte emocional robusta y fiable, crucial para su bienestar integral y una herramienta esencial en la prevención de recaídas. En definitiva, estas interacciones no solo contribuyen a su proceso de recuperación, sino que también enriquecen su existencia, otorgándole un sólido fundamento de apoyo y comprensión incondicional.

Ejemplo:

Después de reconocer el valor fundamental de contar con un sistema de apoyo sólido, toma la iniciativa de consolidar su red de apoyo social, comenzando por evaluar las relaciones actuales en su vida. Identifica a aquellos individuos que le ofrecen verdadera comprensión y respaldo emocional y decide estrechar lazos con ellos, comunicándoles su compromiso por mejorar su salud mental y destacando la importancia de su apoyo en este proceso.

Para fortalecer estos vínculos, organiza encuentros regulares, tanto virtuales como presenciales, creando espacios de intercambio donde pueden compartirse experiencias, sentimientos y sostén mutuo. Estos encuentros se transforman en refugios seguros, donde se siente oído y valorado, aumentando la confianza en sus lazos afectivos.

Se incorpora, además, a un grupo de apoyo local, encontrando en él un foro donde individuos con vivencias similares intercambian tácticas de manejo y compasión recíproca. La participación en este colectivo le aporta nuevas perspectivas y le facilita establecer conexiones significativas con personas que entienden su situación.

Paralelamente, opta por el acompañamiento de un terapeuta, quien le brinda asesoramiento profesional y se integra de manera esencial a su círculo de apoyo. Este especialista le asiste en la elaboración de estrategias a medida para gestionar el estrés y la ansiedad y le proporciona un espacio adicional de respaldo y comprensión.

A medida que cultiva y amplía su red de apoyo, toma conciencia de que no está solo en su batalla. Este sentimiento de comunidad y respaldo mutuo no solo le facilita afrontar los retos cotidianos, sino que también se revela como un elemento clave en su recuperación a largo plazo. La red de apoyo se erige en un baluarte de fuerza y resiliencia, dotándole de los recursos emocionales requeridos para superar adversidades y celebrar las victorias en su camino hacia el bienestar.

Paso 5: Revisión de Metas y Valores

La revisión periódica de sus metas y valores es esencial en su viaje hacia una salud emocional óptima. Este quinto paso le impulsa a examinar y reevaluar sus objetivos personales y sus principios fundamentales, garantizando que sus acciones y decisiones estén en plena concordancia con sus auténticas aspiraciones y valores. Esta congruencia es crucial para su bienestar mental, ya que fomenta una existencia alineada con sus verdaderos deseos y principios éticos.

Durante este proceso introspectivo y de crecimiento, resulta imprescindible que sus metas y valores no solo encapsulen sus sueños, sino que también reflejen una profunda comprensión y gestión efectiva de aquellos elementos de su vida que inciden en su estado emocional. Esto incluye el manejo de pensamientos automáticos y la revisión de creencias irracionales. Ajustar sus metas y valores contribuye a forjar un estilo de vida más equilibrado y armonioso, favoreciendo una estabilidad emocional más sólida.

Este paso le orienta a verificar que sus decisiones y acciones resuenen con sus valores esenciales, potenciando así su salud mental. La evaluación constante de sus metas y valores es indispensable para preservar un equilibrio emocional duradero, dándole la flexibilidad para adaptar sus aspiraciones a sus necesidades emocionales y psicológicas actuales. Al asegurarte de que sus metas y valores estén alineados con su bienestar emocional, se dirige hacia un desarrollo y una realización personal más plenos y gratificantes.

Ejemplo:

En su viaje hacia el desarrollo personal, tras reforzar su red de apoyo y aprender a manejar las señales de estrés de manera eficaz, dedique un momento para una reflexión profunda sobre sus metas y valores personales. Esta introspección le lleva a darse cuenta de que muchas de sus metas previas estaban fuertemente enfocadas en logros externos, lo que a menudo aumentaba su estrés y ansiedad debido a la presión que le imponías.

A partir de esta comprensión, decide establecer nuevas metas que equilibren el éxito profesional con su bienestar personal. Por ejemplo, en lugar de concentrarse únicamente en obtener un ascenso, establece objetivos centrados en mejorar sus habilidades de manejo del estrés en el trabajo y en dedicar tiempo a disfrutar de actividades que le gratifiquen, como sus aficiones o momentos significativos con sus seres queridos.

Del mismo modo, reconsidera sus valores, otorgando mayor importancia a la salud mental y la autoaceptación. Comprende que dar prioridad a su bienestar emocional es esencial, al mismo nivel que alcanzar éxitos en otras áreas de su vida. Este cambio de enfoque le orienta hacia decisiones más conscientes y saludables, resultando en una notable disminución de su estrés y un incremento en su satisfacción y plenitud de vida. Este proceso de reevaluación no solo refuerza su compromiso con un crecimiento personal holístico, sino que también establece un fundamento sólido para tomar decisiones alineadas con un bienestar integral y duradero.

Paso 6: Preparación para Desafíos Futuros

"Preparación para Desafíos Futuros" representa el sexto paso crucial en su camino de crecimiento personal. Este momento se centra en consolidar y aplicar de manera anticipada las estrategias y habilidades adquiridas frente a posibles situaciones desafiantes. Imagine estas técnicas de afrontamiento como un kit de herramientas de emergencia, diseñado para ser efectivo, práctico y fácilmente accesible cuando más lo necesites.

La meta de esta etapa es identificar anticipadamente situaciones que podrían generar estrés y diseñar un plan de acción específico. Esto no solo incluye estrategias generales para el manejo del estrés, sino también respuestas concretas para escenarios particulares que considere potenciales gatillos de ansiedad. La práctica constante y consciente de estas técnicas garantiza su eficiencia en momentos críticos.

Al anticiparse a los desafíos futuros, le arma con un repertorio de respuestas eficaces para afrontar con éxito las adversidades. Esta preparación previa le ofrece un sentido de dominio y competencia, permitiéndole enfrentar cualquier situación con mayor confianza y calma. Este paso culmina su proceso formativo, equipándole con todo lo necesario para mantener su equilibrio emocional y afrontar de manera efectiva los desafíos que surjan en su vida, fortaleciendo así su resiliencia y capacidad de adaptación ante las vicisitudes futuras.

Ejemplo:

Después de fortalecer su red de apoyo y alinear sus metas y valores, se enfocas en la anticipación proactiva de retos futuros, un paso esencial hacia su crecimiento personal y bienestar emocional. Reflexionando sobre experiencias pasadas que han generado estrés, desarrolla un plan de acción detallado para situaciones específicas que usted identifica como potencialmente desafiantes. Por ejemplo, ante la ansiedad que le provocan las presentaciones laborales, decide implementar una estrategia que incluye preparación anticipada, técnicas de relajación pre-evento y prácticas de visualización positiva.

Además, integra en su preparación ejercicios de simulación mental, visualizándote a sí mismo manejando con éxito estas situaciones mediante el uso efectivo de las estrategias adquiridas. Este enfoque no solo le prepara para enfrentar dichos desafíos con serenidad, sino que también fortalece su autoconfianza y su percepción de capacidad para controlar el estrés de manera eficaz.

Para complementar, adopte estrategias generales de manejo del estrés, como la meditación diaria y la actividad física regular, que se convierten en pilares de su rutina diaria para fortalecer su resiliencia. Además, establezca revisiones periódicas con su terapeuta para evaluar el avance de su plan y hacer ajustes cuando sea necesario, garantizando una preparación óptima y continua ante cualquier desafío futuro. Este compromiso con la preparación y adaptación refleja su dedicación a mantener y mejorar su salud mental, asegurando que está equipado para navegar por la vida con confianza y equilibrio.

Paso 7: Fomento de la Autoeficacia

El fortalecimiento de la autoeficacia, un componente esencial en su proceso hacia la recuperación y el mantenimiento de un estado emocional saludable se convierte en el foco de este paso crucial. Este proceso implica cultivar una confianza inquebrantable en sus habilidades para afrontar adversidades y cumplir con sus aspiraciones, estableciendo así una base sólida para su salud mental y la prevención de futuras recaídas. Aquí, se dedicará a desarrollar una convicción profunda en sus capacidades personales, vital para superar retos complejos y alcanzar logros significativos.

Inicie este camino valorando sus éxitos previos, sin importar su magnitud. Dedique un tiempo a reflexionar sobre las veces que ha superado obstáculos o ha logrado metas que parecían inalcanzables. Este ejercicio no solo le brinda una evidencia concreta de su capacidad para sortear dificultades, sino que también le empodera para enfrentar nuevos desafíos.

Establecer objetivos pequeños y realistas juega un papel crucial, ya que experimentar éxitos frecuentes fortalecerá su autoconfianza y afirmará su sentido de autoeficacia. Por ejemplo, si la ansiedad social es una barrera, propóngase inicialmente entablar conversaciones breves con personas en su entorno inmediato, incrementando gradualmente la complejidad de estas interacciones.

La adquisición de nuevas habilidades o hobbies es otro pilar en este proceso. Descubrir y perfeccionar nuevas capacidades es una fuente de empoderamiento que valida su habilidad para aprender y evolucionar.

Es igualmente importante celebrar cada logro, independientemente de su escala. El reconocimiento de sus éxitos fomenta la motivación y afianza la confianza en su capacidad para superar futuros desafíos.

Finalmente, la búsqueda de un feedback constructivo de su círculo de apoyo enriquece su percepción de sus fortalezas y fomenta un sentido ampliado de autoeficacia.

Al cultivar la autoeficacia, no solo refuerzas su bienestar emocional en el corto plazo, sino que también sientas las bases para una resiliencia duradera. Este enfoque en la autoconfianza, el aprendizaje continuo y el soporte social le equipa con las herramientas necesarias para enfrentar con determinación los desafíos venideros, guiándole hacia un futuro de realización personal y estabilidad emocional.

Ejemplo:

En esta fase crucial de su desarrollo, tras haber consolidado su red de apoyo y reevaluado sus metas y valores, se centrará en la vital tarea de incrementar su autoeficacia. Enfrentas el desafío de hablar en público, una situación que anteriormente exacerbaba su ansiedad, pero ahora la ve como una oportunidad para reforzar su confianza en sus propias habilidades, adoptando un enfoque activo para mejorar tanto su desempeño como su manejo de la ansiedad en estos contextos.

Determine una meta concreta y realista: inscribirse en un curso de oratoria, por ejemplo. Este paso está alineado con su objetivo de perfeccionar sus habilidades comunicativas y simultáneamente fomentar su autoeficacia. A lo largo del curso, se plantea objetivos, como extender la duración de sus intervenciones o aplicar nuevas estrategias para captar y mantener el interés de los oyentes.

Paralelamente, lleve un registro detallado de sus avances y reflexiones en un diario. Este seguimiento no solo evidencia su evolución a lo largo del tiempo, sino que también le permite identificar y celebrar cada victoria, sin importar su tamaño. La retroalimentación positiva de instructores y compañeros se convierte en un recurso invaluable de motivación y aprendizaje, fortaleciendo su convicción en su capacidad para superar obstáculos.

Incorpore también prácticas de visualización, en las que se imagina afrontando y superando con éxito desafíos relacionados con el hablar en público. Esta preparación mental le equipa para abordar la ansiedad de manera más eficiente y fortalece su confianza en sus habilidades para manejar estas situaciones.

Al llegar el día de su presentación, aplique con determinación todo lo aprendido: desde técnicas de preparación hasta métodos de relajación y visualización positiva. La experiencia se traduce en un éxito notable; a pesar del nerviosismo inicial, logras realizar su exposición con notable fluidez y seguridad. Este hito se transforma en un referente esencial en su proceso de fortalecimiento de la autoeficacia, demostrándote a sí mismo que posee la capacidad de enfrentar y vencer desafíos previamente considerados como inalcanzables.

Este camino hacia el fomento de la autoeficacia, que abarca desde la definición de objetivos realistas hasta el reconocimiento y la celebración de sus éxitos, no solo afianza su confianza en su capacidad para superar adversidades, sino que también le prepara de manera óptima para futuros retos, impactando positivamente en su bienestar emocional y contribuyendo de manera significativa a la prevención de recaídas.

Paso 8: Cultivo de la Resiliencia

El fortalecimiento de la resiliencia constituye una etapa crucial en su trayectoria hacia un estado de bienestar emocional optimizado y una gestión efectiva de las fluctuaciones anímicas. Este proceso se centra en la construcción de una solidez interna que le capacite para afrontar y superar los retos, extrayendo lecciones valiosas de cada experiencia para forjar una versión de usted más resistente y versátil.

Inicialmente, es imprescindible comprender que la resiliencia no se traduce en la inexistencia de adversidad o sufrimiento, sino en la habilidad para transitar por estas situaciones y resurgir con un entendimiento más profundo de uno mismo y una fortaleza renovada. La aceptación de las emociones complejas como elementos integrantes del crecimiento personal es fundamental, evitando que éstas dicten su capacidad de progresar.

La implementación de metas realistas y significativas constituye un pilar para la promoción de la resiliencia, proporcionándole motivación y un propósito claro. Es vital que estos objetivos estén en consonancia con sus valores esenciales, garantizando que cada paso dado refleje sus prioridades y convicciones más profundas.

El apoyo de una red sólida de relaciones es igualmente crucial. Establecer vínculos con individuos que ofrezcan comprensión, empatía y estímulo es fundamental para su habilidad de superar obstáculos. Estas conexiones les aportan nuevas perspectivas, respaldo emocional y soluciones prácticas a los desafíos.

La introspección y el aprendizaje constante también son elementos clave en este proceso. Tras enfrentar un obstáculo, dedique un momento para reflexionar sobre los acontecimientos, su reacción ante estos y las enseñanzas obtenidas. Este análisis le permite reconocer y ajustar patrones de pensamiento y conducta.

Incluir en su rutina diaria prácticas de autocuidado constituye otra estrategia esencial para fomentar la resiliencia. Actividades como la meditación, el ejercicio, la escritura reflexiva y la dedicación a aficiones placenteras le proporcionan momentos de relajación y claridad mental, elevando su ánimo y energía para afrontar retos.

Por último, adoptar una mentalidad de crecimiento le anima a considerar los desafíos como oportunidades de evolución y aprendizaje, en lugar de verlos como barreras infranqueables. Esta actitud le motiva a experimentar, asumir riesgos conscientes y percibir el fracaso como un componente inherente del proceso evolutivo.

El desarrollo de la resiliencia es un compromiso perpetuo hacia su crecimiento personal, proporcionándole las herramientas esenciales para manejar la vida con mayor seguridad y positividad. Al adoptar estas estrategias, se prepara no solo para superar los desafíos que se presenten, sino para florecer a pesar de ellos.

Ejemplo:

Tras haber fortalecido su autoeficacia y superado con éxito diversos retos emocionales, se enfrenta a un desafío inesperado y considerable. Este escenario pone a prueba su resiliencia, invitándole a emplear todas las habilidades y conocimientos adquiridos hasta el momento.

Frente a este reto, decide detenerse a reflexionar sobre las estrategias de manejo que ha ido cultivando. Recuerde el papel fundamental que la meditación y el ejercicio regular desempeñaron anteriormente en preservar su equilibrio y claridad mental. Con esta base, reinstauras una práctica diaria de meditación y reactivas su rutina de ejercicio, no solo como método para afrontar el estrés inmediato, sino también como medida para reforzar su resiliencia a futuro.

Busque el soporte de su red de apoyo, abriéndose y solicitando orientación. La empatía y comprensión que recibes refuerzan su convicción de no estar solo en este desafío, proporcionándole una fuerza renovada y el ímpetu para perseverar, subrayando el valor de los vínculos significativos en su trayectoria de recuperación.

Revalúe sus metas y valores, recordando que la esencia de la resiliencia radica en la habilidad de atravesar el dolor y las dificultades, extrayendo aprendizajes y crecimiento de estas experiencias. Esta introspección le lleva a formular nuevos objetivos que reflejan su evolución personal y su capacidad ampliada para gestionar el estrés y las adversidades.

Armado con estos recursos, aborda el desafío presente desde una perspectiva renovada. En lugar de percibirlo como un obstáculo infranqueable, lo ves como una oportunidad para demostrar su resiliencia y obtener valiosas lecciones. Este proceso incrementa su confianza en su habilidad para enfrentar y superar retos, fortaleciendo a su vez su resiliencia y su compromiso con el cuidado de su bienestar emocional.

Este enfoque proactivo en el cultivo de la resiliencia le facilita no solo superar el desafío inmediato, sino también le prepara de manera óptima para futuras adversidades. Con cada experiencia, su capacidad de recuperación ante las dificultades se robustece, enriqueciendo su sentido de bienestar y plenitud vital.

Paso 9: Implementación de Hábitos de Autocuidado

La adopción de prácticas de autocuidado juega un papel crucial en su recorrido hacia una óptima salud mental y emocional. Este paso crucial le alienta a incorporar actividades diarias enfocadas en el bienestar de su mente y cuerpo, creando un equilibrio fundamental para su salud integral. Mediante el establecimiento de rutinas de autocuidado, tales como el ejercicio regular, una nutrición equilibrada, y momentos dedicados al ocio y descanso, fortalece su resiliencia frente al estrés y las emociones adversas, contribuyendo a una recuperación sostenible y a la prevención de recaídas en trastornos emocionales.

El ejercicio físico trasciende la mera actividad corporal; representa una estrategia eficaz para elevar su ánimo y disminuir la ansiedad. Seleccione una actividad que le genere satisfacción, ya sea caminar, correr, nadar, o practicar yoga, y comprométase a realizarla con regularidad. Este hábito no solo beneficia su condición física, sino que también estimula la liberación de endorfinas, generando bienestar y tranquilidad.

La alimentación balanceada es fundamental para su salud mental. Alimentar su cuerpo con comidas ricas en frutas, vegetales, proteínas magras, y cereales integrales puede impactar positivamente su estado de ánimo y nivel de energía. Limite el consumo de azúcares y comidas procesadas que pueden provocar altibajos en su energía y afectar su bienestar emocional.

Es imprescindible también dedicar tiempo a actividades que le proporcionen alegría y relajación. Sea leer, pintar, escuchar música, o disfrutar de la naturaleza, estos pasatiempos son vitales para revitalizar su energía y brindarle un descanso del ajetreo cotidiano.

El sueño reparador constituye otro componente esencial del autocuidado. Implementa una rutina nocturna constante, procurando obtener el descanso necesario para su recuperación y rendimiento óptimo. La calidad de su sueño tiene una influencia directa en su salud mental, haciéndolo primordial para establecer condiciones favorables para un sueño reparador.

Integrando estos hábitos de autocuidado en su vida diaria, se dota de las herramientas necesarias para gestionar su bienestar. Esta actitud proactiva le equipa no solo para afrontar futuros retos, sino también para disfrutar de una existencia más rica y plena. El autocuidado es un aspecto fundamental para preservar su salud mental y emocional, sirviendo como pilar para su estabilidad y felicidad a largo plazo. Al priorizar su autocuidado, está sentando las bases para un bienestar duradero.

Ejemplo:

Al tomar conciencia de la importancia del autocuidado para su bienestar y recuperación, decide implementar prácticas de autocuidado en su vida cotidiana de manera deliberada. Inicia con el diseño de una rutina de ejercicios alineada a sus gustos y disponibilidad, eligiendo las caminatas al aire libre tres veces a la semana como su actividad principal. Este ejercicio, además de beneficiar su salud física, le ofrece un espacio para la introspección y la disminución del estrés, permitiéndole disfrutar de la tranquilidad de la naturaleza y desconectar de las preocupaciones diarias.

En el aspecto nutricional, se propone a realizar ajustes progresivos hacia una dieta balanceada, aumentando el consumo de frutas, vegetales y granos integrales, mientras reduce la ingesta de alimentos procesados y azúcares refinados. Descubre que nutrir su cuerpo adecuadamente tiene un efecto directo en su estado de ánimo y niveles de energía, contribuyendo a un bienestar general más satisfactorio.

Para mejorar su descanso, implementa una rutina nocturna diseñada para promover un sueño de calidad. Ésta incluye prácticas como reducir la exposición a pantallas electrónicas antes de dormir, leer y realizar ejercicios de respiración relajantes. Estas medidas facilitan un descanso reparador, esencial para su salud emocional y para mantener un manejo eficaz del estrés.

También decide reservar tiempo semanalmente para dedicarse a pasatiempos que le apasionan, como la pintura o la música, entendiendo que estos espacios de ocio son cruciales para su equilibrio emocional. Este compromiso contigo mismo enriquece su vida, permitiéndose recargar energías y preservar un balance saludable entre sus responsabilidades y su autocuidado personal.

A medida que incorporas estas prácticas de autocuidado en su rutina, observas notables mejoras en su bienestar físico y emocional. Se siente más equipado para afrontar retos y desarrolla una mayor resiliencia ante el estrés. Este progreso se inspira a mantener su dedicación al autocuidado, reconociendo su papel indispensable en el fomento de un estilo de vida saludable y armónico.

Paso 10: Evaluación y Ajuste de Estrategias

En este paso trascendental hacia su bienestar emocional, dedique tiempo a revisar y perfeccionar sus estrategias de afrontamiento. Usted es consciente de que el camino hacia la recuperación y el crecimiento personal es dinámico, y que cambios en su vida pueden requerir adaptaciones en cómo maneja el estrés y los retos emocionales. Por ende, este momento es clave para asegurar que sus tácticas continúen siendo pertinentes y efectivas ante sus circunstancias actuales y futuras.

Inicie programando evaluaciones regulares de sus métodos de afrontamiento, marcando en su calendario fechas para reflexionar sobre su impacto. Se plantea interrogantes esenciales: "¿Siguen estas estrategias siendo coherentes con tus objetivos y valores?", "¿Han facilitado una mejora tangible en tu estado emocional y mental?", "¿Es necesario modificar o sustituir alguna de ellas para abordar nuevos retos o cambios en tu entorno?".

Durante esta introspección, valore el feedback de su círculo de apoyo y, cuando es factible, de especialistas en salud mental. Sus perspectivas externas pueden iluminarle sobre aspectos a mejorar o variaciones en sus necesidades emocionales que quizás pasó por alto.

Con base en esta reflexión, ajuste sus métodos de afrontamiento como lo considere oportuno. Estos ajustes pueden variar desde incrementar la frecuencia de sus ejercicios de relajación hasta buscar nuevas modalidades de terapia o apoyo frente a desafíos más intrincados.

Este proceso resalta la necesidad de flexibilidad y disposición para adaptarse. La constante evolución de la vida demanda que lo que antes era efectivo puede necesitar ser revisado. Al comprometerse a una evaluación y ajuste continuos de sus estrategias, se asegura de seguir el mejor camino hacia la resiliencia y el bienestar duradero. Este enfoque proactivo no solo le capacita para enfrentar con más destreza las vicisitudes de la vida, sino que también refuerza su confianza en su habilidad para superar futuros retos emocionales y psicológicos, reafirmando su compromiso con un desarrollo personal sostenido y consciente.

Ejemplo:

Tras integrar nuevas prácticas de autocuidado y robustecer su círculo de apoyo, se enfrenta a un periodo de cambio significativo, ya sea profesional o personal. Este escenario marca el momento ideal para aplicar la "Evaluación y Ajuste de Estrategias", con el fin de asegurar la efectividad de sus métodos de afrontamiento ante estos desafíos emergentes.

Inicie este proceso analizando las estrategias de afrontamiento que ha empleado hasta ahora, reflexionando sobre su impacto ante los cambios recientes en su vida. Se cuestiona sobre la adecuación de estas tácticas frente a los nuevos niveles de estrés y reconoce la necesidad de realizar ajustes para alinearlas con su situación actual.

En respuesta, decide incrementar las sesiones de terapia, buscando un apoyo profesional más intensivo durante este periodo de ajuste. Modifica su rutina de ejercicios, incorporando prácticas como el yoga o la meditación, que se ajusten mejor a su horario renovado y contribuyan a la reducción del estrés. Además, consciente del valor incalculable de su red de apoyo, programa encuentros regulares con amigos y familiares para preservar y fortalecer esos lazos sociales esenciales para su equilibrio emocional en momentos de cambio.

Este proceso de revisión y adaptación refleja su dedicación a preservar su salud mental. Permanecer vigilante a los efectos de los cambios en su vida sobre su bienestar emocional y estar dispuesto a modificar sus estrategias de afrontamiento subraya su resiliencia ante los retos. Este enfoque adaptable le permite gestionar con eficacia el estrés y las adversidades, garantizando su progreso hacia el bienestar emocional sostenible y una recuperación firme.

Conclusión

Resumen y Reflexión

Al finalizar este programa de mantenimiento de cambios positivos y prevención de recaídas, es momento de reflexionar sobre el proceso vivido. Hemos avanzado en un viaje de autodescubrimiento y fortalecimiento mental, abordando etapas clave para nuestro bienestar emocional.

Comenzamos evaluando nuestro estado emocional, lo que nos permitió entender nuestras reacciones y prepararnos para reconocer señales de alerta tempranas de estrés o depresión. Esta identificación nos habilitó para desarrollar planes de acción eficaces, reforzando nuestras estrategias de afrontamiento.

La construcción de una red de apoyo destacó la importancia de contar con relaciones significativas y soporte. Revisar nuestras metas y valores nos motivó a vivir de manera coherente con nuestros ideales. Además, nos preparamos para futuros desafíos, ganando confianza en nuestra capacidad de manejo emocional.

Mirando atrás, cada fase ha sido fundamental para establecer una base fuerte para nuestra salud mental, enseñándonos a gestionar el estrés efectivamente y a enfrentar el futuro con optimismo.

Este proceso concluye con una renovada sensación de orgullo y esperanza. Cada paso ha reforzado nuestro compromiso con el bienestar y evidenciado nuestra capacidad de resiliencia. Nos anima a seguir aplicando lo aprendido, recordando que estamos en constante crecimiento y aprendizaje.

Anexo 2: EDCH-B
Escala de Distorsiones Cognitiva
Hernández-Barrera

Las distorsiones cognitivas son formas sesgadas de pensamiento que suelen manifestarse en patrones de interpretación errónea de la realidad. Son elementos centrales en muchos trastornos psicológicos y emocionales, y su identificación y manejo son clave en el proceso de la Terapia Cognitivo Conductual y de la vida cotidiana.

Estos sesgos cognitivos pueden afectar a una persona de diversas maneras, entre ellas, la forma en que se percibe a sí misma, cómo interpreta las interacciones con los demás, y cómo anticipa eventos futuros. Estos patrones de pensamiento pueden alimentar emociones negativas, como la ansiedad y la depresión, y pueden conducir a comportamientos autodestructivos.

La Escala de Distorsiones Cognitivas de Hernández-Barrera (EDCH-B) es una herramienta experimental que permite identificar y medir estas distorsiones cognitivas. Este inventario consiste en 60 ítems que abordan 15 de las distorsiones cognitivas más comunes y perjudiciales, tales como el "filtro mental", la "lectura de mente" y la "falacia de control", entre otras.

Al responder a este inventario, usted proporcionará información valiosa sobre sus propios patrones de pensamiento. Este autorreconocimiento es un primer paso crucial en el proceso de modificación de estas distorsiones, permitiendo así una mejora significativa en su salud mental.

Es importante tener en cuenta que la EDCH-B es una herramienta de **autorreporte**. Esto significa que los resultados se basan en su percepción personal y autoevaluación de su pensamiento. Si bien esta herramienta proporciona una visión inicial valiosa, se recomienda usarla en conjunción con la asesoría profesional para una interpretación más completa y un tratamiento adecuado. La EDCH-B es completamente experimental y solo funciona como anexo para este libro. Su efectividad no ha sido comprobada, por lo que se le recomienda al lector tomar el resultado obtenido con gran discreción.

Por último, recuerde que el objetivo de este inventario **no es diagnosticar ninguna enfermedad mental**, sino proporcionar una visión de los patrones de pensamiento que pueden estar afectando su bienestar emocional. Asegúrese de buscar la ayuda de un profesional de la salud mental si está experimentando dificultades psicológicas.

Instrucciones

Proceda a examinar cuidadosamente cada afirmación presente en este inventario. Su tarea será evaluar la frecuencia con la que se encuentra experimentando cada uno de estos comportamientos en su cotidianidad. Califique cada ítem en una escala de 0 a 5. El número "0" representa una frecuencia de "**nunca**" y el número "5" indica una frecuencia de "**siempre**". 1 punto indica que el que se realiza "**casi nunca**", 2 puntos sugiere que "**a veces**" se manifiesta dicho comportamiento, 3 puntos denota que es "**habitual**", 4 puntos implica que el comportamiento se presenta "**casi siempre**".

Es importante destacar que para los ítems que están marcados con un asterisco (*), el sistema de puntuación se invierte. En estos casos, una calificación de "0" se transforma en "5", una calificación de "1" se convierte en "4", y así sucesivamente. También es esencial que comprenda que en este proceso no existen respuestas correctas o incorrectas y se requiere completa sinceridad en su evaluación. La escala se encuentra en las páginas siguientes.

Comportamientos	0	1	2	3	4	5
1. A pesar de haber recibido varios comentarios positivos, te quedas pensando en la única crítica que se te hizo.						
2. Te en una entrevista y asumes que te irá igual de mal en la siguiente.						
3. Un compañero de trabajo no te saluda y asumes que está enojado contigo.						
4. Cuando tus amigos están de mal humor, sueles pensar que les hiciste algo malo.						
5. (*) A pesar de que la entrevista laboral no salió perfecta, crees que aún puedes conseguir el puesto de trabajo.						
6. Cuando te sientes ansioso, asumes que algo malo va a suceder.						
7. (*) A pesar de que las cosas salgan mal, sabes que puedes aprender y mejorar.						
8. Te sientes culpable cuando las cosas no salen como esperabas, aunque no dependa de ti.						
9. Te enojas cuando crees que no se te ha recompensado adecuadamente por tu trabajo.						
10. Te sientes frustrado porque tu pareja no cambia su comportamiento, a pesar de que lo has mencionado varias veces.						
11. Te concentras principalmente en tus errores y no en tus logros.						
12. (*) Das a tus pequeños errores la importancia justa como oportunidades de aprendizaje y valoras altamente tus logros.						
13. Piensas que, si no eres perfecto, entonces eres un fracaso.						
14. Te sientes culpable por no cumplir las metas que te has impuesto.						

Comportamientos	0	1	2	3	4	5
15. Supones que tus amigos piensan que eres aburrido porque no se rieron de tu broma.						
16. Cometes un error en una tarea y la consideras un fracaso total, ignorando lo bueno.						
17. Un amigo cancela un plan contigo y concluyes que siempre te cancelará.						
18. Ves a dos amigos susurrando y supones que están hablando mal de ti.						
19. Piensas que tu pareja está enojada contigo cuando está distraído o cansado.						
20. Te preocupa que un pequeño error pueda arruinar toda tu carrera.						
21. Te sientes incompetente, por lo que asumes que eres malo en tu trabajo, a pesar de que tus evaluaciones de rendimiento son positivas.						
22. Te consideras "estúpido" por cometer un error en el trabajo.						
23. (*) Reconoces que cada persona es responsable de su propio bienestar emocional.						
24. Te sientes amargado porque las cosas no salen como crees que deberían.						
25. Sientes resentimiento porque tus amigos no cambian sus planes para adaptarse a tus preferencias.						
26. (*) Das prioridad a las partes positivas de tu día y manejas los problemas sin permitir que eclipsen tus momentos de alegría.						
27. Amplificas los logros de los demás, pero minimizas tus propios logros.						
28. Entiendes que cometer errores no nos hace malas personas.						

Comportamientos	0	1	2	3	4	5
29. Criticas a los demás porque no siguen las normas que consideras importantes.						
30. Piensas que tu jefe está insatisfecho con tu trabajo porque no te felicitó.						
31. Te enfocas principalmente en tus errores, ignorando los aspectos positivos.						
32. Dices algo inapropiado en una reunión y crees que siempre eres un idiota.						
33. No recibes una respuesta inmediata a un mensaje de texto y concluyes que la otra persona te está ignorando.						
34. A menudo sientes que eres la causa de los problemas familiares.						
35. Crees que un pequeño desacuerdo puede terminar una relación a largo plazo.						
36. Sientes que tus amigos no te quieren, por lo que crees que es cierto, a pesar de que actúan de manera amigable y cariñosa.						
37. Si un amigo llegó tarde a una cita contigo, piensas que es un "irresponsable".						
38. Te sientes estresado por intentar tener un control completo sobre todas las situaciones y no conseguirlo.						
39. Te sientes frustrado porque la gente no sigue las mismas reglas o estándares que tú.						
40. Te sientes irritado porque tus compañeros de trabajo no siguen tus métodos.						
41. (*) Valoras y te enfocas en los comentarios positivos, mientras tomas los negativos como oportunidades para mejorar.						
42. Exageras un problema y minimizas el impacto de las soluciones.						

Comportamientos	0	1	2	3	4	5
43. Si no ganas constantemente, te consideras un perdedor.						
44. Te sientes frustrado porque las cosas no son como "deberían" ser.						
45. Crees que tu pareja está molesta contigo porque no te respondió de inmediato.						
46. Habitualmente solo recuerdas las veces que tu pareja olvidó hacer algo en lugar de las veces que lo hizo.						
47. La persona que te gusta te rechaza y piensas que nunca tendrás éxito en el amor.						
48. Tu jefe no comenta tu informe y asumes que no le gustó.						
49. (*) Entiendes que el resultado de un proyecto de equipo depende del esfuerzo conjunto y no solo de tu desempeño individual.						
50. Supones que sentirte enfermo durante unos días es señal de una enfermedad grave.						
51. Tu pareja te muestra su amor a diario, pero igual piensas que no te ama realmente.						
52. Te etiquetas a ti mismo como "inútil" por no cumplir una meta.						
53. Te culpas por cosas que ocurren en tu entorno, aunque no tengas que ver con ellas.						
54. Sientes que la vida es injusta cuando experimentas muchos desafíos o dificultades.						
55. Te sientes insatisfecho porque tu familia no cambia sus hábitos para adaptarse a ti.						
56. Te fijas en un aspecto negativo de tu apariencia y te olvidas de los positivos.						

Comportamientos	0	1	2	3	4	5
57. A menudo minimizas tus habilidades y talentos y magnificas tus debilidades.						
58. Te sientes perdido cuando no estás totalmente seguro de algo.						
59. Te sientes insatisfecho porque no estás haciendo lo que sientes que "deberías" hacer.						
60. Asumes que tus compañeros de trabajo piensan que eres incompetente porque cometiste un						

Interpretación de los resultados

Para cada distorsión cognitiva, se requiere la suma de las puntuaciones asignadas a cada ítem correspondiente. Antes de sumar, es esencial invertir las puntuaciones de los ítems indicados con un asterisco (*). Posteriormente, deberá convertir esta suma total en un porcentaje relativo al puntaje máximo posible, que es 20 puntos. Este porcentaje representará el grado de prevalencia de la distorsión cognitiva, donde 0% indicaría una ausencia completa de dicha distorsión y 100% una presencia considerablemente alta, **mas no absoluta**. 60% correspondería el umbral del grado de prevalencia.

Por ejemplo, suponga que la suma total de sus puntajes para el "Filtrado Mental" es 12 puntos. Para obtener el porcentaje correspondiente, deberá dividir 12 entre 20 y luego multiplicar el resultado por 100. En este caso, su porcentaje sería del 60%.

Es importante recordar que la escala de puntuación tiene valores asignados de la siguiente manera: 0 puntos implican que el comportamiento descrito "**nunca**" se lleva a cabo, 1 punto indica que se realiza "**casi nunca**", 2 puntos sugiere que "**a veces**", 3 puntos denota que es "**habitual**", 4 puntos implica que el comportamiento se presenta "**casi siempre**", y 5 puntos indican que "**siempre**" se ejecuta. El sistema de puntuación se encuentra en la siguiente página.

Distorsiones Cognitivas	Comportamientos				Valores				Resultados
1. Filtrado mental.	1	16	31	46					
2. Sobre-generalización.	2	17	32	47					
3. Inferencia arbitraria.	3	18	33	48					
4. Personalización.	4	19	34	49					
5. Pensamiento catastrófico.	5	20	35	50					
6. Razonamiento emocional.	6	21	36	51					
7. Etiquetado.	7	22	37	52					
8. Falacia de control.	8	23	38	53					
9. Falacia de justicia.	9	24	39	54					
10. Falacia de cambio.	10	25	40	55					
11. Abstracción selectiva	11	26	41	56					
12. Maximización y minimización	12	27	42	57					
13. Razonamiento polarizado	13	28	43	58					
14. Debería	14	29	44	59					
15. Lectura de la mente	15	30	45	60					

Distorsiones Cognitivas presentes en la EDCH-B

1. *Filtrado mental:* Se trata de prestar atención exclusiva a los aspectos negativos de una situación, ignorando cualquier aspecto positivo. Esto puede llevar a una visión sesgada y negativa del mundo y limitar la capacidad de ver soluciones o alternativas.

2. *Sobre-generalización:* Se refiere al hábito de establecer reglas generales y amplias a partir de un solo incidente o punto de datos. Esto puede llevar a conclusiones negativas y excesivas sobre futuras situaciones basadas en un único evento pasado.

3. *Inferencia arbitraria:* Consiste en llegar a conclusiones sin evidencia suficiente o incluso en contradicción con la evidencia. Puede dar lugar a malentendidos y conflictos innecesarios.

4. *Personalización:* Es la tendencia a asumir que uno es la causa de eventos externos sin pruebas que respalden esa creencia. Esto puede dar lugar a sentimientos de culpa, vergüenza y baja autoestima.

5. *Pensamiento catastrófico:* Este patrón implica siempre pensar en el peor escenario posible, a menudo magnificando la importancia de eventos negativos. Esto puede llevar a una gran ansiedad y a evitar situaciones por miedo a un posible desenlace negativo.

6. *Razonamiento emocional:* Se refiere a permitir que las emociones dicten cómo se interpreta la realidad. Si te sientes mal, asumes que la situación es mala, aunque la realidad objetiva sea diferente.

7. *Etiquetado:* Consiste en aplicar etiquetas simplistas y generalmente negativas a uno mismo o a los demás. Estas etiquetas pueden limitar la percepción de la complejidad y la humanidad propias y ajenas.

8. *Falacia de control:* Es la creencia de que tienes un control total e innegable sobre cada aspecto de tu vida, lo que puede llevar a la culpa autoinfligida por eventos fuera de tu control. Esto puede generar estrés y ansiedad innecesarios.

9. *Falacia de justicia:* Se refiere a la sensación de que el mundo debería ser justo y la molestia o perturbación cuando las cosas no parecen justas. Esto puede llevar a frustraciones constantes y a la dificultad para aceptar la realidad tal y como es.

10. *Falacia de cambio:* Esta distorsión implica la expectativa de que otras personas cambien para que puedas sentirte mejor o lograr lo que quieres. Esto puede llevar a relaciones tensas y a la incapacidad de aceptar a los demás tal como son.

11. *Abstracción selectiva:* Es el enfoque en un solo aspecto de una situación, ignorando el contexto más amplio. Esto puede llevar a una visión sesgada y limitada de las situaciones.

12. *Maximización y minimización:* Esta distorsión consiste en exagerar los errores y minimizar los logros. Esto puede llevar a una baja autoestima y a una percepción distorsionada de tus habilidades y logros.

13. *Razonamiento polarizado o pensamiento en blanco y negro:* Se trata de ver las cosas en términos absolutos, sin áreas grises. Esto puede llevar a expectativas poco realistas y a la incapacidad para ver las sutilezas y las complejidades de la vida.

14. *Debería:* Esta distorsión se refiere a usar una serie de normas inflexibles y no realistas dictadas por palabras como "debería", "tengo que" o "necesito". Esto puede llevar a la culpa, la frustración y la insatisfacción.

15. *Lectura de la mente:* Esta distorsión implica asumir que se sabe lo que otros están pensando sin tener pruebas sólidas para respaldar esas suposiciones. Esto puede llevar a malentendidos, conflictos y estrés innecesario.

Anexo 3:

Lista de Emociones

Emociones Básicas

La identificación y comprensión de las emociones básicas son fundamentales en el proceso de desarrollo de la Inteligencia Emocional y en la aplicación de la TCC y TREC. A continuación, se presenta una lista de emociones primarias, con una descripción de sus funciones adaptativas y sugerencias sobre cómo pueden ser utilizadas para afrontar trastornos del estado de ánimo como el estrés, la ansiedad y la depresión.

1. **Alegría**
   - *Función Adaptativa:* La alegría surge como respuesta a logros, éxito o cualquier evento favorable. Funciona como un refuerzo positivo, motivándonos a repetir acciones que nos producen satisfacción o felicidad. La alegría fortalece las relaciones sociales al compartir y celebrar con otros.
   - *Aplicación Terapéutica:* Fomentar la búsqueda de actividades placenteras o gratificantes puede ayudar a mitigar los síntomas de la depresión y aumentar los niveles de satisfacción y bienestar. La alegría puede ser un recurso valioso para reforzar la autoestima y promover una perspectiva más positiva de la vida.
   - *Reacciones Fisiológicas:* Incremento en la liberación de dopamina y serotonina, disminución de la frecuencia cardíaca, relajación muscular, y a menudo una mayor energía física.

2. **Tristeza**
   - *Función Adaptativa:* La tristeza aparece ante pérdidas, fracasos o decepciones, favoreciendo un proceso de reflexión y reevaluación de nuestras experiencias y objetivos. Esta emoción puede fomentar la empatía y el apoyo mutuo al compartir sentimientos y vulnerabilidades.
   - *Aplicación Terapéutica:* Reconocer y aceptar la tristeza sin juzgarla permite procesar adecuadamente las pérdidas y adaptarse a nuevas

realidades. En el contexto terapéutico, la expresión de la tristeza es esencial para el duelo y la recuperación emocional, facilitando la resolución de conflictos internos y la reconstrucción de significados personales.

- *Reacciones Fisiológicas:* Disminución en los niveles de neurotransmisores como la serotonina y la dopamina, reducción de la energía física, sensación de pesadez, y a veces, disminución de la frecuencia cardíaca.

3. Miedo

- *Función Adaptativa:* El miedo se activa ante la percepción de amenazas o peligros, preparando al organismo para la huida o la lucha. Esta emoción es esencial para la supervivencia, ya que nos alerta sobre riesgos potenciales y nos motiva a evitar situaciones peligrosas.
- *Aplicación Terapéutica:* En la terapia, el reconocimiento y manejo del miedo son cruciales para superar la ansiedad y el estrés. Trabajar sobre las percepciones irracionales y las expectativas negativas ayuda a reducir la respuesta de miedo y a desarrollar estrategias de afrontamiento más efectivas.
- *Reacciones Fisiológicas:* Aumento de la frecuencia cardíaca, elevación de la presión arterial, dilatación de las pupilas, sudoración, y activación del sistema nervioso simpático preparando al cuerpo para la respuesta de lucha o huida.

4. Sorpresa

- *Función Adaptativa:* La sorpresa nos permite ajustar rápidamente nuestra atención ante eventos inesperados, facilitando la adaptación a nuevas situaciones. Esta emoción puede ser positiva o negativa, dependiendo del contexto y la interpretación del estímulo.

- *Aplicación Terapéutica:* Aprovechar la sorpresa en terapia puede ser útil para romper patrones de pensamiento rígidos, fomentando la flexibilidad cognitiva y la apertura a nuevas experiencias. La sorpresa también puede ser un catalizador para la motivación y el cambio.
- *Reacciones Fisiológicas:* Dilatación rápida de las pupilas, elevación temporal de la frecuencia cardíaca, y en algunos casos, un sobresalto que puede incluir una rápida inhalación.

5. **Asco**
   - *Función Adaptativa:* El asco surge como una respuesta de rechazo ante estímulos que se perciben como nocivos o contaminantes. Esta emoción juega un papel crucial en la protección contra enfermedades al evadir sustancias o situaciones potencialmente peligrosas.
   - *Aplicación Terapéutica:* En el contexto terapéutico, comprender el asco puede ser relevante para tratar fobias específicas o trastornos alimentarios. Reconocer y reevaluar las reacciones de asco puede facilitar la exposición gradual y la desensibilización a los estímulos temidos.
   - *Reacciones Fisiológicas:* Contracción de los músculos faciales, especialmente alrededor de la nariz; disminución del apetito; y en casos extremos, náuseas o vómito.

6. **Ira**
   - *Función Adaptativa:* La ira se manifiesta ante situaciones de injusticia, frustración o amenaza a nuestro bienestar o a nuestros seres queridos. Esta emoción puede movilizar recursos para la defensa y la reivindicación de derechos o necesidades.
   - *Aplicación Terapéutica:* El manejo adecuado de la ira es esencial para prevenir la agresividad y promover relaciones interpersonales saludables. La terapia puede ayudar a identificar las causas

subyacentes de la ira y desarrollar habilidades de comunicación asertiva y resolución de conflictos.

- *Reacciones Fisiológicas:* Aumento de la frecuencia cardíaca, elevación de la presión arterial, liberación de adrenalina, incremento de la temperatura corporal, y tensión muscular.

Emociones Complejas

Las emociones complejas, o secundarias, se forman a partir de la interacción de emociones básicas y están influenciadas por nuestras experiencias, creencias y valores personales. Estas emociones reflejan una comprensión más profunda de nuestras reacciones ante el mundo que nos rodea y desempeñan roles importantes en nuestra adaptación psicológica y social. A continuación, se detallan algunas emociones complejas significativas, sus funciones adaptativas y cómo pueden ser aprovechadas en el afrontamiento de trastornos del estado de ánimo.

1. **Envidia:** La envidia se origina a partir de la comparación social, un proceso cognitivo en el que las personas evalúan sus propias vidas en relación con las de los demás. Esta comparación puede despertar una sensación de carencia o deseo por lo que otros poseen, ya sean bienes materiales, relaciones, logros o cualidades personales. La envidia puede surgir de la interacción entre la emoción básica de deseo y la evaluación personal de insuficiencia o injusticia, moldeada por creencias y valores relacionados con el éxito, la competencia y la equidad. Experiencias personales previas de privación o reconocimiento insuficiente también pueden intensificar la sensación de envidia.
   - *Función Adaptativa:* La envidia, aunque a menudo vista negativamente, nos señala áreas de nuestra vida donde sentimos que nos falta algo o donde aspiramos a mejorar. Puede motivarnos a alcanzar metas personales o profesionales y fomentar el desarrollo de habilidades o talentos.

- Aplicación Terapéutica: Reconocer y explorar los sentimientos de envidia puede ayudar a identificar objetivos personales no satisfechos y aumentar la autoconciencia. En terapia, trabajar sobre la base de estas emociones puede fomentar el crecimiento personal y la motivación para el cambio, transformando la envidia en inspiración y acción.
- Reacciones Fisiológicas: Puede haber un incremento en la tensión muscular, especialmente en la mandíbula y los puños, y un aumento en la frecuencia cardíaca debido a la agitación emocional.

2. **Orgullo:** El orgullo es el resultado de la autoevaluación positiva de uno mismo o de las propias acciones, especialmente en relación con los logros personales o el cumplimiento de estándares y valores personales o sociales. Esta emoción surge de la interacción de emociones básicas como la alegría y la satisfacción, influenciada por las creencias personales sobre el éxito, la autoeficacia y el reconocimiento social. Las experiencias personales de éxito o validación externa fortalecen la tendencia a experimentar orgullo, promoviendo una autoimagen positiva y reforzando la motivación hacia la realización personal.

- *Función Adaptativa:* El orgullo surge de logros personales o del reconocimiento de nuestras capacidades. Refuerza la autoestima y el autoconcepto positivo, motivándonos a mantener o superar nuestros logros.
- *Aplicación Terapéutica:* Cultivar un sentido de orgullo saludable en las propias habilidades y logros puede contrarrestar los efectos de la depresión y la baja autoestima. En el contexto terapéutico, fomentar el reconocimiento de los propios logros y capacidades puede ser una estrategia efectiva para mejorar el bienestar emocional.
- *Reacciones Fisiológicas:* Expansión física o postura erguida, aumento en la liberación de dopamina, y en algunos casos, un

incremento en la frecuencia cardíaca asociado con la excitación positiva.

3. **Gratitud:** La gratitud emerge de reconocer y apreciar los beneficios o bondades recibidas, ya sean de personas, circunstancias o el entorno. Esta emoción se nutre de la capacidad de atención y valoración de los aspectos positivos de la vida, integrando emociones básicas como el placer y el alivio. Las creencias y valores que enfatizan la interconexión, la generosidad y el reconocimiento de la bondad ajena fomentan la experiencia de gratitud. Las experiencias personales de recibir apoyo o bondad, especialmente en momentos de necesidad, pueden profundizar la capacidad de sentir gratitud.

- *Función Adaptativa:* La gratitud nos permite reconocer y apreciar lo que tenemos, fortaleciendo nuestras relaciones y aumentando nuestro bienestar. Promueve una perspectiva positiva de la vida y mejora la resiliencia emocional.

- *Aplicación Terapéutica:* Practicar la gratitud puede ser una intervención poderosa en el tratamiento de la ansiedad y la depresión, ayudando a centrar la atención en aspectos positivos de la vida y a disminuir los pensamientos negativos. La gratitud fomenta un sentido de conexión y bienestar, contribuyendo a una salud mental más robusta.

- *Reacciones Fisiológicas:* Sensación de calidez, disminución en la frecuencia cardíaca, y en muchos casos, una sensación de relajación o bienestar en el cuerpo.

4. **Culpa:** La culpa surge cuando una persona reconoce o percibe que ha cometido un error o ha actuado de manera perjudicial hacia otros, contraviniendo sus propios valores éticos o morales. Esta emoción se origina de la interacción entre la tristeza y el remordimiento, y está profundamente influenciada por las

creencias y valores sobre la responsabilidad personal, la moralidad y la justicia. Las experiencias personales de confrontación con las consecuencias negativas de las propias acciones sobre otros pueden intensificar la sensación de culpa, motivando el deseo de reparación y el cambio de comportamiento.

- *Función Adaptativa:* La culpa juega un papel crucial en el desarrollo y mantenimiento de nuestras relaciones sociales, señalando cuando hemos actuado en contra de nuestros valores éticos o morales. Nos motiva a reparar daños y a mejorar nuestro comportamiento hacia los demás.

- *Aplicación Terapéutica:* Abordar la culpa de manera constructiva en terapia puede llevar al reconocimiento de errores, a la reparación de relaciones y al desarrollo personal. Trabajar sobre la culpa puede ayudar a resolver conflictos internos y a promover una mayor integridad personal y empatía.

- *Reacciones Fisiológicas:* Puede incluir una sensación de pesadez, disminución de la energía física, y en algunas personas, tensiones musculares específicas asociadas con la inquietud.

5. **Vergüenza:** La vergüenza se origina de la percepción de estar expuesto ante los demás como inferior, inadecuado o moralmente cuestionable, lo que afecta negativamente la imagen de uno mismo. Esta emoción combina aspectos de miedo, tristeza y repulsión, y es moldeada por creencias y valores relacionados con la autoestima, el respeto social y las normas de conducta.

- *Función Adaptativa:* La vergüenza puede servir como un regulador social, indicándonos cuando podríamos haber dañado nuestra imagen pública o no cumplido con las expectativas sociales. Nos impulsa a mejorar y adaptar nuestro comportamiento para ser aceptados.

- *Aplicación Terapéutica:* En la terapia, explorar la vergüenza puede revelar percepciones subyacentes sobre el yo y las expectativas sociales, ofreciendo oportunidades para el crecimiento personal y la mejora de la autoestima. Reconocer y abordar la vergüenza puede facilitar el desarrollo de una relación más compasiva y aceptadora con uno mismo.

- *Reacciones Fisiológicas:* Enrojecimiento de la piel (especialmente en el rostro), evitación de contacto visual, y en algunos casos, una disminución de la postura (encorvamiento) indicando una sensación de querer "esconderse".

Anexo 4:

Alfabetización Emocional

Aplicación de la Alfabetización Emocional

La "alfabetización emocional" es un proceso que implica varios pasos interconectados, diseñados para mejorar la conciencia y el manejo de nuestras emociones. Este proceso no solo mejora la Inteligencia Emocional, sino que también proporciona una base sólida para el desarrollo de estrategias de manejo emocional y regulación emocional. La práctica continua de identificar y etiquetar emociones facilita una mejor comprensión de nuestras propias reacciones emocionales y mejora nuestra capacidad para enfrentar desafíos emocionales de manera saludable. A continuación, se ofrece una guía detallada para profundizar en cada paso del proceso:

1. Reflexión y Reconocimiento

- *Dedica Tiempo y Espacio:* Elige un momento tranquilo y un lugar sin distracciones para reflexionar sobre tus emociones. La tranquilidad ayuda a concentrarse y a ser más receptivo a los recuerdos y sensaciones.

- *Recuerdo Detallado:* Trae a la mente una experiencia reciente que haya generado emociones negativas. Intenta revivir esa situación en tu mente lo más vívidamente posible, prestando atención a los detalles del entorno, las personas involucradas, y especialmente, cómo te sentiste en ese momento.

- *Reconocimiento Emocional:* Pregunta qué emociones estaban presentes. ¿Fue ira, tristeza, frustración, miedo, vergüenza, culpa, o una combinación de estas? Intenta nombrar las emociones específicas sin juzgarlas.

2. Identificación de Señales

- *Observación Corporal:* Nota las reacciones físicas que acompañaron a las emociones. ¿Sentiste tensión en alguna parte de tu cuerpo, un aumento en la frecuencia cardíaca, sudoración, o cualquier otra sensación física? Estas señales son pistas importantes para identificar la emoción.

- *Comportamiento Asociado:* Reflexiona sobre cómo estas emociones influyeron en tu comportamiento. ¿Respondiste de manera agresiva, te retiraste de la situación, o te paralizaste? El comportamiento puede ser una manifestación externa de la emoción interna.

3. Registro

- *Diario Emocional:* Anota en un diario las emociones identificadas, las sensaciones físicas asociadas, y los comportamientos observados. La escritura ayuda a clarificar y ordenar los pensamientos y emociones.
- *Descripción Detallada:* Incluye detalles sobre el contexto en que surgieron estas emociones. ¿Qué desencadenó la reacción? ¿Hubo algún factor externo o pensamiento específico que intensificó la emoción?

4. Análisis

- *Impacto en Decisiones:* Reflexiona sobre cómo estas emociones afectaron tus decisiones y acciones. ¿Tomaste decisiones impulsivas, evitaste confrontaciones necesarias, o reaccionaste de manera que luego lamentaste?
- *Identificación de Desencadenantes:* Reconoce los desencadenantes específicos de estas emociones. Esto puede revelar patrones importantes y ayudarte a prevenir y manejar mejor situaciones similares en el futuro.
- *Estrategias de Manejo:* Basándote en este análisis, considera qué estrategias podrías desarrollar para manejar estas emociones de manera más efectiva. Esto podría incluir técnicas de relajación, reestructuración cognitiva, o simplemente permitirte sentir la emoción sin actuar impulsivamente.

5. Implementación Práctica

- *Práctica Consciente:* Intenta estar más consciente de tus emociones y reacciones físicas en tiempo real. La conciencia en el momento puede ayudarte a aplicar las estrategias de manejo que has considerado.

- *Apoyo y Feedback:* Comparte tus observaciones y estrategias con un amigo de confianza, un mentor, o un terapeuta. El feedback puede ofrecer nuevas perspectivas y apoyo en tu proceso de alfabetización emocional.

- *Revisión y Ajuste:* La alfabetización emocional es un proceso continuo. Regularmente revisa y ajusta tus estrategias de manejo emocional basándote en nuevas experiencias y aprendizajes.

Anexo 5:

Emociones Negativas
(Apropiadas e Inapropiadas)

Funcionalidad de las Emociones "Negativas"

La teoría de Lazarus sobre la funcionalidad de las emociones destaca la importancia adaptativa de las respuestas emocionales, incluso aquellas tradicionalmente consideradas negativas. Entender estas emociones desde la perspectiva de su funcionalidad adaptativa ofrece un marco valioso para el manejo de las respuestas emocionales. Esta comprensión permite abordar las emociones negativas de manera constructiva, reconociendo su papel esencial en nuestra adaptación y crecimiento personal. A continuación, se ofrece una revisión de éstas, adaptando las descripciones para alinearse con la perspectiva de funcionalidad de Lazarus:

1. Ansiedad

Función Adaptativa: La ansiedad sirve como una señal anticipatoria que nos alerta sobre posibles amenazas futuras, permitiendo una preparación y planificación proactiva. Esta emoción es fundamental para la supervivencia, ya que facilita la evaluación de riesgos y la implementación de estrategias de afrontamiento adecuadas antes de enfrentar situaciones potencialmente peligrosas.

2. Miedo

Función Adaptativa: El miedo activa la respuesta de lucha o huida ante peligros inmediatos, preparando al cuerpo para una acción rápida y eficaz. Esta respuesta emocional es crucial para protegernos de amenazas físicas y psicológicas, garantizando nuestra seguridad y bienestar.

3. Tristeza

Función Adaptativa: La tristeza nos permite procesar y reflexionar sobre experiencias de pérdida o fracaso, facilitando la introspección y el crecimiento personal. Promueve la búsqueda de apoyo y conexión social, reforzando lazos comunitarios y fomentando la empatía.

4. Ira

Función Adaptativa: La ira nos motiva a enfrentar y resolver conflictos o injusticias, sirviendo como un catalizador para el cambio y la afirmación personal. Esta emoción puede ser un poderoso impulsor para la acción, promoviendo la defensa de nuestros derechos y valores.

5. Vergüenza

Función Adaptativa: La vergüenza actúa como un regulador social, incentivando comportamientos y acciones que se alinean con las normas y expectativas sociales. Fomenta la autoevaluación y la modificación de conductas, contribuyendo al desarrollo de la moral y la ética personal.

6. Culpa

Función Adaptativa: La culpa promueve la reparación y el mantenimiento de relaciones interpersonales saludables, motivando acciones correctivas cuando nuestras acciones han dañado a otros. Esta emoción subraya la importancia de la responsabilidad y la empatía en nuestras interacciones sociales.

7. Desilusión

Función Adaptativa: La desilusión nos ayuda a ajustar nuestras expectativas y objetivos a la realidad, facilitando la adaptación a nuevos contextos o situaciones. Esta emoción puede ser un punto de partida para la reevaluación de metas y la búsqueda de nuevos caminos hacia el éxito y la satisfacción personal.

8. Envidia

Función Adaptativa: La envidia, aunque incómoda, puede ser un estímulo para el auto-mejoramiento y la motivación para alcanzar metas personales. Nos alerta sobre deseos o aspiraciones no satisfechas, impulsando la reflexión y la acción hacia el logro de objetivos comparables.

9. Desesperación

Función Adaptativa: La desesperación puede forzar una reconsideración fundamental de nuestras estrategias y enfoques, llevándonos a explorar alternativas creativas y soluciones innovadoras a problemas complejos.

10. Resentimiento

Función Adaptativa: El resentimiento subraya la importancia de abordar y resolver conflictos interpersonales, actuando como un recordatorio de nuestras necesidades de respeto y justicia. Esta emoción puede servir como un mecanismo de defensa que nos protege de futuras decepciones o daños, al recordarnos ser cautelosos en nuestras relaciones y al establecer límites saludables.

Emociones Apropiadas e Inapropiadas

Determinar la "apropiación" de una emoción es un concepto complejo que puede depender de múltiples factores, como el contexto social, las normas culturales y la situación individual. Sin embargo, hay algunas pautas apoyadas por la investigación en psicología y Terapia Cognitivo Conductual que pueden ser útiles para evaluar o entender mejor la "apropiación" de una emoción (Gross, 2015; Greenberg, 2015):

1. **Relevancia Contextual:** Una emoción se considera generalmente apropiada si está en consonancia con el contexto actual, como sentir miedo cuando se enfrenta a un peligro inminente en lugar de una situación cotidiana.

   Ejemplo: Suponga que un individuo se encuentra en una reunión de trabajo donde se están discutiendo los próximos objetivos del proyecto. Aquí, un cierto grado de entusiasmo o interés se consideraría emocionalmente apropiado, ya que esta es una situación que tiene importantes implicaciones para el futuro de la persona. En contraposición, si ese mismo individuo sintiera un miedo abrumador en este ambiente, se podría considerar que la emoción no concuerda con el contexto, ya que no existe nada que ponga en peligro real al individuo.

2. **Intensidad:** La intensidad de la emoción también debe ser proporcional a la situación. Sentir una cantidad abrumadora de miedo por un riesgo menor no sería considerado apropiado.
   Ejemplo: Imagínese a alguien que se siente absolutamente eufórico al encontrar un lugar de estacionamiento más cerca de la entrada de una tienda. Dado que el evento es relativamente menor en el gran esquema de la vida, la intensidad de la emoción parece desproporcionada.

3. **Duración:** Las emociones que persisten durante un período de tiempo que es desproporcionado con respecto al evento que las desencadenó podrían considerarse inapropiadas.
   Ejemplo: Considere a un individuo que se siente profundamente avergonzado por tropezar en público. Está bien sentir vergüenza en momentos embarazosos, pero si esta sensación de vergüenza persiste durante semanas y afecta su bienestar general, la duración de la emoción sería inapropiada en relación con el evento original.

4. **Utilidad:** Si una emoción facilita o interfiere con la capacidad de una persona para responder de manera efectiva a una situación, esto también puede ser un indicador de su propiedad.
   Ejemplo: Pensemos en alguien que está considerando cambiar de carrera. Si esta persona siente miedo al punto de la parálisis y, como resultado, no toma medidas para investigar nuevas oportunidades, la utilidad de esta emoción es cuestionable, ya que impide un comportamiento potencialmente beneficioso.

5. **Congruencia Interna:** Las emociones también deben ser consistentes con las propias creencias y valores para ser consideradas apropiadas. Sentir culpa por realizar una acción que está en línea con los propios valores podría considerarse una respuesta emocional inapropiada.

   Ejemplo: Imagine a un individuo que valora la independencia y la autosuficiencia, pero que siente una culpa inmensa por tomar tiempo para sí mismo, lejos de su familia. Dado que este tiempo personal está alineado con sus valores centrales y es potencialmente beneficioso para el sujeto, la emoción de la culpa sería incongruente e inapropiada en este contexto.

6. **Resultados Comportamentales:** Si una emoción lleva a comportamientos que son perjudiciales para uno mismo o para otros, podría considerarse inapropiada.

   Ejemplo: Visualice a alguien que siente ira intensa durante una discusión de pareja y decide, impulsivamente, romper la relación. Posteriormente, esta persona se da cuenta de que la acción fue extrema y tiene arrepentimientos. Aquí, la emoción llevó a un resultado comportamental bastante perjudicial y, por lo tanto, podría considerarse inapropiada.

Anexo 6: Mindfulness
(Atención Plena)

Ejercicio de Respiración Consciente

- *Encuentra un Lugar Tranquilo:* Selecciona un espacio donde puedas estar tranquilo y sin interrupciones durante unos minutos. Puede ser un rincón de tu habitación, una silla cómoda, o incluso un lugar al aire libre que encuentres relajante.

- *Adopta una Postura Cómoda:* Siéntate con la espalda recta pero relajada. Puedes sentarte en una silla con los pies apoyados en el suelo o en una posición de meditación en el suelo. Asegúrate de que tu postura sea cómoda pero atenta.

- *Centra tu Atención en la Respiración:* Cierra los ojos suavemente y dirige tu atención a tu respiración. Observa cómo el aire entra y sale de tu cuerpo. Siente el movimiento de tu abdomen y pecho al respirar.

- *Observa sin Juzgar:* A medida que practique, es probable que surjan pensamientos y emociones. En lugar de reaccionar a ellos o juzgarlos, simplemente reconózcalos como observador neutral. Etiquételos si le resulta útil, como "pensamiento ansioso" o "sensación de calma". Si se da cuenta de que su mente ha vagado, que es completamente normal, gentilmente redirija su atención de regreso al punto de enfoque original, ya sea la respiración, las sensaciones corporales, o los sonidos. Repita nuevamente el proceso.

- *Duración:* Continúa con este ejercicio durante 5-10 minutos. Con práctica, puedes incrementar gradualmente el tiempo dedicado a la respiración consciente.

Ejercicio de Escaneo Corporal

- *Comienza en una Postura Cómoda:* Puedes hacer el escaneo corporal acostado o sentado. Asegúrate de estar en un lugar donde puedas relajarte completamente sin dormirte.

- *Respira Profundamente:* Inicia con algunas respiraciones profundas para centrar tu atención y comenzar a relajarte.

- *Atención Consciente al Cuerpo:* Comienza por enfocar tu atención en los pies. Nota cualquier sensación que estés experimentando, como calor, frío, tensión, o relajación. No busques cambiar estas sensaciones, solo obsérvalas.

- *Desplaza tu Atención:* Gradualmente, mueve tu atención hacia arriba por tu cuerpo: a tus tobillos, rodillas, muslos, cadera, abdomen, pecho, manos, brazos, hombros, cuello, y finalmente, tu cabeza. Dedica tiempo a observar las sensaciones en cada parte del cuerpo.

- *Observa sin Juzgar:* Si descubres áreas de tensión o incomodidad, reconócelas sin intentar cambiarlas. La clave es la observación consciente y la aceptación.

- *Conclusión:* Después de completar el escaneo de todo el cuerpo, toma un momento para sentir tu cuerpo como un todo. Observa cualquier efecto general del ejercicio en tu estado de ánimo o tus emociones.

- *Duración:* El escaneo corporal puede durar entre 5 y 20 minutos, según tu preferencia y el tiempo disponible.

Anexo 7:
Pensamientos Absolutistas
o Irracionales

Pensamientos Absolutistas o Irracionales

Albert Ellis, en su modelo ABC de la Terapia Racional Emotivo Conductual, identificó una serie de pensamientos absolutistas o irracionales que son comunes en los patrones de pensamiento que contribuyen a la angustia emocional. Estos pensamientos absolutistas son a menudo reconocibles por sus afirmaciones clave, como "debería", "necesito", "tengo que", y se basan en creencias rígidas e intransigentes sobre cómo uno mismo, los demás o el mundo "deberían" ser.

Estos pensamientos y creencias irracionales pueden ser desafiados y reemplazados por pensamientos más racionales y flexibles mediante el uso de técnicas de TREC. Ellis enfatizó la importancia de reconocer estos pensamientos, cuestionar su validez y utilidad, y finalmente reemplazarlos por otros que sean más realistas y adaptativos, lo cual puede contribuir significativamente a mejorar el bienestar emocional y la salud mental. A continuación, se presenta una lista de estos pensamientos junto con ejemplos y afirmaciones clave:

1. **Perfeccionismo:** La creencia de que uno debe ser perfecto en todo lo que hace para ser valioso o aceptado.
   Ejemplo: "Debo impresionar a todos en mi presentación para ser considerado competente".
   Afirmaciones clave: "Debo ser perfecto", "Tengo que hacerlo todo bien".
   Desafío: "Es humanamente imposible agradar a todos; lo importante es que esté satisfecho con mi esfuerzo y aprenda de la experiencia".

2. **Necesidad de aprobación:** La idea de que es necesario ser amado o aprobado por todas las personas significativas en la vida de uno.
   Ejemplo: "Si mi pareja no está contenta conmigo, soy un fracaso".
   Afirmaciones clave: "Necesito que todos me quieran", "Debería gustarle a la gente".

Desafío: "La aprobación de los demás es deseable pero no esencial para mi autoestima; puedo estar en desacuerdo con otros y aun así valorarme a mí mismo".

3. **Catastrofización:** La tendencia a exagerar las consecuencias negativas de un evento o situación.

    Ejemplo: "Si cometo un error, será un desastre total".

    Afirmaciones clave: "Sería terrible sí", "No podría soportarlo sí".

    Desafío: "Cometer un error no es el fin del mundo; es una oportunidad para aprender y crecer".

4. **Baja tolerancia a la frustración:** La creencia de que no se puede soportar alguna dificultad o inconveniente.

    Ejemplo: "No soporto esta situación incómoda".

    Afirmaciones clave: "No puedo soportar esto", "Es insoportable".

    Desafío: "Aunque esto es incómodo, puedo soportarlo y trabajar a través de ello; la incomodidad es parte del crecimiento".

5. **Autocondenación:** La tendencia a juzgarse duramente a uno mismo por errores o deficiencias.

    Ejemplo: "Soy un completo fracaso por no alcanzar mi meta".

    Afirmaciones clave: "Debería haber hecho mejor", "Soy malo por hacer esto".

    Desafío: "Cometer errores o fallar no me define como persona; puedo aprender de esto y seguir adelante".

6. **Visión global negativa o condena global:** La creencia de que una experiencia negativa mancha completamente una entidad o situación.

    Ejemplo: "Este error significa que todo mi esfuerzo ha sido inútil".

    Afirmaciones clave: "Todo está arruinado", "Nada bueno sale de esto".

Desafío: "Un error o fallo no invalida todos mis esfuerzos previos; puedo reconocer mis logros a pesar de los contratiempos".

7. **Dependencia de la comodidad:** La creencia de que se debe tener comodidad y facilidad en todo momento.
    Ejemplo: "No debería tener que trabajar tan duro para lograr mis objetivos".
    Afirmaciones clave: "Debería ser más fácil", "No debería tener que esforzarme tanto".
    Desafío: "El valor de alcanzar mis metas a menudo reside en el esfuerzo requerido; estoy dispuesto a trabajar duro para lograr lo que es importante para mí".

8. **Demandas rígidas:** Son creencias absolutistas donde se piensa que ciertas cosas "deben" ser de una manera específica sin lugar a flexibilidad.
    Ejemplo: "Debo cumplir todas mis metas sin error alguno".
    Afirmaciones clave: "Mis amigos me tienen que querer", "Todos necesitan ir a la fiesta".
    Desafío: "Es humano tener ambiciones, pero el error y el fracaso son partes naturales del aprendizaje y el crecimiento. Puedo esforzarme por mis metas sin exigirme perfección".

Anexo 8:

Desafío de Creencias Irracionales

Cuestionamiento y Desafío de Creencias Irracionales

La práctica de desafiar creencias irracionales ocupa un lugar central en las intervenciones psicoterapéuticas, particularmente en la Terapia Cognitivo Conductual y la Terapia Racional Emotiva Conductual. El fundamento de estas técnicas radica en el supuesto de que las creencias distorsionadas y los patrones de pensamiento negativos subyacen a diversos trastornos psicológicos. La modificación de estas creencias a través de un escrutinio riguroso, tanto lógico como empírico, se considera esencial para el alivio sintomático y el cambio conductual (Beck, 2011; Ellis, 1994).

Estas estrategias de intervención cognitiva deben ser adaptadas a las particularidades y contexto de cada individuo, procurando siempre un enfoque empático y colaborativo en el proceso terapéutico. La implementación de estas técnicas, respaldada por evidencia empírica, promueve la reestructuración cognitiva y el desarrollo de un mayor bienestar psicológico (Hofmann, Asmundson, & Beck, 2013). A continuación, se ofrece una revisión optimizada y detallada de las metodologías propuestas para el cuestionamiento y el desafío de creencias irracionales:

1. Cuestionamiento Socrático: Inspirado en la dialéctica socrática, este método promueve la introspección y el cuestionamiento crítico mediante una serie de preguntas estructuradas. Su objetivo es explorar la validez y utilidad de las creencias subyacentes del individuo, favoreciendo una reflexión profunda sobre la lógica y evidencia que las sostiene.

Ejemplo: Un sujeto mantiene la creencia perturbadora de que está destinado a fracasar en relaciones amorosas. Mediante el cuestionamiento socrático, se le invita a reflexionar: "¿Qué pruebas concretas sostienen esta creencia? ¿Se ha manifestado este patrón invariablemente en todas las relaciones anteriores? ¿Contribuye esta creencia al desarrollo de relaciones saludables?" Este proceso facilita el reconocimiento de la ausencia de una base empírica sólida, permitiendo la consideración de perspectivas alternativas más adaptativas.

Utilización para Crear Nuevas Creencias: Tras reconocer la base inestable de una creencia negativa, el cuestionamiento socrático puede dirigirse a explorar y construir una nueva creencia basada en evidencias y experiencias personales positivas. Este proceso alienta al individuo a identificar afirmaciones más realistas y autocompasivas que reflejen su capacidad de crecimiento y adaptación.

Construcción de Nueva Creencia: "Aunque he enfrentado desafíos en mis relaciones pasadas, cada experiencia me brinda aprendizajes valiosos que me preparan mejor para futuras relaciones saludables".

2. Prueba de Realidad: Este enfoque consiste en evaluar críticamente la evidencia empírica que respalda la veracidad de una creencia. Es particularmente útil para contrarrestar generalizaciones negativas y absolutas.

Ejemplo: Ante la creencia de incapacidad para el éxito profesional, un individuo es alentado a revisar su historial de logros y reconocimientos. Este ejercicio de revisión empírica directamente contraviene la noción de incompetencia, fomentando una reevaluación de la autoimagen desde una perspectiva más equilibrada y justificada.

Utilización para Crear Nuevas Creencias: Una vez que se ha identificado y refutado la evidencia que sustenta una creencia negativa, la prueba de realidad facilita la identificación de hechos que apoyan una visión más equilibrada de uno mismo y de las situaciones. Este enfoque refuerza la formación de creencias basadas en logros y capacidades reales.

Construcción de Nueva Creencia: "Mis logros y progresos demuestran que soy capaz de alcanzar el éxito profesional. Cada paso adelante refleja mi competencia y dedicación".

3. Análisis de Costo-Beneficio: Mediante este método se examinan las consecuencias funcionales de sostener una creencia particular, valorando tanto sus aspectos positivos como negativos. Este análisis puede revelar si la creencia en cuestión resulta ser más perjudicial que beneficiosa para el individuo.

Ejemplo: Un paciente que percibe cualquier error como un indicativo de fracaso total es guiado a ponderar cómo esta creencia impacta su bienestar y desempeño. La conclusión de que tal creencia promueve la ansiedad y limita la exploración de nuevas oportunidades puede motivar la adopción de un enfoque más flexible y compasivo hacia el error y el aprendizaje.

Utilización para Crear Nuevas Creencias: Evaluando las desventajas de mantener creencias perjudiciales y considerando los beneficios de adoptar perspectivas alternativas, esta técnica promueve la adopción de nuevas creencias que favorezcan el bienestar y la efectividad personal.

Construcción de Nueva Creencia: "Reconocer y aceptar mis errores como oportunidades de aprendizaje mejora mi bienestar y me abre a nuevas oportunidades de crecimiento y éxito".

4. Reatribución: Esta técnica implica cuestionar la atribución de eventos negativos a causas internas, estables y globales, considerando en su lugar múltiples factores situacionales o externos. Favorece una comprensión más matizada de las circunstancias, liberando al individuo de culpas inmerecidas.

Ejemplo: En el contexto de una amistad disuelta, el proceso de reatribución permite al sujeto reconocer la confluencia de factores externos, como la distancia geográfica o cambios en las prioridades vitales, reduciendo la autoculpabilización excesiva y promoviendo una aceptación más serena de la situación.

Utilización para Crear Nuevas Creencias: Al identificar factores externos y contextuales, esta técnica permite desarrollar una comprensión más matizada de las situaciones, lo que facilita la formación de creencias que reconocen la complejidad de las circunstancias y disminuyen la autoculpabilización.

Construcción de Nueva Creencia: "Entiendo que múltiples factores contribuyeron al resultado de esta situación. Esta comprensión me permite enfocarme en lo que puedo controlar y mejorar".

5. Des-catastrofización: Consiste en evaluar objetivamente el peor escenario posible y cómo podría ser manejado, disminuyendo así la ansiedad y el temor irracional. Esta técnica es efectiva para diluir el impacto emocional de suposiciones catastróficas.

Ejemplo: Frente al temor exacerbado de perder el empleo, se alienta al individuo a contemplar detenidamente cómo podría enfrentar tal situación. La identificación de estrategias de afrontamiento viables y el reconocimiento de recursos personales y sociales atenúan la percepción de la situación como insuperable.

Utilización para Crear Nuevas Creencias: A través de la evaluación realista de los escenarios más temidos y la planificación de estrategias de afrontamiento, se puede fortalecer la confianza en la propia capacidad

de manejar adversidades, fundamentando nuevas creencias en la
resiliencia y adaptabilidad personal.

Construcción de Nueva Creencia: "Incluso en situaciones difíciles, tengo
recursos y estrategias para afrontar y superar desafíos. Mi capacidad de
recuperación me permite enfrentar el futuro con confianza".

Anexo 9:

Medidor Emocional

Instrucciones para Usar el medidor emocional

El Medidor Emocional es una herramienta desarrollada por Marc Brackett y David Caruso como parte del enfoque de la Inteligencia Emocional (RULER). RULER es un acrónimo en inglés compuesto por las iniciales de las habilidades de Reconocer, Entender, Etiquetar, Expresar y Regular emociones, y es un programa aplicado en educación y entornos corporativos para mejorar el bienestar emocional (Brackett, Rivers, & Salovey, 2011).

Esta herramienta se representa con un cuadrante gráfico dividido en cuatro colores que representan diferentes estados emocionales. El eje Y representa la energía (de baja a alta), y el eje X representa la placidez (de desagradable a agradable). Al utilizar este medidor, las personas se vuelven más conscientes de sus estados emocionales y son alentadas a explorar las causas y consecuencias, así como las estrategias para la regulación emocional.

- *Cuadrante Amarillo (arriba-dereche):* Emociones como la felicidad, el optimismo y la energía son ubicadas aquí. Estas emociones suelen ser agradables y de alta energía.

- *Cuadrante Verde (abajo-derecha):* Este cuadrante alberga emociones agradables, pero de baja energía, como la calma y la satisfacción.

- *Cuadrante Rojo (arriba-izquierda):* Emociones desagradables y de alta energía como la ira, la ansiedad y el estrés se ubican aquí.

- *Cuadrante Azul (abajo-izquierda):* Este cuadrante incluye emociones desagradables y de baja energía como la tristeza, la desilusión y el cansancio.

El Medidor Emocional ha sido implementado en varios entornos, incluidas escuelas y organizaciones, para ayudar a las personas a ser más conscientes de sus emociones, lo que a su vez les permite tomar medidas más informadas sobre cómo manejarlas.

Instrucciones para el Ejercicio:

1. *Identificación del Cuadrante:* El RULER consta de cuatro cuadrantes coloreados (rojo, amarillo, verde, azul). Cada cuadrante representa un conjunto de emociones correlacionadas con niveles de energía y placidez. Empiece identificando en qué cuadrante se encuentra en un momento dado.
    Ejemplo: Si está sintiéndose desanimado y sin energía, probablemente se encuentre en el cuadrante azul.

2. *Etiquetar la Emoción:* Una vez identificado el cuadrante, el próximo paso es etiquetar la emoción específica que está sintiendo. Esto facilita el entendimiento y la comunicación de su estado emocional.
    Ejemplo: Dentro del cuadrante azul, podría estar sintiendo tristeza, soledad o desesperanza.

3. *Escala de Intensidad:* Estime la intensidad de su emoción en una escala del 1 al 10. Esto ayuda a cuantificar su estado emocional, lo cual es útil para el seguimiento y la regulación.
    Ejemplo: Si su tristeza es abrumadora, podría situarla en un 9 en la escala de intensidad.

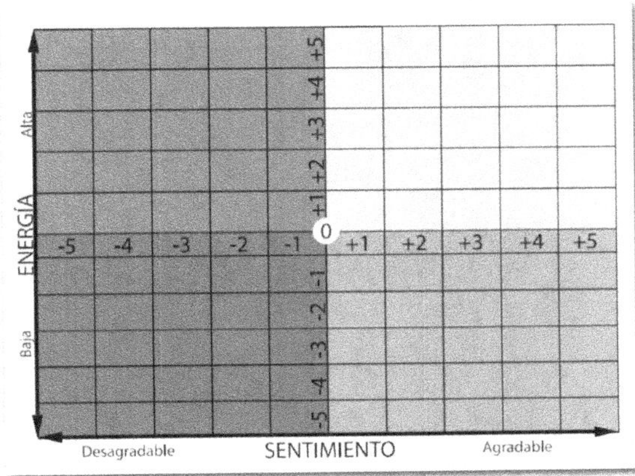

IRA	PÁNICO	ESTRESADO	AGITADO	CONMOCIONADO	SORPRENDIDO	EXITADO	FESTIVO	DICHOSO	EUFÓRICO
CON COLERA	FURIOSO	FRUSTADO	TENSO	ATURDIDO	NERVIOSO	ALEGRE	MOTIVADO	INSPIRADO	EXALTADO
ENFURECIDO	ATEMORIZADO	ENOJADO	NERVIOSO	INQUIETO	ENERGETICO	ANIMADO	ENTUSIASTA	OPTIMISTA	EMOCIONADO
ANSIOSO	APRENSIVO	PREOCUPADO	IRRITADO	MOLESTO	COMPLACIDO	FELIZ	ESPERANZADO	ORGULLOSO	ENCANTADO
DISGUSTADO	IRRACIBLE	ALARMADO	DESASOSEGADO	TOCADO	AGRADABLE	JUBILOSO	CONCENTRADO	A GUSTO	POSITIVO
DISGUSTADO	SOMBRIO	DECEPCIONADO	DECAIDO	APATICO	CAPAZ	CÓMODO	COMPLACIDO	AMOROSO	PLENO
NEGATIVO	MALHUMORADO	DESALENTADO	TRISTE	ABURRIDO	CALMADO	SEGURO	SATISFECHO	AGRADECIDO	CONMOVIDO
AISLADO	MISERABLE	SOLITARIO	DESCORAZONADO	CANSADO	RELAJADO	TRANQUILO	SOSEGADO	AFORTUNADO	EQUILIBRADO
ABATIDO	DEPRIMIDO	SIN GANAS	EXHAUSTO	FATIGADO	APACIBLE	PENSATIVO	PACÍFICO	CONFORTABLE	DESPREOCUPADO
DESESPERADO	DESESPERANZADO	DESOLADO	DEVASTADO	AGOTADO	SOMNOLIENTO	COMPLACIDO	TRANQUILO	QUERIDO	SERENO

Anexo 10:

Distorsiones Cognitivas

- **Sobre-generalización**: Consiste en la extrapolación indebida de una experiencia negativa específica a situaciones o contextos amplios e inconexos. Se caracteriza por el uso excesivo de generalizaciones absolutas.

  Palabras Clave: Siempre, nunca, todo, ninguno.

  Ejemplo: Tras experimentar un fracaso, en lugar de concluir que "siempre hago todo mal", se puede reflexionar: "Este fracaso es un evento aislado de aprendizaje, no una sentencia de incapacidad universal".

- **Catastrofismo**: Esta distorsión implica anticipar el peor escenario posible en una situación, magnificando desproporcionadamente las potenciales consecuencias negativas.

  Palabras Clave: Terrible, desastroso, imposible.

  Ejemplo: Ante el miedo de fracasar en una tarea con la creencia de que "mi vida estará arruinada", se puede contrarrestar pensando: "Incluso si no logro el resultado deseado, tengo la capacidad de aprender de la experiencia y seguir adelante".

- **Pensamiento Todo o Nada**: Se refiere a la conceptualización de experiencias en categorías extremas y mutuamente excluyentes, sin reconocer la existencia de matices intermedios.

  Palabras Clave: Perfecto, fracaso, siempre, nunca.

  Ejemplo: Contra la percepción de que "si no hago esto perfectamente, soy un fracaso", se puede razonar: "Existen grados de éxito y esfuerzo, y cada paso adelante es valioso".

- **Filtro Mental**: Implica la concentración exclusiva en un aspecto negativo de una situación, ignorando cualquier elemento positivo presente.

  Palabras Clave: Pero, sólo, excepto.

Ejemplo: Frente a la idea de "fue un fracaso porque cometí un error", replantearlo como "Aprendí de este error y hubo muchos aspectos de la situación que manejé bien".

- **Descalificación del Positivo**: Esta distorsión cognitiva ocurre cuando se rechaza sistemáticamente la evidencia positiva, minimizando su importancia o relevancia.
  Palabras Clave: Pero, sólo, no cuenta.
  Ejemplo: En lugar de pensar "Me fue bien en la presentación, pero eso no cuenta porque cualquiera podría haberlo hecho", se puede valorar "Mi éxito en la presentación refleja mi esfuerzo y habilidades, independientemente de su dificultad percibida".

- **Etiquetado y Mis-etiquetado**: Consiste en asignar etiquetas globales negativas a uno mismo o a otros sobre la base de situaciones específicas, sin considerar la complejidad inherente de las conductas humanas.
  Palabras Clave: Soy, eres, son.
  Ejemplo: En lugar de autodenominarse "un perdedor" por un revés, considerar "Este revés es una oportunidad para crecer y no define mi valor como persona".

- **Personalización**: Implica atribuirse de manera injustificada la responsabilidad por acontecimientos externos, ignorando otros factores contribuyentes.
  Palabras Clave: Por mi culpa, debido a mí.
  Ejemplo: En vez de pensar "Mi pareja está de mal humor; debe ser por algo que hice", reflexionar "El estado de ánimo de mi pareja puede estar influenciado por muchos factores que están fuera de mi control".

- **Lectura de la Mente**: Se refiere a la suposición de conocer los pensamientos, sentimientos o intenciones de otros sin evidencia suficiente.

  Palabras Clave: Sé, seguro que.

  Ejemplo: Antes de concluir "Sé que piensan que soy aburrido", se puede pensar "No puedo saber con certeza lo que otros piensan sin preguntar directamente; debo evitar hacer suposiciones".

- **Razonamiento Emocional**: Esta distorsión se basa en la creencia de que los sentimientos reflejan fielmente la realidad, sin cuestionar la validez de estas emociones como indicadores objetivos.

  Palabras Clave: Siento, por lo tanto.

  Ejemplo: Frente al pensamiento "Me siento asustado; por lo tanto, debe ser peligroso", se puede objetar "Mis emociones son respuestas subjetivas y no siempre reflejan la realidad objetiva de la situación".

- **Falacia del Deber**: Implica la imposición de expectativas rígidas e inflexibles sobre la conducta propia o de otros, generando malestar cuando estas no se cumplen.

  Palabras Clave: Debería, tiene que, debe.

  Ejemplo: En lugar de adherirse a "Debería ser siempre fuerte y capaz", se puede adoptar "Es humano tener momentos de vulnerabilidad y cada experiencia es una oportunidad de aprendizaje".

Bibliografía

Aldao, A., Nolen-Hoeksema, S., & Schweizer, S. (2010). *Estrategias de regulación emocional en psicopatología: Una revisión meta-analítica.* Clinical Psychology Review, 30(2), 217-237.

American Psychological Association. (2013). *Manual Diagnóstico y Estadístico de los Trastornos Mentales* (5ª ed.). American Psychiatric Publishing.

Barchard, K. A. (2003). ¿La inteligencia emocional ayuda en la predicción del éxito académico? Educational and Psychological Measurement, 63(5), 840-858.

Beck, A. T., Rush, A. J., Shaw, B. F., & Emery, G. (1979). *Terapia cognitiva de la depresión.* Guilford Press.

Beck, A. T., Steer, R. A., & Brown, G. K. (1996). *Manual para el Inventario de Depresión de Beck-II.* Psychological Corporation.

Berking, M., Wupperman, P., Reichardt, A., Pejic, T., Dippel, A., & Znoj, H. (2013). *Las habilidades de regulación emocional como un objetivo de tratamiento en psicoterapia.* Behaviour Research and Therapy, 51(11), 717-728.

Brackett, M. A., Rivers, S. E., & Salovey, P. (2011). *Inteligencia emocional: Implicancias para el éxito personal, social, académico y laboral.* Social and Personality Psychology Compass, 5(1), 88-103.

Brackett, M. A., & Mayer, J. D. (2003). *Validez convergente, discriminante e incremental de medidas competidoras de inteligencia emocional*. Personality and Social Psychology Bulletin, 29(9), 1147-1158.

Bradberry, T., & Greaves, J. (2009). *Inteligencia Emocional 2.0*. Google Books.

Butler, A. C., Chapman, J. E., Forman, E. M., & Beck, A. T. (2006). *El estado empírico de la terapia cognitivo-conductual: Una revisión de metaanálisis*. Clinical Psychology Review, 26(1), 17-31.

Chapman, B. P., & Hayslip, B. (2005). *Validez incremental de una medida de inteligencia emocional*. Journal of Personality Assessment, 85(2), 154-169.

Chisholm, D., Sweeny, K., Sheehan, P., Rasmussen, B., Smit, F., Cuijpers, P., & Saxena, S. (2016). *Escalamiento del tratamiento de la depresión y la ansiedad: Un análisis global del retorno de la inversión*. The Lancet Psychiatry, 3(5), 415-424.

Clark, D. M., & Beck, A. T. (2010). *Terapia cognitiva de los trastornos de ansiedad: Ciencia y práctica*. Guilford Press.

David, S. (2016). *Agilidad Emocional: Rompe tus bloqueos, abraza el cambio y triunfa en el trabajo*. Editorial Sirio.

Ellis, A. (2004). *Terapia Racional Emotiva Conductual: Funciona Para Mí, Puede Funcionar Para Ti*. Prometheus Books.

Ellis, A. (2008). *Psicoterapias actuales* (8ª ed.). Thomson Brooks/Cole.

Elis, A., & MacLaren, C. (1998). *Terapia Racional Emotiva: Guía del Terapeuta. Atascadero, CA:* Impact Publishers.

Ellis, A., & MacLaren, C. (2005). *Terapia Racional Emotiva Conductual: Guía del Terapeuta* (2ª ed.). Impact Publishers.

Ellis, A., Gordon, J., Neenan, M., & Palmer, S. (1997). *Consejería de Estrés: Un Enfoque de Comportamiento Racional Emotivo*. Cassell.

Extremera, N., & Fernández-Berrocal, P. (2006). Inteligencia emocional y su relación con los niveles de burnout, engagement y estrés en estudiantes universitarios. *Revista de Educación, 339*, 345-359.

Extremera, N., & Fernández-Berrocal, P. (2006). La inteligencia emocional como predictor de la salud mental, social y física en estudiantes universitarios. *The Spanish Journal of Psychology, 9*(1), 45-51.

Fernández-Berrocal, P., et al. (2012). Relación entre la inteligencia emocional y la sintomatología depresiva en adultos jóvenes: Un enfoque centrado en la persona. *Personality and Individual Differences, 53*(3), 250-255.

Fernández-Berrocal, P., et al. (2019). La relación entre la inteligencia emocional y la depresión en una muestra de adultos jóvenes. *International Journal of Environmental Research and Public Health, 16*(13), 2378.

Fernández-Berrocal, P., Alcaide, R., Extremera, N., & Pizarro, D. (2012). El impacto de la inteligencia emocional percibida en la salud mental de los adolescentes. *Revista de Psicodidáctica, 17*(1), 121-139.

Fernández-Berrocal, P., & Extremera, N. (2006). Inteligencia emocional y reactividad y recuperación emocional en contexto de laboratorio. *Psicothema, 18*, 72-78.

Fernández-Berrocal, P., Alcaide, R., Extremera, N., & Pizarro, D. (2006). El papel de la inteligencia emocional en la ansiedad y la depresión entre adolescentes. *Individual Differences Research, 4*(1), 16-27.

Greenberg, L. S., & Watson, J. C. (2006). *Terapia enfocada en la emoción para la depresión.* American Psychological Association.

Goleman, D. (1995). *Inteligencia Emocional: Por qué es más importante que el coeficiente intelectual.* Bantam Books.

Hodzic, S., Scharfen, J., Ripoll, P., Holling, H., & Zenasni, F. (2018). ¿Qué tan eficientes son los entrenamientos en inteligencia emocional? Un metaanálisis. *Emotion Review, 10*(2), 138-148.

Johnstone, K. M., & Walter, F. M. (2020). Intervenciones en inteligencia emocional dirigidas a adultos mayores: Una revisión sistemática. *Journal of Applied Gerontology, 39*(1), 3-10.

Kessler, R. C., Berglund, P., Demler, O., Jin, R., Koretz, D., Merikangas, K. R., Rush, A. J., Walters, E. E., & Wang, P. S. (2003). La epidemiología del trastorno depresivo mayor: Resultados de la Replicación de la Encuesta Nacional de Comorbilidad (NCS-R). *JAMA, 289*(23), 3095-3105.

Kessler, R. C., Petukhova, M., Sampson, N. A., Zaslavsky, A. M., & Wittchen, H.-U. (2020). Prevalencia de doce meses y de por vida y riesgo mórbido de por vida de los trastornos de ansiedad y del estado de ánimo en los Estados Unidos. *International Journal of Methods in Psychiatric Research*, 21(3), 169-184.

Koenigs, M., & Grafman, J. (2009). *La neuroanatomía funcional de la depresión: Roles distintos para la corteza prefrontal ventromedial y dorsolateral.* Behavioural Brain Research, 201(2), 239-243.

Kotsou, I., & Leys, C. (2017). La inteligencia emocional puede marcar la diferencia: El impacto de la inteligencia emocional de los directores en la estrategia docente mediada por el liderazgo instructivo. *International Journal of Educational Management*, 31(2), 163-176.

Kotsou, I., Leys, C., & Fossion, P. (2019). *Inteligencia emocional y estrés real/percibido: Una mirada más cercana al papel de la regulación emocional y la atención emocional.* Journal of Happiness Studies, 20(4), 1037-1050.

Lopes, P. N., Salovey, P., & Straus, R. (2003). Inteligencia emocional, personalidad y la calidad percibida de las relaciones sociales. *Personality and Individual Differences*, 35(3), 641-658.

Lopes, P. N., Salovey, P., Côté, S., Beers, M., & Petty, R. E. (2006). Habilidades de regulación emocional y la calidad de la interacción social. *Emotion*, 6(1), 78-84.

Martins, A., Ramalho, N., & Morin, E. (2010). Un metaanálisis exhaustivo de la relación entre Inteligencia Emocional y salud. *Personality and Individual Differences*, 49(6), 554-564.

Martins, A., Ramalho, N., & Morin, E. (2010). Un metaanálisis exhaustivo de la relación entre Inteligencia Emocional y salud. *Personality and Individual Differences*, 49(6), 554-564.

Mayer, J. D., Roberts, R. D., & Barsade, S. G. (2008). Habilidades humanas: Inteligencia emocional. *Annual Review of Psychology*, 59, 507-536.

Mayer, J. D., & Salovey, P. (1997). ¿Qué es la inteligencia emocional? En P. Salovey & D. Sluyter (Eds.), *Desarrollo emocional e inteligencia emocional: Implicaciones educativas* (pp. 3-31). Basic Books.

Nelis, D., Quoidbach, J., Mikolajczak, M., & Hansenne, M. (2011). Aumentar la inteligencia emocional: (¿Cómo) es posible? *Personality and Individual Differences*, 50(1), 36-41.

Prince, M. (2004). *Aprendizaje activo: un enfoque pedagógico para la retención y aplicación del conocimiento*. Educational Psychology Review.

Rivers, S. E., Brackett, M. A., Omori, M., Sickler, C., Bertoli, M. C., & Salovey, P. (2013). *Las habilidades emocionales como un factor protector para comportamientos riesgosos entre estudiantes universitarios*. Journal of College Student Development, 54(2), 172-183.

Ritchie, H., & Roser, M. (2018). *Salud Mental*. Publicación en línea en Our World in Data.

Rosenberg, M. B. (2016). *Comunicación No Violenta: Un Lenguaje de Vida*. Editorial Acanto.

Ruíz-Aranda, D., Castillo, R., Salguero, J. M., Cabello, R., Fernández-Berrocal, P., & Balluerka, N. (2012). *Efectos a corto y mediano plazo del entrenamiento en inteligencia emocional en la salud mental de los adolescentes.* Journal of Adolescent Health, 51(5), 462-467.

Salguero, J. M., et al. (2010). *Inteligencia emocional y depresión: El papel moderador del género.* Personality and Individual Differences, 49(1), 29-33.

Salovey, P., & Mayer, J. D. (1990). *Inteligencia emocional.* Imagination, Cognition, and Personality, 9(3), 185-211.

Salovey, P., Stroud, L. R., Woolery, A., & Epel, E. S. (2002). *Inteligencia emocional percibida, reactividad al estrés y reportes de síntomas: Exploraciones adicionales utilizando la Escala Meta-Mood de Rasgos.* Psychology & Health, 17(5), 611-627.

Sánchez-Álvarez, N., Extremera, N., & Fernández-Berrocal, P. (2016). *La relación entre la inteligencia emocional y el bienestar subjetivo: Una investigación meta-analítica.* The Journal of Positive Psychology, 11(3), 276-285.

Schutte, N. S., Malouff, J. M., Thorsteinsson, E. B. (2013). *Aumentar la inteligencia emocional a través del entrenamiento: Estado actual y direcciones futuras.* The International Journal of Emotional Education, 5(1), 56-72.

Schutte, N. S., Malouff, J. M., Thorsteinsson, E. B., Bhullar, N., & Rooke, S. E. (2022). *Una investigación meta-analítica de la relación entre la inteligencia emocional y la salud.* Personality and Individual Differences, 42(6), 921-933.

Slaski, M., & Cartwright, S. (2003). *Entrenamiento en inteligencia emocional y sus implicaciones para el estrés, la salud y el rendimiento*. Stress and Health, 19(4), 233-239.

Thorpe, G. L., & Olso, S. L. (1997). *Terapia de Conducta: Conceptos, Procedimientos y Aplicaciones* (2ª ed.). Allyn & Bacon.

Vos, T., Allen, C., Arora, M., Barber, R. M., Bhutta, Z. A., Brown, A., ... & Coggeshall, M. (2017). *Incidencia, prevalencia y años de vida con discapacidad para 328 enfermedades y lesiones en 195 países, 1990-2016: Un análisis sistemático para el Estudio Global de la Carga de la Enfermedad 2016*. The Lancet, 390(10100), 1211-1259.

Williams, J. (2020). *Terapia Cognitivo Conductual Hecha Simple*. [NA].

Xiong, J., Lipsitz, O., Nasri, F., Lui, L. M. W., Gill, H., Phan, L., ... & McIntyre, R. S. (2020). *Impacto de la pandemia COVID-19 en la salud mental de la población general: Una revisión sistemática*. Journal of Affective Disorders, 277, 55-64.

Zeidner, M., Matthews, G., & Roberts, R. D. (2012). *El nexo entre la inteligencia emocional, la salud y el bienestar: ¿Qué hemos aprendido y qué hemos pasado por alto?* Applied Psychology: Health and Well-Being, 4(1), 1-30.

Zeidner, M., Roberts, R. D., & Matthews, G. (2002). *¿Puede ser educada la inteligencia emocional? Una revisión crítica. Educational Psychologist*, 37 (4), 215-231.

www.ingramcontent.com/pod-product-compliance
Lightning Source LLC
Chambersburg PA
CBHW050759260726
48660CB00004B/1160